第4版

STEPS TO INDEPENDENCE
Teaching Everyday Skills to Children with Special Needs, Fourth Edition

学会自理

教会**特殊需要儿童**日常生活技能

作者

[美]
布鲁斯·L.贝克
（Bruce L. Baker, Ph.D.）
艾伦·J.布赖特曼
（Alan J. Brightman, Ph.D.）

译者

张雪琴

合著者

简·B.布拉赫尔
（Jan B. Blacher, Ph.D.）
路易斯·J.海费茨
（Louis J. Heifetz, Ph.D.）
斯蒂芬·R.欣肖
（Stephen R. Hinshaw, Ph.D.）
黛安娜·M.墨菲
（Diane M. Murphy, R.N.）

华夏出版社
HUAXIA PUBLISHING HOUSE

目 录

关于作者 ·· i
致谢 ·· iii
前言 ·· v

第一部分　教学基本原理（STEPS TO 法）······························· 1

第 1 章　开始（Setting Out）·· 2
第 2 章　锁定目标技能（Targeting a Skill）································· 8
第 3 章　确立步骤（Establishing Steps）·································· 11
第 4 章　选择奖励（Picking Rewards）···································· 14
第 5 章　做好铺垫（Setting the Stage）···································· 23
第 6 章　教学（Teaching）·· 28
第 7 章　观察进步情况及解决问题（Observing Progress and Troubleshooting）·· 36

第二部分　技能教学·· 47

第 8 章　准备技能·· 48
第 9 章　生活自理技能··· 57
第 10 章　如厕训练·· 73
第 11 章　游戏技能·· 102
第 12 章　生活独立：自我管理技能·· 122
第 13 章　生活独立：居家管理技能·· 143
第 14 章　生活独立：实用性学业技能····································· 168

第三部分　问题行为管理 179
第 15 章　识别问题行为 180
第 16 章　考察行为 187
第 17 章　开启行为管理计划（一）：后果 199
第 18 章　开启行为管理计划（二）：前提及替代行为 212

第四部分　支持独立的其他途径 223
第 19 章　与孩子的其他老师保持合作 224

附录 A　准备技能 231
附录 B　生活自理技能步骤清单 243
附录 C　生活自理技能教学方案 255
附录 D　游戏技能教学方案 296
附录 E　实用性学业技能教学方案 309

关 于 作 者

布鲁斯·L. 贝克博士（Bruce L. Baker, Ph. D.），美国加利福尼亚大学洛杉矶分校的心理学教授。1966年，他获得耶鲁大学临床心理学专业博士学位，在哈佛大学任教9年后，于1975年在加利福尼亚大学洛杉矶分校任心理学教授，主持该校的临床心理学研究项目，目前致力于发育迟缓幼儿精神障碍发展方面的研究。他曾在职业生涯中为智力落后儿童及其家长制订了大量的干预计划，现在是5家与智力落后儿童及其家庭相关的专业期刊的编辑顾问，并活跃于与儿童及其家庭相关的多个专业性及服务性机构之中。目前，贝克博士与妻子及子女住在洛杉矶。

艾伦·J. 布赖特曼博士（Alan J. Brightman, Ph. D.），苹果电脑全球障碍人士使用障碍解决方案组织（Apple Computer's Worldwide Disability Solutions Group）创始人、美国移动运营商AT&T实验室青少部创始人、哈佛大学教育学博士、马萨诸塞大学理学荣誉博士。在他的带领下实现的一系列信息技术的突破，打破了人们一直以来对障碍儿童和患有慢性病的儿童的刻板印象。布赖特曼博士在美国多家教育机构担任私人顾问，也是史蒂文·斯皮尔伯格（Steven Spielberg）"星光基金会（Starbright Foundation）"董事会成员、微软咨询专家小组成员，目前与妻子和两个十几岁的儿子住在北加州。

致　　谢

这本书的写作由来已久，它起源于20世纪70年代初我们给家长编写的指导性材料。往事历历，很多人值得感谢。我们想再次对迈克尔·贝加布（Michael Begab）、安·文德尔（Ann Wendall）和梅利莎·贝姆（Melissa Behm）表示感谢，感谢他们总会在关键时刻出现。这已经是《学会自理》的第4版了。每一版，我们都力求保留那些最基本的教学原则，因为它们经过了万千家长的实践验证，同时，我们也始终紧跟业内的最新理念和做法，及时更新。无数家长、老师，甚至许多没有署名的读者，给我们发来了各种积极有益的反馈，对此，我们不胜感激。这一版，我们要特别感谢简·布拉赫尔（Jan Blacher）、邦尼·克雷默（Bonnie Kramer）、丽塔·加德纳（Rita Gardner）和弗兰克·伯德（Frank Bird）的宝贵意见。我们也一如既往地感谢Paul H. Brookes出版公司的朋友，他们对本书的热忱和对出版工作的精益求精、孜孜不倦鼓舞着我们，特别感谢本书的策划编辑丽贝卡·拉佐（Rebecca Lazo）和责任编辑麦肯齐·克罗斯（Mackenzie Cross）。

布鲁斯·L.贝克
艾伦·J.布赖特曼

前　　言

归根结底，这是一本"**期望**"之书，对你，也对你的孩子来说。几年以前，人们还把有特殊需要的孩子与失败、挫败自动挂钩，被贴上标签的孩子往往会被认为是"无能"的。为了证明他们其实是有学习能力的，家长和特教老师做出了孤胆英雄般的英勇付出。但社会上普遍的观点还是建议不要期望太高。"以他的能力，**只能如此**了。"多少家长的耳边不断出现此类论调。

而"家长"的标签也限制了人们对家长的期待。家长，意味着非专业人士，意味着在给孩子制订周全的教育计划的过程中，他们对孩子的了解是可有可无的，更别提他们能为孩子做些什么了。家长只负责照顾好孩子就好了，孩子未来的教育大计自有专业人士来操心。

"重"望所归

所幸，时代变了。20世纪70年代以来，随着一些具有历史意义的法案的颁布，人们对特殊需要儿童及家长的期望也发生了重大的变化。到了21世纪，障碍儿童被认为是"有能力"的。他们能学习，能与同龄普通儿童进行有效的互动，能更加充分地参与社会生活的方方面面。而障碍儿童的家长如今也被视作儿童权益的维护者，能与他人一道，保护孩子在教育、休闲娱乐、职业各方面的自主选择权。

本书是写给谁的？

《学会自理：教会特殊需要儿童日常生活技能》主要是写给存在一定程度发育迟缓的儿童的家长的。事实上，本书中的很多内容都来自家长们的贡献。书中提到的孩子和家长都真实存在，他们引导了我们的写作过程。他们质疑我们、挑战我们，也无数次让我们看到，学习如何教孩子日常生活技能，可以给孩子和整个家庭带来多大的回报！

虽然本书主要写给家长，但很多老师和专业人士（如特殊教育老师、临床和校园心理咨询师、社会工作者、学校辅导员）都表示这本书也让他们受益匪浅。这些专业人士的服务对象是有智力障碍或情绪障碍的儿童，他们被贴上了各种标签：异常、迟缓、智力落后、智力障碍、学习障碍、广泛性发育障碍、孤独症、等等。这些标签对我们而言无关紧要，因为我们注重的是儿童的行为。也正是因为我们关注的是儿童的行为，很多读者反映，他们从书中学到的很多教学方法，对于没有障碍的普通儿童同样有效，这让我们颇受鼓舞。

本书针对从3岁到青春期（9～12岁）前期整个年龄段的孩子，书中列举的孩子也大多处于这个年龄区间。不过，为了让读者一瞥孩子未来生活的图景，我们也在其中几个章节论述了与青春期和成年早期相关的一些问题。

本书的目的是什么？

《学会自理》立足于一个简单的，甚至可以说毫无疑问的假设：家长是孩子的第一任也是最有影响力的一任老师。本书的写作目的，就是教家长用一套行之有效、广受好评的教学方法继续教育他们的孩子。除了基本的方法介绍，本书也提供了细致、具体的操作指导，希望孩子们能通过技能的掌握，尽可能过上独立、幸福的社会生活。

虽然"独立"是值得追求的人生目标（尽管对于"独立"一词，仁者见仁，智者见智），但我们也深信：独立无法一蹴而就，也不是想想就能实现的，更无法仰仗任何新出的灵药或鼓噪一时的新式教学法。独立来自耐心和不断的鼓励，来自脚踏实地的积累——完成一个又一个步骤、掌握一项又一项技能、抓住一次又一次机会。

我能教些什么呢？

《学会自理》介绍了各种基础技能的教学方法，这些技能包括：注意并听从指令，吃、穿、洗漱、如厕等基本生活自理技能，游戏技能，高阶的自我管理技能，居家管理技能以及实用性学业技能。也许这些技能中很多你已经教过了，那就不妨顺着我们推荐的次第，选择恰当的步骤继续教下去。此外，问题行为不仅会限制孩子自身的学习进步，也可能给你的日常生活带来紧张和压力，所以本书也就如何减少问题行为给予了指导。

我们还在书中列出了许多非常具体的教学方案，尤其是在生活自理技能方面（孩子在运用这些技能时大多遵循相同的次序）。对于其他书中未提到的各方面技能，希望你们可以将从书里学到的基本教学原则灵活地运用到教学过程中。比如，在游戏技能教学中，我们没有讲如何教孩子骑自行车、高山滑雪或跳舞，但只要你掌握了基本的教学方法，就会发现它其实适用于你想教授的任何技能。

我们特意对教学方案进行了精简，因为事实证明，这样最能突显教学的基本要素。但在具体的教学实践中，希望你能结合孩子的实际情况灵活处理。比如，虽然我们在书中介绍了教孩子整理床铺的具体方法，但最终要不要在床上放毛绒玩具、要不要加几个靠垫、让不让小猫上床等问题，则完全取决于你。

但是，教学难道不是学校的责任吗？

是的，当然了，但这同时也是你的责任。20世纪70年代以来，先进的法律规定了必须让特殊需要儿童接受免费的、恰当的公立教育，家长可获得的资源也比从前更加丰富。但正如你所知，不仅学校肩负起了更重的教育义务，家长的责任也更加重大了。这种责任，当然不仅包括参加个别化教育计划（Individualized Education Program, IEP）会议、家长会、筹款活动以及诸如此类数不清的集会，也要求家长在孩子的教育中扮演更加重要的角色。

特殊需要儿童的家长有着特殊的使命。假如儿童患的是糖尿病等疾病，家长的责任显而易见，有时甚至关乎儿童的生死；情势所迫，家长定会打起精神，应对挑战。但假如儿童存在着某些特殊的学习需要，家长具体要承担哪些责任往往含糊不清。但是，若要实现儿童最大限度的独立，家长的作用同样不可小觑。当然，正如我们在第19章讨论的，与学校老师保持合作也非常关键。

如何使用本书？

我们希望这本书能得到充分的利用。你可以在上面写写画画、掩卷思索，也可以与人分享讨论。书中既有一般的教学原理，也有非常具体的教学建议。也许你会跳过某些章节，直接翻看最切合你和你的孩子需要的部分。但本书的第一部分围绕基本的教学原理展开，希望你能先行阅读，不要错过。

读完第一部分，你可以在第二部分自由选择任何感兴趣的章节进行阅读。第二部分介绍的是不同领域的技能教学：前四章是幼儿的基本技能，包括准备技能（第 8 章）、生活自理技能（第 9 章）、如厕训练（第 10 章）和游戏技能（第 11 章）；后三章则是比较高阶的技能，它们能让孩子更加独立，适用的年龄范围也更广，包括自我管理技能（第 12 章）、居家管理技能（第 13 章）以及实用性学业技能（第 14 章）。

第三部分论述的是孩子问题行为的管控。你最好在开始教第二部分提到的某项技能后阅读这部分内容。而且，你应该按顺序阅读这部分内容，因为本部分各章内容环环相扣、层层深入——识别问题行为（第 15 章）、考察行为（第 16 章）、开启行为管理计划（一）：后果（第 17 章）、开启行为管理计划（二）：前提及替代行为（第 18 章）。

第四部分是本版的新增内容，探讨的是支持独立的其他途径。我们引入了一个重要的主题——与孩子的其他老师保持合作（第 19 章）。

附录部分是对各项技能教学的具体建议，也可以说是给家长的教学参考和教学指南。其中包括：对各项准备技能的教学建议（附录 A），评估儿童生活自理技能水平时可用的步骤清单（附录 B），与各项生活自理技能（附录 C）、游戏技能（附录 D）及实用性学业技能（附录 E）相对应的具体而详备的教学方案。

欢迎访问我们的网站

书中涉及了一系列技能评估表和记录表。过去，读者使用这些表格全靠复印。但现在，他们只需访问微信公众号"华夏特教"，即可在"知识平台"下载中文简体版表格，以及更多参考资源信息。

第一部分

教学基本原理
(STEPS TO 法)

第 1 章

开始
(Setting Out)

21 世纪对特殊需要儿童来说真的是一个崭新的时代。在这个时代，每一个儿童的教育进程都由家长和专业人士共同决定。也是在这个时代，家长和专业人士需要反思自己的职责。谁来决定儿童的学习内容？谁来落实既定的教学目标？简而言之，这是家长需要重新审视何谓"家长"、老师需要重新审视何谓"老师"的时代。

家长角色

说到重新审视角色，不存在一种所谓"正确"的方法。教育是家长的一项天职。实际上，你和孩子的每一次互动，不论有意或无意，都是对孩子的一种教育。许多特殊需要儿童的家长立志成为更自觉、更有目标的教学者。有些家长每天都会在家给孩子上课，也有些家长在权衡过工作与家庭的责任后，得出一个很现实的结论——每天给孩子上课不太现实，于是他们只利用平时或周末的恰当时机进行教学。无论哪一种情况，孩子都会有所受益，尤其是当家长能与孩子的老师保持合作，积极参与制订个别化教育计划时。关于家校合作，我们会在第 19 章进行更深入的讨论。

好的教学

我们写作本书基于一个基本的假设：无论你决定以何种角色、多大程度地参与到孩子的教育中，如果你能首先理解什么样的教学是好的教学，就会更好地实现你的角色目标。换言之，知道如何将一项技能从头到尾系统地教给孩子、知道如何管理孩子的问题行为，你将成为一个更好的教育协作者，与他人共同塑造孩子的教育世界。

另一个相关的假设是：只有在良好的技能教学实践中，你才能明白什么是好的技能教学。当然，你一定已经给你的孩子传授过相当多的技能了（用一分钟想想，他已经在你的帮助下学会多少东西），对多数读者而言，这本书的主要作用在于温故知新——强化已有的教学技能并学习运用这些技能的新方法。不过，无论你是否已经使用我们推荐的系统化的教学方法，我们都极力主张，在阅读这本书的同时，你能留出点时间，教孩子一项新技能。我们并不要求你挤出更多的时间用于教学，只是希望你能将现有的教学时间匀出一部分，尝试我们推荐的方法，相信教与学都会因此而更有成效，也更容易坚持。像大多数家长一样，你也许会惊喜地发现，你竟如此擅长教学。同样重要的是，经由这种尝试，你会做好更充分的准备，成为孩子教育团队的一员。

教育理念和教育风潮

"好吧，"你可能会说，"教育当然是重要的，但我们好像也不缺方法。你们的方法是什么？我怎么知道它好用不好用？"问得好！针对障碍儿童的教育方法的确多到泛滥，且各有拥趸，你很难从这些纷纭的教育理念中分辨出哪些对你真正有用。

出于帮助智力障碍以及相关障碍儿童的愿望，我们一向特别留心这方面的最新风潮和理念。它们中有些的确很有价值，能经受住时间的考验，成为人们普遍奉行的法则；而另一些则会逐渐消退，淹没在下一波热潮之中。比如，主导当今教育思维的"全纳"（inclusion）理念，此理念主张所有特殊需要儿童均应在普通教育环境中接受教育。在"全纳"之前，"一体化"（integration）"回归主流""正常化"等理念就已经主张尽可能给特殊需要儿童提供与普通儿童相近的教育机会了，"全纳"只是它们的极端化发展而已。这些早先的理念没有昙花一现，而是成为人们普遍接受的观点。很大程度上，这并不是因为它们证明了自身的有效性，而是因为在我们看来，它们是正确的、值得去做的。

还有很多理念和风潮却没有这么幸运。你听说过模式化、大剂量维生素疗法、无添加剂饮食、辅助沟通等理念吗？这些理念都曾给家长带来新的希望，让他们趋之若鹜，甚至不计时间和金钱的代价，但这些理念最终还是被一一抛弃了，只因专业人士和科学研究认为它们缺乏有效性。

请放心，本书列举的教学技巧全都遵循行为改变的原则，尤其是应用行为分析（Applied Behavior Analysis，ABA）的原则。要知道，ABA已经为教育者熟知并践行了几十年。这些教学技巧源自已经公开发表的众多研究报告。它们的有效性是被研究证明了的，同时，也通过无数家长和教师的实践得到肯定。书中的这些行为教学原则甚至被纳入学校教学，有效促进了学校课程的开展。

尽管书中采用的一般教学原则基本上可以被多数教育者所接受，但有一点恐怕还会存在分歧。有些教育者认为，教学应该以非正式的方式进行，应该融入儿童的日常环境，在游戏和生活中自然发生；而另一些教育者则指出，教师带领儿童在特别设计的、独立的教学活动中反复操练某项技能，是一种更有成效的做法。对此我们的观点是要看具体情况。事实证明，这两种做法各有千秋，对多数儿童来说，两者结合可能才是最佳的选择。你可以结合你和孩子的实际情况，决定在多大程度上照搬书里的独立教学方案，又在多大程度上将它们融于孩子的日常生活。

你是专家

这是我们，尤其是你自己，在正式进入主题前要明确的最后一点。这一点本应没有任何疑问，但以我们与家长的接触来看，我们怎么强调它都不为过。即便同为特殊需要儿童的家长或教师，你与其他家长或教师也是不一样的。你是独一无二的。你有你的梦想和愿景、欲求和需要，而且，从本质上说，你掌握的某些信息是其他任何人都不及的——你是最懂你的孩子的人。

因此，当你开始读这本书时，我们请你，完全不要想如何改变自己，相反，请保持你的这份独特，在此基础上，学习积累新的技能，可能的话，以新的方式看待你的孩子，让自己在孩子的教育中变得更加重要，与其他专业人士共同塑造孩子的未来。我们在这里谈论的观点对你来说可能并不新鲜，我们介绍的技巧与你正在使用的也可能有异曲同工之妙,但我们还是希望,这本书能帮助你拓展经验、优化教学。记住,期望要高——不论是对孩子,还是对自己。

从第 2 章开始,你将正式踏上征程,学着成为一个成功的技能教授者。在此之前,请少安毋躁,我们先来观摩一下某位先行者的做法。这位家长的教学从表面看来相当简单,但背后运用的策略却经过了精心的设计,她的操作方法则是你在后面的章节将要学习的。

比利的小床

周三早上,比利一醒来就发现墙上的表格上多了点什么——表格的最后新添了一张图片,上面是一张整理好的小床。他立刻明白了其中的意思。

事实上,这张表格是比利的学习记录表,是他和妈妈(杰克逊太太)不久前一起制订的。表格上最初只有两张图片,现在它可丰富多了。

	周日	周一	周二	周三	周四	周五	周六
🧼	✓	✓	✓				
🪥	✓		✓				
🪮	✓	✓	✓				
🧻		✓	✓				
👟	✓	✓	✓				
🛏							

现在，比利要开始学习整理床铺了。这是他从来没有做过的事，但昨天晚上他和妈妈决定试试看。

"早啊，比利！早饭马上就好。"

比利又抬头看了看表格。洗手洗脸、刷牙已经不成问题，目前这两项他可以轻松得钩。至于穿衣服，还要看前一天晚上妈妈给他准备了什么：运动衫或毛衣是没问题的，但如果是衬衫，纽扣又比较小，就会有些困难，有时还需要一点帮助。

当比利按照表格的指引逐项完成任务时，杰克逊太太走进房间，开始整理床铺。等比利从卫生间回来，他的床也差不多整理完了，只有一半床罩还没有拉平。

比利穿好衣服，一切就绪，轮到妈妈给他早上的表现打钩了。

"好像今天的钩你全部拿到了嘛！"比利妈妈开始夸张地挨个儿核对完成情况，"鞋子穿好了没有呢？嗯，穿好了。"表格上又添上了一个红钩。"比利，今天早上你又拿了五个钩。我们说好的，周五打保龄球需要几个钩？"

"20个，对吗？"他问。

"对，20个。但是你看，小床这边的格子里还没有钩呢。要不要试试早餐前把这个钩也打上？"

本来欢快的比利突然有些低落。面对这个新任务，他又像往常一样退缩起来，"噢，我饿了。"

但比利妈妈已经学会了温柔地坚持，她用奖励来激励他，"来吧，比利，只要一分钟，你就可以再拿一个钩。比利，看我怎么做。"

其实，比利的小床几乎已经整理好了（这是杰克逊太太有意为之），就差**一个简单的动作**——把床罩拉平盖过枕头。"比利，看我怎么做。"慢动作示范过后，她重新把床罩拉回去，然后鼓励比利学做一遍。

看起来挺容易的，比利想。

"好了，比利，你试一下。把它拉过来盖过枕

头。很好。你看,你又拿了一个钩。明天再多学一点,好吗?"

"好。"

比利果真整理好了自己的小床,还获得了一个钩。他的钩全都是这样得来的!

第 2 章

锁定目标技能
（Targeting a Skill）

像比利这样的儿童有很多，他们各有自己需要面对的挑战，不一定是铺床，也可能是扎头发、接球、上厕所等。有的儿童即使掌握了某项技能，在运用时也还是会出现这样或那样的不确定性。总之，挑战似乎无处不在。

针对孩子已经掌握了技能但不能稳定地运用的情况，我们会在后面的章节介绍激励的方法。现在，我们先集中精力，谈一谈在教授新技能时会遇到哪些挑战。当然，你首先要做的是，确定从哪一项新技能开始教授。

选择目标技能时需要考虑的几个问题

你目前为你的孩子包办的技能任务有哪些？

首先，观察你的孩子**一天的日常**，看看有哪些事是你还在包办但希望他能学着自己做的，将结果写到下面的横线上。系鞋带、整理床铺、洗头、收拾玩具或衣物、洗澡、吃饭时自己切开肉块等都可以。另外，你的孩子能独立上厕所了吗？如果还不能，请将如厕训练列入其中。

如果你觉得你的孩子可以学着做一些家务了，也可以把它们写下来，比如，倒垃圾、饭前摆餐具、扫落叶、拖地。游戏呢？你想让他学会玩哪种玩具？哪个游戏？他是不是可以开始学习与伙伴们玩耍或独自玩耍了呢？

1. _____
2. _____
3. _____
4. _____
5. _____
6. _____

你不可能将上面这些技能……**等一下**！上面的空格都填写了吗？如果还没有，请你现在就填好。如果你现在花几分钟的时间将希望孩子学会的技能罗列出来，接下来的内容会对你更有意义。

但你不可能将上面这些技能一次性全部教给孩子。那么究竟该从哪个技能开始呢？下面三个问题是你需要进一步考虑的。

你的孩子想学哪些技能？

仔细观察你的孩子，看看他有没有自己想学的技能。也许他会主动告诉你，也许他什么也不说，但他的行动会透露信息，比如，他在试着自己抹花生酱，试着自己系鞋带，自己跑去和其他孩子玩投篮等。

你的孩子有能力学哪些技能了？

要知道，在儿童的成长中，有些技能先天就比其他技能发展得早：先会坐，再会走；先会用叉，再会用刀。所以，在选择目标技能时，要考虑儿童现在已经掌握了哪些技能，接下来也许可以学习哪些技能了。

留意一下上一章中比利的记录表就可以看出，比利每学会一项技能，都为学习下一项技能打下了更好的基础。学会洗手洗脸，刷牙就会比较容易，因为在洗手洗脸的过程中，他习惯了卫生间环境，学会了开关水龙头，知道了怎样冲洗。所以，请从你的孩子已经学会的、喜欢做的事中寻找线索，这也许会帮你找到那个最恰当的目标技能。

再看一下你刚才罗列的技能清单，其中哪些技能是你的孩子已经有能力开始学习的？换句话说，哪些任务是他只要稍加努力就可以自己完成一小部分的？

你想教他哪些技能？

你当然有自己的想法，有自己觉得要紧的优先选项。也许，因为你的孩子缺乏某项技能，全家人正遭受着极大的困扰。比如，因为你的儿子不会自己吃饭，家里人从来没在一起好好吃过饭；因为你的女儿不会自己穿衣服，每天早晨，你还没来得及顾上其他孩子，他们就要上学了。

从你列出的技能清单里圈出你决定最先开始教的那一项，并在继续阅读时，始终记着这一点。我们认为，从生活自理技能或游戏技能着手会相对容易一些，而如厕训练和实用性学业技能（如时间认读、金钱的使用等）的教学难度较大，最好在教过某项生活自理技能或游戏技能之后进行。

你准备要教的技能：_____

_____

注意：请一定先写出这项技能，再继续阅读（别担心，你可以随时改变主意）。或许你还不习惯直接在书上写字，但这却是有效使用本书的唯一方法。

第 3 章

确立步骤
(Establishing Steps)

小步渐进式学习

"大家别指望我了。里奇要上床睡觉了，我得去帮忙。"

"嘿，迈克，上次我们来打牌，你不是开始教他洗澡了吗，他学会了吗？"

"嗯，既可以说会，也可以说不会。我是说，他会自己脱衣服，也会开水龙头，但还不会调水温。哦，他正在学擦浴液。他会洗脸、洗手了，我们正在教他洗胸部、腹部和腿。我们帮他冲洗干净后，他会自己擦干身体，我们一开始就教他这个，他现在完成得可好了。"

"我说，迈克，听你这口气，活脱脱就是一个老师啊，我不过随口问一下，你就……打牌时可别这么认真啊，不然大伙儿可要输惨喽！"

在一般人眼里，洗澡是一项完整的技能，要么会，要么不会，所以迈克的回答可能会让其他人觉得莫名其妙。但我们之所以觉得一项技能简单，往往是因为我们已经掌握了其中的每一个动作。

小步前进

为了培养某项技能，你必须先将它**分成小步**，小到孩子可以轻松驾驭。如果你能从孩子的角度看待每一个学习任务，你的教学一定可以成功。

回想第 1 章贴在比利房间墙上的那张表格，比利已经在妈妈的引导下掌握了好几项生活自理技能。现在，妈妈又轻松地让他整理了床铺。比利妈妈能保证如此高效地取得持续的成功，这也太神奇了吧，她是有什么特殊的能力吗？仔细探究一下她的方法，我们会发现，她并没有什么了不起的特殊能力，不过是采用了一个简单的策略而已——观察行为，然后分小步教学。我们来看看这究竟是怎么回事。

在比利妈妈看来，整理床铺不是一项囫囵的大技能，而是由多个独立步骤按一定逻辑串联而成的复杂整体。这其中究竟包括哪些步骤，无须他人告诉，亲自整理一遍就清楚了。只不过，整理时要**放慢速度**，要记录下动作之间的先后顺序。当然，她之前一定整理过无数次床铺了，但那些都是例行公事般地迅速带过。第一次放慢速度做这件事，仔细记录每一个动作后，她才惊讶地发现其中的步骤竟然如此环环相扣。

整理床铺这样简单的技能，一般人下意识就完成了，哪会管它有多少步骤，但对比利来说不是如此！他之所以无法完成这个任务，就是因为无法将这些步骤正确地组织起来。

列出详细的步骤之后，这一技能的教学方案也基本成形了。细分后的一个个具体而简单的动作，就是一份天然的教学指南。比利妈妈是这样细分动作的：

整理床铺[①]

1. 将上层床单往床头拉齐，在床沿两边抚平褶皱。
2. 将毯子拉齐并抚平褶皱。
3. 将毯子、床单一并向后翻折。
4. 将床罩拉齐并抚平褶皱。
5. 将床罩向后翻折。
6. 将枕头放到床头。
7. 将床罩拉齐，盖过枕头。

---

① 译注：以下详细步骤是比利妈妈依据当地生活习惯所列，读者可依据自家起居习惯做调整。

现在，试着将你准备教给孩子的那项技能或任务分成小步，即进行所谓的**任务分析**（task analysis）吧。别只在心里想，拿起鞋子、球、三轮车或其他任何物品，真的**做起来**，再将步骤写在下面：

_____

_____

_____

_____

_____

这些细分出来的独立步骤构成了你的基本教学方案。也许这个方案跟我们的看起来不太一样，不过没关系，技能教学从来没有一种唯一正确的标准方法。

等一下！你的步骤列出来了吗？如果你已经列出了，那么辛苦了，**休息一下**；如果还没有，**请列出来**！这样会让后面的内容更加清晰易懂。

步骤清单能让你清楚地知道需要教些什么，但无法告诉你如何去教。**循序渐进**是最主要的教学原则：从孩子目前已经掌握的步骤开始，而且，只有当他充分掌握了当前步骤后，才开始教下一个步骤。教学中容易出现的一个错误是贪多求快，但如果技能得到了充分的细化，你完全可以做到有序前进。[请注意，比利妈妈是从最后一步开始教的，这种方法叫**逆向串链**（backward chaining），具体内容我们会在第9章详细说明。]

为保证教学的顺利进行，你还需要遵循一些准则，这是接下来的四章要讨论的内容。请你遵循这些准则，并结合孩子的实际情况做进一步的提升和完善。

记住，你的目标不是成为比利妈妈，也不是成为我们，而是在保持本色的基础上提升自我，成为你的孩子更好的老师。你最终要找到一种独属于你的教学方式，这是教学成功的关键。

第 4 章

选择奖励
（Picking Rewards）

想一想，为什么比利（见第 1 章）或其他任何一个儿童，愿意学习整理床铺或诸如此类的技能？对特殊需要儿童来说，学习几乎从来没有轻松过。各种难懂的要求、不称手的材料、注定糟糕的结局一直困扰着他们，他们很少能体验到完成任务和取得成功带来的乐趣，随着挫败感的不断出现，他们自然不再对学习新技能抱有热情。尽管他们也希望自己有能力完成更多的任务，但轻松地享受他人的包办代办会给他们更多的安全感。

为了让孩子避免挫败感，体验更多的成功与满足感，本书介绍了很多调整外部因素以切合孩子需要的方法，这些方法虽小，却对孩子的学习起着重要的推动作用。不过，无论是整理床铺，还是骑三轮车，就算你做好了充分的教学准备，孩子也不一定愿意学，因为在他看来，这不过是又一场失败的开始。所以，你需要找到更多的刺激物，吸引他参与到活动中来，并乐于按照你的要求做出尝试。你需要**奖励**。

对学习进行奖励

当我们静下心来思考自己行为产生的理由时，通常能追溯出这些行为的动力所在。我们之所以以某一种方式行动，是因为它会带来这样或那样的好处，比如，金钱（薪水）、他人的赞许（表扬或微笑）、允诺的好事（假期）、完成任务的成就感……这些结果都是对行为表现的奖励，只要它们曾经兑现过，一般来说，我们都会期待它们再次发生，也会用行动确保它们能够再次发生。孩子的行为动机也是如此。奖励之于行为的重要性，可以简单地概括为：**得到奖励的行为更有可能再次发生。**

表扬和奖励

"……23，24，25！很好，罗莎，你自己梳好头了！来，再系上发带。"

当表姐艾丽西亚给罗莎系上那条明黄色的发带时，罗莎偷偷瞄了一眼镜中的自己。她会自己梳头了，就像表姐一样！

"罗莎，去让妈妈看看你有多漂亮。"

罗莎妈妈很吃惊，"怎么她不肯听我的话，却听你的？为了让她梳头，我可是软硬兼施、连哄带骗，甚至还求过她……"

艾丽西亚笑了，"嗯，我也说不好，但我知道她喜欢表扬，还特别喜欢发带。"

当我们因为表现出色而得到他人的认可和表扬时，内心是很高兴的。当我们的行为导向令我们愉悦的事物时，我们更有可能重复这个行为。这就是奖励的**本质和目的**。

罗莎之所以愿意自己梳头，是为了得到表姐的表扬、戴上心仪的发带。比起让人讨厌的哄骗和吼叫，表扬和奖励等积极的方式更能有效地激发孩子的良好行为。最重要的是，因为孩子知道表现出期望行为会有奖励，为了获得这个奖励，他们会期待自己再次表现良好。

"但我应该奖励哪种行为呢？"你可能会问。一般来说，孩子在教学中的表现大致会有以下四种：

1. 无所作为（比如，精神不集中、望向窗外）

2. 做任务之外的事（比如，大声喊"不要"、哭、离开房间）
3. 对任务浅尝辄止（稍做尝试，不求完美）
4. 成功完成任务

后两种表现都是良好行为（受欢迎的），都应该立刻得到奖励，而前两种则不是良好行为（不受欢迎的），完全不应该得到奖励。听起来是不是很简单？但在实际教学中，我们往往会犯一个错误，那就是不分青红皂白，以这样或那样的方式，对以上四种行为全部予以奖励。究其原因，就在于我们没有完全理解奖励的目的和使用奖励的方法。那么，就让我们来看看奖励可以分成哪些种类，如何将它们正确运用到教学中，以及有哪些误用的情况吧。

奖励的种类

关注

你能给孩子的最大的奖励是关注。关注的方式有很多：微笑、拥抱、亲吻、击掌、鼓掌、欢呼、表扬。几分赞许、一声"做得好"，就能让孩子明白自己表现不错。

你的热切关注就是对孩子莫大的奖励，能非常有效地提高行为的出现率。所以，你要格外善用你的关注。毕竟，喊叫、批评、哄劝也都属于关注，虽然它们不似欢呼和微笑那般令人愉悦，但它们无一不在向孩子表明，你在关注他。正因如此，它们很容易变成给孩子的奖励。既然是奖励，它们当然也会提高行为的出现率，包括不受欢迎的行为。

假如你的孩子不配合你的教学，你骂他、哄他或是求他，那么结果会怎样？没错，由于你奖励了他的不配合，他肯定会继续不配合，甚至有可能越来越不配合。既然**不好好表现**也能得到你如此多的关注，他又何必好好表现呢？

这正是我们特别提醒你要在教学时善用关注的原因。当孩子顺利完成任务或努力尝试之后，你应该毫不犹豫地给予热情的表扬和其他各种真切而自然的关注。当孩子发现他很容易得到你的积极关注后，更有可能会继续按照你的要求行事。无论对你还是对你的孩子，这都会是一种愉快的体验。

零食

作为奖励的零食应该是小份的食物或饮料，包括孩子们都会喜欢的小饼干、麦果脆、小口的饮料、单颗的葡萄等。

只要是孩子喜欢的零食都可以作为奖励。如果一段时间之后孩子吃腻了某种食物，那就换一个品种。零食奖励的最佳时机是孩子"饥渴难耐"的时候。最后要注意的是，在给出零食的同时，也要表扬孩子。此外，奖励要及时，当他顺利完成教学任务或勇于尝试教学内容时，要即刻发放奖励。

每当开始学习新步骤时，任务难度会加大，此时尤其应该及时奖励孩子的点滴进步。当他眼看着就要掌握该步骤时，就可以逐渐降低零食奖励的频率，先改为两次成功完成任务才能得到零食，渐渐再改成三次甚至更多。随后，你可以随意变换获得零食奖励所需的成功次数（例如，先2次，再5次，再1次，然后3次……），这样做效果会更好。

一旦孩子完全掌握当前步骤，在进入新步骤之前，除了关注，你无须再给他任何额外的奖励。零食奖励要用在刀刃上，也就是任务难度再次加大的时候，但你的表扬始终都不应该被省略。

零食奖励的一点思考

有些家长排斥零食奖励法，觉得它无异于"动物训练"，或认为自己的孩子"没有零食一样能做好"。当然，用不用完全取决于你。不过，我们还是建议你在做决定前好好考虑一下你的孩子的实际情况。

最优秀的教师会从最有利于促进孩子学习的角度（而不是个人喜好）考虑问题。事实上，很多孩子仅凭他人的关注就可以学得很好，但对有些孩子来说，零食可以激励他们学得更快。你至少可以尝试一下。

活动

凡是孩子喜欢的活动，基本都可以成为教授技能时的奖励，以激发孩子学习的积极性。这样的例子不胜枚举，如听歌、玩电子游戏、出门散步、烤饼干、在地板上摔跤、抱心爱的玩偶、玩玩具卡车、看电视……这些活动尤其适合年龄稍大或能力发展较好的孩子，因为他们可以比较长时间地等待奖品的发放。

用孩子喜欢的活动激励他们做不太喜欢的事，有时也叫"祖母法则"，因为祖母们总是很善于说"吃完菠菜才能吃冰激凌"之类的话。也就是说，孩子**比较喜欢的活动，对于让他做他不太喜欢的活动来说是很好的奖励**。

举例来说，维罗妮卡特别爱看电视，尤其是动画片，却不太喜欢运动，但实际上她已经有些超重了，所以姐姐决定教她轮滑。下面哪一种方式更符合"祖母法则"呢？

1. "如果你能和我一起玩轮滑15分钟，就可以看动画片。"
2. "好吧，你可以看动画片，但看完必须跟我一起玩轮滑15分钟。"

当然，第一种方式是正确的：先做不太想做的事，再做比较想做的事。第二种方式的错误在于，虽然它更加温和友善，可以暂时遏止孩子的小脾气，却也可能在后期导致孩子脾气大爆发。

如果你打算使用活动奖励，记得运用"祖母法则"，毕竟姜还是老的辣呢。

代币

孩子顺利完成任务后，家长不会次次都给予活动奖励，他们会选择另一形式的奖励——代币制。这种奖励需要一段时间的持续积攒，在赚取奖励的过程中，孩子的积极性也能得到维持。

与金钱一样，代币也有价值，因为它们可以用来兑换物品。先完成任务，然后得到代币奖励，以后再兑换成奖品。先劳后得，代币就是沟通劳与得的桥梁。任何东西都可以用来充当代币，比如，在纸上打钩、五角星、塑料筹码币、小纸票或像比利房间墙上那样的记录表（见第1章）。代币对孩子的重要性多半在于它们的抵换价值。以比利为例，你应该还记得，20个钩（代币奖励的一种）可以去打一次保龄球，因为比利妈妈知道，打保龄球是他非常想做的事。想让代币在教学中有效地发挥作用，你必须保证能将代币兑换成可以给孩子带来满足感的事物（另见第12章、第14章）。

引入代币奖励是一个简单但需要渐进的过程。当孩子表现出你希望的某种行为时，立即给他一个代币奖励，同时表扬他，并简要地解释其中的缘由，如"做得好，斯宾塞，你倒掉了垃圾，给你一个代币"。初次发放代币时，孩子很可能无法理解它的意义，所以你必须交代一下它的交换价值，你可以说："嗯，如果你给我一个代币，我就给你……"（可以是他最爱的食物、小玩具、游戏或书等。）当然，解释过后，你应该立即发放奖品。

代币的使用

无论你打算使用哪一种代币，在表上打钩、用筹码币，还是用硬币，孩子总是需要一段时间才能明白它们对于自己的意义。正如我们前面指出的，在一开始，你必须即刻将代币兑换成孩子喜欢的东西，而且，兑换的过程要清楚明了且郑重其事。首先，表扬他做的事并发放代币，然后，马上让他给你代币，你给他奖品。同时，你还要通过边说边做的方式让他知道其中的原因，"真棒，弗朗西斯科，你不需要我说就自己去洗手了，给你打一个钩（在记录表打钩并把表格递给他）。知道为什么打钩吗？因为你自己洗手了。好了，给我表格（让儿童把记录表递给你）。哇，看你得到了什么？一块饼干！你做得真棒！"

渐渐地，你可以延长孩子"保存"代币的时间，即延迟奖品的兑换（从5分钟，到10～15分钟，再到当天结束……）。不过，为了保持孩子对代币制的兴趣，必要时，你可以不时地切换回即刻兑换模式。记住，代币制的建立绝非一日之功。

你应该保证孩子每天能在当天的教学中赚得一个以上的代币，在教学时间之外还可以因为表现良好而得到更多代币。向他展示过代币的价值后，你还要教他学会积攒，就像第 1 章中的比利那样，这样你就无须在他每新得到一个代币后就即刻兑换成一个小奖品了。你可以在一天或一周结束时，将所有代币兑换成一个更大的奖品。当然，也可以等孩子的代币数量足够兑换他想要的奖品时，再进行兑换。

至于奖品的选择，主要还是取决于孩子。代币制也是孩子学习**做选择**的好机会。一开始，在将代币即刻兑换成小奖品的时候，你可以先问问他想要什么。起初，你只需给出两个选项，如"想喝果汁还是吃饼干"。必要的话，你也可以制作一张菜单，将呈现奖品的图片罗列其中。随着代币制越来越复杂，你还可以和孩子讨论他喜欢什么样的奖品，并商量确定每个奖品对应的代币数量。由于你比较了解他的喜好，所以可以在讨论时以建议的方式给孩子提供辅助。协商的结果也许是一杯果汁只需 1 个代币，一块糖果需要 5 个代币，一场电影或一次保龄球需要更久的等待、更多的代币。在教学中融入这样的选择训练有以下两大好处：第一，当孩子能做出周全而现实的选择时，等于向着独立迈出了一大步；第二，孩子为自己选择奖励目标后，学习起来会更有动力。

代币制是一种行之有效的奖励方法，你觉得方便好用的同时，孩子也为之雀跃，但以下原则你需要牢记在心。

1. 你希望孩子表现出怎样的行为，该行为可以得到多少代币，这两点始终要提前明确。绝不能给孩子一种漫不经心的感觉。每次训练你都要让他知道你希望他做什么，又可以因此得到多少代币。**如果他没有如约完成任务，就绝不应该得到代币**（前提是该任务在孩子的能力范围之内）。

2. 确保孩子在兑换代币时有多种不同的选择。比如，你可以规定，甜点需要 2 个代币，看电视需要 3 个代币，一双轮滑鞋则要 60 个代币。代币可以兑换的物品和活动越丰富，就越能保持它们的激励作用。

3. 尽量与孩子一起决定学习哪项技能并获得多少代币奖励。通过代币制，让孩子学习自己做选择。

4. 始终遵守承诺。代币制就是你的承诺，所以在孩子该得到奖励的时候，奖励一定要及时到位。而且，孩子一旦获得代币，就是代币的主人，不要因为他之后的不良行为而收回代币。在本书第三部分——问题行为管理中，我们将讨论如何将奖励与惩罚融合到同一个代币制中。精心设计的代币制，可以既不失公平，又行之有效。而随意剥夺孩子已经获得的代币，作为对他不良行为的惩罚，对孩子来说是不公平的（事实上，这种做法也收效甚微），没有任何一种做法比它更能打击孩子的积极性，阻碍代币制的顺利实施了。

学以致用

"孩子静悄悄，肯定有花头。"巴内特太太在孩子们的卧室门口停了下来。劳拉，她那有特殊需要的女儿，正在扮演老师，而劳拉2岁的妹妹吉尔，正开心地跟着姐姐学习整理床铺呢。

"掖进去。嗯，吉尔，你好棒。现在过来，还有这一边。嗯，真棒！"

巴内特太太不久之前才开始教劳拉整理床铺。此刻，她看着女儿举手投足间颇有威严的样子，不禁会心一笑。

"枕头拿开。好了，把这边折起来。很好，吉尔。"

劳拉点头表示赞许，然后来到梳妆台边，从盒子里取出一颗红星，贴到吉尔的纸上，就像妈妈过去每天给她贴的一样。现在，劳拉已经不再依赖星星的激励了，但5颗星可以换一个甜筒冰激凌，她仍愿意为之努力。尽管劳拉的"学生"还不太明白这些程序的意义，但星星让她如获至宝，她开心极了，"妈妈，你看！……"

奖励让学习更快、更有趣

在技能教学中，孩子掌握教学内容后的幸福感足以维持他的学习兴趣，让他不断做出新的尝试。不过，在多数情况下，如果你能在教学过程中加入表扬，引入他喜爱的活动和零食，或恰当地运用代币奖励，你的教学会变得更加顺利。

在最初阶段，当孩子学习得还很吃力、技能表现还不够稳定的时候，来自他人的认可会让他的成功别具意义。劳拉之所以愿意学习整理床铺，就是为了得到母亲的赞许、吃到冰激凌，特别是巧克力冰激凌。这些奖励让劳拉在做任务时更有热情，也让这一完成过程充满乐趣。不过，当劳拉渐渐掌握这一技能后，她就不再需要冰激凌的激励了，甚至也不需要那么多称赞了。现在，整理床铺变得有趣，这项技能让她自豪，既可用于炫耀，还能传授给他人。

在进入下一章之前，请你想想，在教学中，你还可能用到哪些奖励方法，请将它们写下来。我们先来抛砖引玉：

表扬
_____   _____
_____   _____
_____   _____
_____   _____

休息一下！

第 5 章

做好铺垫
（Setting the Stage）

如果厨房有两张椅子，你大概不会坐到地上去。家具会"告诉"你该坐哪里。我们的行为其实在很大程度上受着外部物质世界的支配，比如，椅子在无声地召唤你"坐到这里来"，而炉子则不然。

对于一个正在学习扫地的孩子，如果房间乱七八糟，电视开着，伙伴们在外面玩耍，新买的球近在咫尺，他是不可能把注意力集中到学习扫地上的。别忘了，球在跟他说："来扔我吧！"这声音的影响可能远大于扫帚发出的声音的影响。

演员在台上表演时，即使他的演技再高超、剧本再厉害，如果舞台布置出了问题，或者演出服不合身，使表演处处受限，演出的效果就会大打折扣。

教学也是如此。就算你精心设计了教学方案，如果没有同样精心地为它**做好铺垫**，也无法成功"演出"。即便最好的教学方案，也难免被差劲的学习环境所扰乱，导致孩子上课的注意力全被各种响声和物品所吸引。所以，你要为教学"搭好舞台"，让它告诉孩子什么样的行为是被允许和期待的，什么样的行为则不然。要避免出现你告诉孩子应该这样做，而周围的一切却告诉他应该那样做的局面。

所以，为教学做好铺垫，说到底就是做好必要的准备，减少可能出现的干扰，简化任务的难度。

为教学做好铺垫

为了给高效学习做好准备，你需要在教学开始前回答以下三个问题。

1. **什么时候**教最合适?
2. 应该在**哪里**教?
3. 需要用到**哪些**材料?

什么时候教最合适?

尽管你的教学时间很多时候并不固定——一有机会就教,但我们还是建议你,在开始教授某项新技能时,能够定期地、有计划地安排专门的训练课程,每周3～5次,每次10～15分钟。当然,这只是平均值。有些孩子的注意力只能维持5分钟,有些孩子则可以维持20分钟,甚至更久;有些技能,即使一周教一次,也会有明显的进步(如骑三轮车),而有些技能则必须天天练习(比如,如厕训练,不过如厕训练算是比较特殊的)。

"一切都安静了,只有我和苏西……"

一天之中,没有所谓的最佳教学时间,只有对你来说最合适的时间,即你能将注意力全部放到孩子身上的时候。也就是说,你要选择一个专属的教学时间,一个你不需要操心家务、关心其他孩子,可以心无旁骛地进行教学的时间。同时,你也要考虑你的孩子的情况,他累了、饿了的时候,都不适合安排教学活动。

这样的要求听来也许有些难以达到,毕竟,你一天能有多少空闲时间呢?又怎知某位朋友不会突然打电话来?当然,完美的时机是不存在的,但你可以尽力为此做出必要的调整。

> **记 住**
>
> 以上这些要求，是为了督促你选择一个一天之中最合适的时间，实施有计划的、正式的教学。这个时间是专门用来让孩子学习新技能的。
>
> 同时，为了巩固新学的技能，也为了让孩子保持学习的兴趣，你或家里的其他人也有必要利用一天中的零碎时间（这里2分钟，那里10分钟），展开随机的、即兴的教学。这些零碎时间同样重要。

应该在哪里教？

在哪里教，关系到孩子的学习效果。你应该认真选择你的教学场所，比如，孩子的卧室、客厅一角、后院……总之，教学地点要尽可能远离日常的纷扰。教学最重要的莫过于两点：作为教学者的你和教学所用的材料，孩子的注意力应该只集中在这两点上，而不是被其他不相干的事物干扰。所以，和许多家长一样，你会发现，你需要清除多余的玩具、移开鸟笼、搬走电视，有时甚至要送走前来做客的亲戚朋友。当然，有一点你要记住，如果某项技能只在某个特定的场所运用，那么该技能的教学要尽量安排在该特定场所，如在卫生间教刷牙，在室外教投球，至于在哪里教整理床铺，想必也毋庸置疑了。

选定教学场所后，你可以先试着教几天，证明可行之后，就在那个地方一直教下去。孩子也会很快习惯这一事实，即到这个地方，就是来学习的。

需要用到哪些材料？

教授大部分技能都会需要用到一些材料。通常来说，教什么，就用什么。自然而真实的材料是最好的选择，比如，教扣扣子，最好用孩子自己的外套，而不是带扣子的布料。至于用哪件外套、哪双鞋子、哪块拼图，则要从孩子的角度来考虑：它们看起来有趣吗？可爱吗？方便抓握和移动吗？会不会太小？

会不会太重？安全吗？如果意外掉落，会碎吗？教学目标则决定了具体需要哪些材料。但总的来说，你应该时刻追问自己："我的孩子可以用手头这些材料完成我给他的任务吗？如果变换一下材料，他会学得更好吗？"

以游戏技能为例，大球通常比较容易接住，大珠子更容易串起来，空推车更容易推拉；当需要提升难度时，就可以将大球换成网球，大珠换成小珠，让弟弟坐进推车里。而三片拼图总是比五片拼图更简单，五片拼图又比九片拼图更容易；儿童版的桌椅可以让桌面活动进行得更顺利；若是训练穿衣技能，宽大的衣服在一开始肯定更容易穿。

你会事先调整教学材料，让它们更方便孩子操作使用吗？孩子的涂色纸在桌上来回移动，怎么办？衣帽架太高，孩子够不到，怎么办？沙包总是丢不进纸箱上的小孔，怎么办？

有些特殊需要儿童在生理或感知觉上存在多重障碍。如果你的孩子有运动障碍，你知道他不太善于操控某几样玩具或衣服的某个部分，没关系，替换成他可以操控的物品（你、老师或物理治疗师都知道他可以操控哪些物品）。如果你的孩子有听力障碍，你也可以正常教学，只不过需要加入动作手势或者手语，或运用其他更容易理解的沟通方式。如果你的孩子有视觉障碍，你使用的材料应该更大、更鲜艳，或者辅以盲文。这里的重点在于，你最了解自己的孩子，你知道他的强项和弱项，不管是玩具、教具，还是各种"铺垫"，你的取舍标准都应该是最大限度地保证教学的成功。

关于做铺垫的最后一点说明

我们一直以来所说的"教室"，实际上是你家中的某个空间。既然是在家里，就难免会遭遇各种不可控的状况，如邻居来串门儿、电话铃声响起、屋外车水马龙、教具损毁和其他各种让人头痛的事。

这些小插曲让人厌烦，使人分心，却又无可避免。但一旦你明确了教学的时间、地点和材料，这些意外也就微不足道了。它们或许会一次两次地打搅你的教学，但绝不会扰乱你的整个教学计划。

耐心

你到底需要为自己做哪些准备呢？这很难说清楚。只有一点是毋庸置疑的，正如你所知，那就是教育特殊需要儿童是一个缓慢的过程。你当然应该带着积极乐观的心态从事教学，但同时也要有务实的精神，要有耐心。即使孩子错误百出，即使自己再灰心丧气，也不改初心，步子虽小，却始终前行不辍，你的耐心和坚持是儿童最大的资本。

第 6 章

教学
（Teaching）

本章我们主要讲良好教学的两大要素：教导孩子应该怎么做，以及奖励孩子的努力。我们之前已经按顺序讨论过了 S-T-E-P-S，在展开新内容之前，我们先来回顾一下。

S——开始

T——锁定目标技能

E——细分并确立各个步骤

P——选择对孩子有激励作用的奖励

S——做好铺垫，最大限度地保证教学的成功。

谈了这么多，真正的教学居然还没有开始！但充分的准备可以让你和孩子更好地享受教学的乐趣，避免失败之苦。

好了，本章和下一章，我们将正式探讨：

T——教学

O——观察进步情况及解决问题。

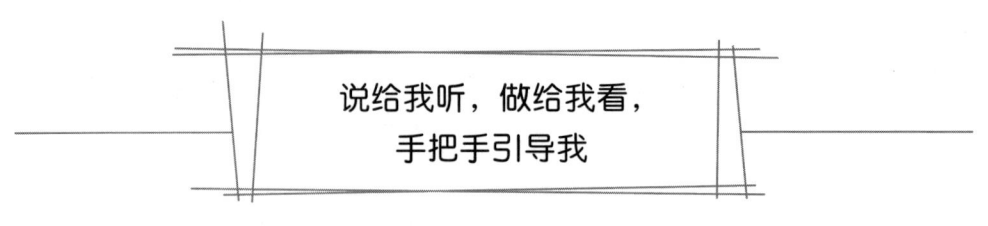

> 说给我听，做给我看，
> 手把手引导我

某件事该怎么做，也许你**说给我听**一百遍，但我仍然理解不了。不如，直接**做给我看**吧，慢慢地、清楚地演示出来，一两次之后，我会更加明白。但你最好能带我一起做一遍，**手把手引导我**做完整个动作，我一定可以完成目标！

教学指导

面对婴儿时，你大概不会使用很复杂的指令，你会很自然地给他做示范或手把手地引导他。

多数人大概也乐意承认，我们喜欢别人将一件事直接做给我们看，而不是只讲解给我们听。因为语言，尤其是说明性的语言，有时是让人费解的。正因如此，当我们在这里用语言文字和一些插图教你如何教学时，其实我们更愿意来到你身边，将方法示范给你看，甚至与你一起做一做。而这种示范或指导无须持续太久，因为只要我们稍微点拨几句，你很快就明白该怎么做了，不久以后，你甚至完全不需要我们的帮助了。

虽然我们无法在你身边给你讲解、示范和引导，但你完全可以为你的孩子做这些。至于三种方式的运用程度和比例，就要看孩子的能力水平了。打个比方，如果孩子目前还在学习基础技能，对语言的理解也比较有限，那么，手把手的肢体引导对他而言就再适合不过了。

说：语言指导

简单明了地告诉孩子该做什么。教学时，希望孩子怎么做，你应该是心中有数的。但有时候，把事情讲清楚，让孩子听明白，还真不是件容易的事。有时，我们找不到恰当的词句来形容心中所想；有时，情况却又刚好相反，因为我们说得太多，想表达的意思反而淹没其中。那么，该如何正确使用语言指导，尽可能地简化孩子的学习任务呢？

我们知道，在进行语言指导时，没有两个人的方法会完全相同。不过，为了让你的指导切实有效，下面几条原则值得借鉴。

语言指导只在孩子注意力集中的时候进行，而且语速要慢

这条建议很像废话，但你要知道，我们在教学时都有过这样的经历：我们精心组织了语言，到头来却是对着墙、对着床或浴缸喃喃自语，因为孩子根本没有看我们。在语言指导前喊出孩子的名字，通常有助于引起孩子的注意。在开始教学前，要确保孩子正在看着你。你可以说："罗莎，看着我。"（见第 8 章）

语言指导应该尽量简单

如果准备充分，任何教学任务都可以用一两句话表达清楚。你的语言要言简意赅，对孩子起到**引导**而非**干扰**的作用。回想第 1 章中杰克逊太太是怎样引导比利的。"比利，看我怎么做。""好的，比利，你来试试。""拉过去盖住枕头。"

这些话，如果换个方式说，比如："好了，比利，现在注意。接下来我要做一件事，等我做完，你照着做一遍……现在轮到你了，要跟我刚才做得一模一样。你明白要怎么做了吧？……现在，抓住这一边，轻轻地、慢慢地往床头拉。等一下，别太快。好了。现在让它盖过枕头，全部盖住枕头。"你觉得结果会怎样？

大概是南辕北辙吧。我们假设的这种语言引导方式在现实中并不罕见。语言过于啰唆，反而会让孩子迷失其中。

语言指导应该使用孩子听得懂的词句

想想你平时都是怎么说话的。你觉得孩子能理解你正在使用的词句吗？

"把袜子放到**第二个**抽屉里。"

"**在梳妆台上**。"

第二、在……上、在……下、在……里、右手边、红色、在……旁、在……之间、在……之后，这类概念孩子都能理解吗？有时，你可以选用更加简单的词汇来表达某种意思。不管怎样，如果孩子无法完全胜任你给的一部分任务，那么问问自己，他是否真的明白你的意思。

如果孩子似乎不太明白你的指令，那你就需要简化你的语言、换用其他词汇，甚至调整任务要求。如果你发现某个指令特别有效，那么在今后的教学中应该坚持使用同样的表达方式。

不过，即使最明确易懂的指令，也仅仅是由语言构成，而有时语言是不够的。在语言指导的同时，你还应该将各个步骤演示出来。这就是我们所说的**动作示范**。

做：动作示范

给孩子示范应该怎么做，往往是帮助他理解指令要求的最佳途径。简单、清晰的演示可以大大提升语言指导的效果。边说边做本来就是一种自然的教学节奏，而它的效果不仅取决于孩子的聆听能力，也受他模仿动作的能力的影响。

你一边用餐刀切开食物（搭积木或将勺子放到餐刀右边），一边说："这样做。"

在演示时，你也许还会大声说："看，站在线外，把球扔出去，像这样。"

如果孩子能先在一旁看你做动作，你的语言指导会变得更加清晰好懂。但你无须示范整套动作，因为孩子记不住那么多步骤，相反，你一次只需示范一个步骤，然后让孩子模仿。如果事实证明孩子很善于模仿学习，那么你可以适当增加示范的步骤，但也要根据他的情况量力而行。

注意：想要达到最佳的示范效果，你的动作应该缓慢且做适度地夸张处理。

引导：肢体引导

肢体引导即与孩子共同完成任务。经过讲解和示范，你现在可以抓起孩子的双手，带着他将动作过一遍。

在肢体引导的最初阶段，完成动作的人实际上是你，孩子不过是被动跟随。但手把手教过两三次以后，你应该逐渐减少这样的引导，让孩子渐渐成为动作的主导者。比如，在拼拼图时，你依然把着他的手将拼图块放到正确的位置，但力度要稍稍减弱。等他顺利学会后，你就可以放开手，只在一旁观看，需要时再提供帮助。

我们说的"放手"，就是所谓的"渐褪"（fading）。当孩子渐渐掌握某项技能后，他们对肢体引导和动作示范的需要会越来越少，甚至连语言指导都可以逐渐撤除，只提供简单的提醒即可，比如"现在，床罩"。最终，除了一开始需要偶尔提醒一下"比利，整理床铺"，其他全都可以省略。但这是一个逐渐而缓慢的过程，根据孩子的进步情况，少则几天，多则几周甚至几个月。

当你按照计划，准备向前推进一步时，记得要检查孩子对当前步骤的掌握情况。如果他仅凭语言指导就能顺利完成当前步骤，说明时机已经成熟，可以进入下一个学习步骤了；如果他仍需要动作示范或肢体引导，那么显然还需要多加练习。

最后，要确保每次教学都以成功收尾。如果你准备下课了，但孩子还无法顺利完成他的任务，记得临时给他一个比较简单的任务（你知道他的能力范围），让这堂课以他的成功体验收尾。

使用奖励

缓慢而稳定地塑造行为

不要等孩子完全达到你的要求后再给他奖励，因为也许你会为此等上相当长的一段时间。其实，无论孩子目前的尝试多么笨拙，进步多么微小，你都应该及时给他奖励，渐渐地、一点点地塑造出你希望他表现出的熟练度。

比如，你可能一上课就要给他一个零食，奖励他来上课，然后奖励他能安静地坐在椅子上，再奖励他能听从你的简单指令（比如"看着我"）。一段时间后，你就不需要再为这些行为发放零食奖励了，因为他已经学会了这些事，表扬他几句就够了，如"好样的，拉托娅，你已经准备好了，可以开始上课了"。你的零食可以留待他挑战下一个任务时使用。

任务的难度要逐渐提高。如果昨天孩子还需要你帮他将拼图块放到正确的位置，那么今天就应该从放这个拼图块的步骤开始。当他在你的辅助下轻松完成任务后，立即给他零食并表扬他。但今天的目标是让他更进一步。所以，在本节课余下的时间里，只有当孩子在更少辅助，进而完全没有辅助的条件下，依然能顺利完成任务或认真尝试时，他才能得到零食奖励。

成功的行为塑造是一个缓慢而渐进的过程。期待孩子突飞猛进的进步，只会让自己失望。要求孩子每次进步一点点，并对这些细小的进步予以恰当的奖励，然后再逐渐提升任务的难度。如此坚持下去，孩子必定会有稳步的发展。这是很多身体力行的家长的经验之谈。

塑造法

梅根正在学习**注意**并**听从**指令。她的学习目标是在父亲说"把玩具拿给我"时，能将小丑跳跳盒（Jack-in-the-box）从房间另一头拿来给他。最初几天的教学并不顺利。梅根时而走开、时而坐下、时而心不在焉、时而又把拿起的玩具丢下。她的父亲越来越沮丧。但问题其实就在于他一开始的期望太高，任务分解得不够细，可能也没有使用塑造法。

于是他们从头再来。母亲站在一旁，将玩具放到梅根手里。父亲坐在1米以外的地方，对她说："梅根，把玩具拿给我。"母亲轻轻引导梅根向他走去。他接过玩具，立刻表扬了她，还拧紧发条，让盒子里的小丑跳了起来，梅根非常开心。下一次，母亲不再全程引导她。肢体引导也逐渐被撤除，代之以轻轻一推。最后，母亲连推的动作都撤除了。然后，他们开始让梅根站到距离父亲更远一点的地方开始练习（距离逐次拉远），直到她能从房间的任何位置将玩具快速地送到父亲手中。

我们已经分享了许多关于如何吸引孩子的注意、如何逐步推进新技能的教学的实用技巧。我们讨论过奖励的必要性，想必你也尝试了若干的奖励方法。关于奖励，我们接下来还有一些建议。这些建议你现在无须全部记住，可以等正式开始教学时再回来细读，相信你一定会从中受益。

确保奖励具有激励作用

如果孩子刚吃过饭，你就用零食奖励他，那么奖励效果当然会打折扣。有趣的玩具如果才刚玩过，再玩一次也就不那么有趣了。如果平时经常游泳，让孩子攒代币换取游泳的机会也就失去了意义。奖励必须是孩子真正想要、迫切盼望的，这一点非常重要。还有，如果孩子只有在教学中才能获得这样的机会，那么奖励的激励作用会更加强大。另外，不要选择不可撤除的事物作为奖励。举个例子，如果你们全家打算周六去动物园，那你就不要把去动物园当成奖励，比如，告诉孩子集满 10 个钩就可以去，因为万一集不满，你依然要带他去，否则你只能取消行程，对其他人食言了。无论哪一种情形，都是令人遗憾的。所以，选择奖励物的时候，要选择那些给或不给你都可以自己说了算的事物。

记住，成功也是一种奖励

如果孩子无论如何都无法完成任务中的某一个步骤，就说明这个步骤难度太大，你应该将它分解得更细一些，同时，你们也需要退回到比较简单的步骤，重新开始。每次上课都应该从孩子已经掌握的步骤开始，再逐渐过渡到新的步骤。而且，还是那句话，每次上课都应该以成功体验收尾。当孩子开始对训练感到不耐烦，或者你觉得当天的课程差不多该结束了时，记得给孩子一个比较容易的收尾任务，让课程顺利结束。

当孩子表现出你期望的行为时，及时奖励

孩子该得到奖励的时候，如果你延迟了，比如说 2 分钟，他也许就忘了为什么会得到这个奖励。更糟糕的是，在这 2 分钟里，他还可能会做出不该被奖励的事。因此，当孩子按照你的要求完成任务时，请立即给予奖励。你还可以利用发放奖品前的几秒空档，不失时机地表扬他，那也是他应得的。

尽量不去关注你不希望孩子出现的行为

我们偶尔会忍不住对孩子大吼，或追着他们满屋子跑，因为我们意识不到这是对孩子的一种奖励。这两种反应和你能想到的其他所有反应，都一定是对孩子某种形式的关注。而正如我们所知，关注是一种非常有效的奖励方式。记住这条简单的规则：**行为一旦被奖励，再次出现的概率会更高**。所以，在教学中，你应该只关注那些你希望孩子出现的行为。当他满屋乱跑或望着窗外发呆时，请你尽可能地按兵不动，忽略这些行为，等待他的注意力重新回到你的身上。你要让他知道，做这些事无法得到你的关注。我们知道这样做并不容易，但孩子真的唯有在做你要求的事时，才应该得到关注。

逐渐撤除奖励

当孩子熟练掌握某项技能后，你通常就可以逐渐撤除大部分的奖励了，包括代币、食物、活动等。几句表扬，以及掌握技能带来的成就感，就足够让他保持良好的表现了。至于原来那些奖励，可以等到学习新课的时候再用。你可以通过附加任务、提高奖励门槛的方式，逐渐撤除"额外"的奖励。比如，当他掌握了整理床铺的全过程并刚刚整理完床铺以后，你可以说："好，现在，让我们把这件大衣挂起来，然后你可以……"你还顺势引入了新课程呢！而整理床铺最终会成为孩子的一项生活常规。你的表扬、他日益增长的掌控周围世界的自信，会让这一常规持续保持。

你的表扬绝对不属于"额外"奖励，这一点也要牢牢记住。只要孩子努力学习、认真行动，就永远应该得到表扬。

第 7 章

观察进步情况及解决问题
（Observing Progress and Troubleshooting）

每个人都会有顺境和逆境。顺境时如何奖赏自己，逆境时如何查找问题、排除障碍，是本章要讨论的主题。我们还会对这方面的许多常见问题做出解答。展开新内容之前，我们再来回顾一下之前讨论过的内容。到目前为止，我们已经讲了以下内容：

S——开始

T——锁定目标技能

E——细分并确立各个步骤

P——选择对孩子有激励作用的奖励

S——做好铺垫，最大限度地保证教学的成功

T——教学

现在，我们要讲的是：

O——观察进步情况及解决问题。

你们好吗？

"嗨，朱迪，早上好！问比利好！你教比利整理床铺有一段时间了，他学得怎么样？"

"稍等，我有东西给你看……这个。"

"难不成，你把他的表现全都记录下来了吗？"

第7章 观察进步情况及解决问题（Observing Progress and Troubleshooting） | 37

"当然了，这样我才能确切地掌握他的进步情况呀。你看，他做得还不错。实际上，我也不赖，哈哈！"

你不可能预知孩子进步得会有**多快**，因为每个孩子的学习方式和学习时间都不一样。所以，你最好不要纠结自己的孩子"多久能学会"，而是应该问："他在进步吗？""课程有效吗？""这周能开始学习新步骤了吗？"要回答这些问题中的任何一个，你都必须做好记录。在本书接下来的第二部分、第三部分，几乎每个章节都会涉及做记录的内容。而本章，我们先来看看面对一份观察结果或学习记录时，你可以如何应对。

在教学中，你会很自然地留心孩子的进步。他的学习是否在有序推进，熟练度有没有稳步提高，哪些时候他兴趣不足、容易走神……你注意这个注意那个，唯独忽略了你自己。作为教育者的你，也是教学的一部分，可能还是最重要的一部分。因此，在开始教学前，不妨和我们一起花几分钟时间注意一下你自己，尤其关注一下你在教学中该有的表现，当一切顺利的时候该怎么做，当一切不那么顺利的时候又该如何。

顺利时

如果你的孩子学习认真，你们正朝着你定下的目标稳步前进，那很好。我们很愿意见证你的进步，而且也会像你经常表扬你的孩子那样，给你奉上由衷的赞美。但你不需要这些，因为你可以自己奖励自己！奖励可以促使孩子进步，也能鼓舞你不断前行。

奖励自己的方式有很多，其中最重要的是在内心肯定自己。如果儿童学习进步明显，记得恭喜自己"成绩不错！""嘿，我还挺会教的！""太好了！继续加油！"

他人的肯定也同样重要。你可以给家人展示孩子新学会的本领，接受他们的欢喜和赞叹（如果他们中有人参与了孩子的教学，你也要不吝美言，这样他们也会很快学着赞美你和你的孩子了）。你也可以写教学日志，记录下教学的细节，或者将各个阶段的教学目标告诉孩子的老师，每次达成目标后，及时分享给老师。日志中的一点一滴和老师的鼓励都是给你的褒奖，它们让你知道：没错，你成功了。

另一个自我奖励的方法是犒劳自己。事先想好，完成目标后给自己买点什么或去做点什么，让自己开心。出门看场电影？来一杯热巧克力圣代？周六下午丢下孩子，放飞自我？总之，你最清楚你心里想要什么。

当然，这个自我犒劳的主意多少有些傻气。毕竟，你之所以教学，是因为你是一位好家长，孩子的进步已然是对你最好的奖励了。但偶尔来一杯热巧克力圣代，又有何妨呢？

不那么顺利时

假如教学不那么顺利，不要惊慌，不要怀疑自己的付出是否值得。试问，哪一位优秀的教师不曾经历过挫败？有时打击还会接二连三地出现呢。在教学中遇到问题时，与其跟自己过不去，还不如打起精神**解决问题**呢。

解决问题就是从最可能的原因入手，逐个排查并克服。如果你打开开关，但是灯没有亮，想必你不会若无其事地走开，而是会停下来解决问题。你会想，灯不亮通常有哪些原因，比如：

第7章 观察进步情况及解决问题（Observing Progress and Troubleshooting）

1. 插头没插好
2. 灯泡没拧紧
3. 灯丝爆断
4. 电闸跳起或保险丝烧断

所以，当灯不亮时，你不会马上放弃。你既不会怪灯"真不给力"，也不会怪自己"连灯都不会开"，你只是一心想解决问题。

好，现在我们来看看，当你在教授新技能遇到问题时该如何应对。我们假设，你有一位朋友在教学过程中遇到了困难，她打电话来征询你的意见。她的儿子萨尔智力落后，最近他们正在学堆叠套环的游戏。起初，一切顺利，但这两天萨尔很容易分心，不仅堆叠速度比以前慢了，学着学着还经常会走开。

你应该告诉这位朋友，先不要放弃或责怪任何人，先来解决问题。回想至今为止你在这本书里读到的内容，你知道这位朋友应该怎么做吗？

等等！在阅读下面的内容之前，请你停下来，自己先想出一两个建议。

当然，你不可能确切地知道哪种方法绝对有效，但你可以试着问她以下几个问题。

- 萨尔还喜欢原来的奖励吗？（试试换个奖品）
- 你是不是撤除了对他来说还必不可少的帮助？（回到相对容易的步骤）
- 教学时间是不是太长了？（缩短课时，以成功体验收尾）
- 他是不是玩腻了这个游戏？（试试换个需要具备同等能力水平的玩具）

如果你能给朋友提出类似这样的建议，那么你当然也就知道自己遇到问题时应该怎么办了。

事实上，教学中难免会有挫折，每个人都有不顺利的时候。这时，尽量不要自责，也不要怪孩子，要避免下面这样的想法。

- "我不行，我做不到。"
- "我不是一个好老师。"
- "她是故意让我难堪吧。"
- "他真是朽木不可雕啊。"

这种自我对话只会让你感觉糟糕。不要对自己吹毛求疵。某位家长正巴不得能在某一方面跟你做得一样好呢。

问题排查

如果你的教学一开始就遇到了问题，或者一开始很顺利但又很快陷入困境，请按照下面的问题顺序逐一排查原因。这些问题集中了这本书中反复强调的各种要素。

一开始就遇到问题

1. 孩子具有必备的基础技能吗？
2. 你选择的技能适合孩子的能力水平吗？符合孩子的兴趣吗？
3. 你有没有首先将他的注意力吸引到任务上来？
4. 教具对他来说方便好用吗？
5. 教学的时间、地点恰当吗？有无干扰因素？
6. 教学是从足够简单的步骤开始的吗？
7. 你的语言指导是否简洁明了？
8. 你有没有提供足够的帮助（动作示范和肢体引导）？
9. 你在享受教学过程吗？有没有及时表扬他的努力尝试？
10. 你给的奖品是他喜欢的吗？

一开始很顺利，但转而陷入困境

1. 你或孩子有没有遇到什么生活问题（疾病、特殊压力）？
2. 孩子是不是对奖品失去了兴趣？可不可以换个奖品？奖励的频率够高吗？
3. 教学的步子是不是迈得太大了？（你是不是过快地撤除了对他的帮助？）
4. 教学进展是否太慢，让孩子觉得无聊？（你是否迟迟不敢撤除对他的帮助？）
5. 他是不是厌倦了同一个玩具？能不能换一个具有相同教学功能的玩具？
6. 上课时间是否太长？同一任务是否停留太久？
7. 每次下课前，他有没有过成功的体验？他会不会已经发现，不良行为能让他顺利躲开课程任务？

不顺的日子

即使做了这样的问题排查,并进行了相应的教学调整,也不足以解决所有的问题。因为除了教学本身的问题,现实生活中也会冒出各种状况,妨碍教学的正常进行。

有时可能只是一些"状况外"的事件。也许某天,你头痛欲裂,或者孩子得了流感;也许某天,学校组织了校外实践活动,孩子回家后已然没有时间和精力拼拼图了;也许某天,乡下的亲戚拖家带口(连同宠物!)来到你家"待几天"……好吧,这些都算不得大问题,你和你的孩子正好可以停下来休息一下,回头继续便是了。

但有时你们也会遇上真正的大麻烦。也许你马上要接受一个大手术,或者有亲人离世,或者要搬家去陌生的城市。健康、婚姻、亲友、工作、财务问题让你无暇顾及孩子的教学。或许在相当长的一段时间内,教学会落到相对次要的位置。现实如此,你也没有办法。

但被迫暂停教学,不等于永远不再重新开始。事实上,在不得不放下教学的同时,你就可以定下重新开始的计划,比如,从下个月1号开始,或者等亲戚离开以后开始。

总结:常见问题答疑

你不可能事事如意,这样的心理准备想必你是有的。但如果要我们一一说明你在未来教学中可能遇到的问题,也是不可能的。不过,经验告诉我们,有些问题的确比较常见。我们摘录了其中一些,并给出了答复。当然,这些答案远远不足以解决家长的全部困惑。

你最大的一个疑问,或许是无法确定时机是否成熟,不知道能不能开始教学了。但这个问题的答案却是最简单的——只管开始就对了。将你的所学运用到实践中去，你很快就会找到自信，孩子也会开始有所进步，不知不觉，你就进入了教学的状态。

我可以同时教几项技能吗？

可以，不过一开始你应该只选一项，等孩子将该项技能掌握之后，再开始第二项。家里人能一起帮忙的话，同时教几项技能会比较容易。等大家习惯了你的行为教学法后，你可以将它运用到日常生活中，在生活中同时训练多项技能，但一定要慢慢来。如果好几项技能同时开始，保不准在未来的某一天，你会因为力不从心而全盘放弃。建议你先从某项容易把握的技能开始尝试。

孩子正在学校学习拼拼图，如果我同时在家按这本书里的方法教他，会不会搅乱他的学习？

如果你和老师的要求不一致，应该会。老师会很乐意你能在家辅助教学，所以不妨和他/她谈一谈，让他/她也读一下这本书，确保你们对孩子的要求一致。同样地，如果你已经教了某项技能的部分内容，却发现孩子的老师、祖母、姐姐还在包办这部分技能，就需要跟他们谈一谈，让他们了解你的教学进展，知道哪些步骤应该让孩子自己完成。

孩子已经学了穿套头衫的几个步骤，但用的方法跟你们不一样。我应该用你们的方法从头再来吗？

也许不用。首先，你可以试着在孩子现有的能力基础上，规划设计后面的教学步骤。毕竟教学无定法，这本书里的方法也不过是建议而已。但如果孩子现在的方法看起来特别别扭，后面的步骤也似乎难以为继，那么可以考虑从头开始。总而言之，事无绝对，具体问题应具体分析。观察孩子的表现，牢记行为改变的教学原则，你应该可以适当调整，为孩子量身定制出他的专属教学方案。

是不是必须每天坚持，教学才能获得成功？

相比其他技能领域，某些生活自理技能（尤其是如厕训练）特别需要日日如常地坚持教学。对于一个正在学习穿衣或吃饭的孩子，如果你有空就耐心教他，一忙起来又直接代办，他一定会感觉混乱、不知所措。当然，有时家里难免会发生一些突发状况，孩子可能会生病，或者你自己因为这样那样的原因，觉得力不从心，无法教学。没关系，偶尔的松懈是难免的。但如果你在培养孩子生活自理技能时总是三天打鱼两天晒网，就很可能徒劳无功。

你们说的"奖励"难道不是贿赂吗？

当然不是。贿赂是奖励不道德的行为，而我们在教育中只奖励好的行为。事实上，我们大家都在为某种奖励而努力工作着，为了钱、为了他人的肯定与尊重、为了事情圆满之后的成就感。我们乐于接受这些用自己的良好行为赚来的奖励，这些奖励又引导、塑造着我们的良好行为。只有给不道德行为以报酬，才是真的贿赂。

她的兄弟姐妹没有食物奖励一样学得很好，为什么她需要这种方式？

这是大家对食物奖励的一个普遍反应。以我们的理解，答案很简单：你女儿既往的学习经验与你的其他孩子的学习经验很不一样。因此，以他们惯用的方式要求她是不公平的。在实际生活中，我们要么认为她应该学习，催赶着让她学，要么相反，认定她什么都学不会，索性包办代替。这两种倾向都有失偏颇。就像有肢体障碍的儿童需要借助拐杖行走（这一点应该没人反对），你的孩子也需要某种"学习的拐杖"，帮助她在学习中顺利行走。

食物奖励的确很好地调动了孩子穿衣服的积极性，但这个方法要永远用下去吗？

穿衣服的话，不需要。在一项新任务开始之初，当孩子的表现还不是很稳定时，像食物这样的额外奖励会起到很好的激励作用。但等他熟练掌握技能后，就不再需要食物奖励了，你的表扬或他完成任务时的满足感，就足以激励他完成任务了。不过你要有心理准备，无论学习哪一种技能，取消食物奖励都是一个缓慢而渐进的过程。此外，尽管有一天他在穿衣时不再需要借助零食的激励了，但只要他开始学习下一项新技能，这种奖励依然可以发挥作用。

教学一团糟，我该怎么办？

很多问题我们真的无法回答，这个问题就是典型之一。为什么？因为这种问题的表述太笼统了，几乎没有传达任何有效的信息。"一团糟"是什么意思？记住，想要成功改变孩子的行为，你要先仔细观察，且做到细致入微。

孩子在教学中又哭又闹，还把教具推开，我该怎么办？

处理问题行为没有一种绝对的方法。孩子在用这种行为向你传达某种意思。你该如何反应，取决于他究竟为了什么才如此不配合。以下是几种可能的原因。

1. 可能是他累了。你的课是不是上得太久了？如果是这样，赶紧找一件他能轻松胜任的事，等他稍微冷静一点后，让他完成这件事，然后奖励他，并马上结束课程。

2. 可能是他内心受挫了。你给他的任务对他来说是不是太难了？如果他预感到失败在即，像大部分特殊需要儿童那样，他会早早放弃。如果是这样，你同样需要等他稍稍冷静下来，给他一个相对容易的任务，再继续教学。

3. 可能是他生气了。也许他想这样做，但你却要求他那样做。他在对这种违背他意愿的事直接表达愤慨。那么，你需要做的是等待，等他稍稍冷静下来，继续教学。

4. 哭闹和抗拒可能是他面对困难的一贯做法，因为这样困难就会"消失"。如果是这样，你应该忽视这些行为，坚持让他继续上课，然后，尽快再次要求他完成之前的任务。

如果孩子拒绝上课怎么办？

如果他平时一直很配合，偶尔才这样，这没什么大惊小怪的，等他愿意的时候再开始上课就是了。如果他经常这样，那么你要先仔细反省你的教学，确认以下几点。

1. 你的任务在他的能力范围之内

2. 你的奖励对他来说是很特别的

3. 你的奖励次数足够多

如果这些都没问题，那么，你需要温柔而坚定地要求他参与到学习中，引导他一步步完成任务，忽略他的眼泪和想要离开的企图，尽量缩短上课时间（一两分钟），并多多奖励他。

我一直在努力尝试教他脱裤子，但他连第一步都不肯做，还总是哭，想跑出房间。怎样才能让他配合我？

出现这种情况的话，有几个可能的原因需要排查。如果你确定这项技能适合孩子的能力水平，那么不妨再问问以下这几个问题。

1. 这项技能的第一步他可以轻松完成吗？
2. 他明白你想让他做什么吗？你自己清楚吗？
3. 你给他的奖励是他真心想要的吗？你给得及时吗？始终会给吗？

别忘了，他对这一技能的学习还很陌生，因为之前都是你包办代替，也许他还无法接受这样的转变。你的要求要尽量简单，你们也要经常退回到前面的步骤，或再放慢一些学习的速度。你甚至还需要降低目前第一步的难度，后面视情况再逐渐提高难度。

坚定、坚决地让他去做，并及时予以奖励。当他发现只有在学习中才有机会得到最爱的零食时，也就不会那么迫切想要离开了。

同一项技能必须始终由同一个人教吗？可以让家里人轮流吗？

家人当然可以一起参与到教学之中，不过他们首先要耐下心来好好理解你正在做的事。他们应该读读这本书，与你一起讨论教学事宜。你们还应该相互观摩对方的教学，保证教学的一致性。如果全家人都熟知教学计划并参与教学实践，教学会更容易取得成功。

后文内容导读

第一部分的内容到此结束，你也差不多可以开始教学了。也许你最担心的是问题行为，想直接跳到第三部分，这样也未尝不可。但问题行为管理难度较高，以我们的经验，家长如果能先教儿童一两项技能，再着手进行问题行为管理，往往比较容易取得成功。

如果你的孩子需要学习最基本的"准备"技能——叫他过来时能过来、能安静坐好、能集中注意力,请阅读第 8 章。

如果你的孩子正在学习基本的生活自理技能和游戏技能,那么请参阅第 9 章和第 11 章。最好从第 9 章开始,选定一项自理技能,花几周时间来教它(除非你的孩子学得比较快)。你可以一边教学,一边往下阅读,了解其他章节的内容。

如果你的孩子已经具备大部分的基本生活自理技能,那么你可以依次阅读第 12、13 及第 14 章的内容。这三章分别探讨的是比较高阶的自我管理和居家管理常规以及实用性学业技能(比如时间认读)。然后,你可以去研究如何教授一项新的生活自理技能或游戏技能,甚至挑战一下难度更高的如厕训练(第 10 章),也可以直接进入问题行为管理(第 15—18 章)的部分。

请尽快阅读第四部分的内容(支持独立的其他途径),与其他老师保持合作(第 19 章)是你必须持续去做的一件事。

第二部分

技能教学

第 8 章

准备技能

准备技能是生活自理技能和游戏技能的基础。最基本的准备技能包括抓握物品，坐直，站立，行走，听从简单指令，以及双眼、手、腿及手指的协同运动。这些技能是我们从小就自动掌握的，也时刻都在运用，所以我们通常不会把它们当技能来看。但它们的确是一些儿童需要专门学习的技能。即使你的孩子已经掌握了这些技能，你也不妨读一下本章关于注意力训练的内容，说不定会从中获得一些启发。

准备技能（如独自站立、握住杯子、被招呼时走过去）是许多实用技能（如上下楼梯、用餐、玩简单的游戏）的起点。一旦儿童学会这些技能，也就向着成功学习各种生活自理技能和游戏技能迈出了巨大的一步。

对很多特殊需要儿童来说，这些准备技能来之不易，必须通过专门的学习才能获得。而且，也只有先学会这些基础技能，才谈得上掌握其他技能。儿童的技能发展是有先后顺序的。如果儿童还需要一定的支持才能站立，你却开始教他走路，结果当然是徒劳。你应该首先让他学会站立。

你具有得天独厚的优势来教孩子准备技能。因为你最了解你的孩子，你知道他现在能做什么、不能做什么，做什么时还离不开你的帮助。而日常生活中又到处是教学机会，不需要很复杂的教具，一桌一椅、一段楼梯、一个杯子，甚至在地板上，你就可以开始教学了。

意外之喜

莎伦原本喜欢坐在地上漫无目的地摇晃身体，一连几个小时不厌其烦地摆弄一根细绳，走到阳光下就开始沉迷于研究她的手指。妈妈看她整天这样百无聊赖却又束手无策，心里很不是滋味。

后来，她开始把莎伦叫到桌边，教她玩简单的小游戏（将各种小物件装进容器里）。从那时起，她变了，变得比以前更加乐观，觉得自己有能力承担起教育莎伦的责任。

没错，如果你整天为照顾你的孩子忙得团团转，而他自己却无所事事，不论是你还是你的孩子都会感到苦恼。很多家长反映，自从开始有规律地每天抽一小段时间进行教学，他们的心态就变了。大家都惊喜地发现，自己的孩子居然能完成很多他们以前完全不敢想象的事。

专注

所有准备技能中最基础的技能应该就是专注了。比如，你现在正在阅读，你集中注意力，看我们都写了些什么，这就代表你专注在这本书上。同时，你也能忽略周围的很多其他状况，即不关注，比如，马路上的噪音、桌上那本有趣的杂志。在一段时间内有选择地关注一件事，对我们大多数人来说再自然不过，可特殊需要儿童却很难做到。

但这又确实是他们最需要学习的一项重要技能，因为那些在椅子上扭来扭去的儿童、不时地东张西望的儿童、被叫到名字却毫无反应的儿童，真的都还无法完成正式的学习任务。

孩子必须首先能专注于手头的任务而忽略其他干扰才可以开始学习。他必须先看向你，听你说话，才能听从你的指令。

下文是丹尼爸爸尝试教丹尼用杯子喝水的经历。孩子在学习用杯子喝水之前必须具备一定的准备技能。从丹尼爸爸的叙述中，我们看到专注是一项多么容易被人忽略的技能，好在他及时纠正了自己的失误。这一叙述围绕基础的专注技能展开，也遵循本书倡导的 STEPS TO 教学法。

专注训练

开始

几周以来，我一直在教丹尼用杯子喝水。但我所有的努力换来的只是失败和沮丧，有时甚至是眼泪。他无论怎样都无法集中注意力去做我要求他做的事。他的目光总在屋里四处游移；我叫他的名字，他毫无反应；他会将手伸进杯子里，或者索性把杯子打翻。

选定一项准备技能

我渐渐明白，除非他学会将注意力放到我身上，否则，学会用杯子喝水这件事，即便有可能，也是困难重重。于是，我有了一个新的目标——当我说"丹尼，看着我"时，他能看着我。

确立步骤

我决定先让丹尼坐下来，与我面对面保持约 30 厘米的距离，方便我用肢体引导他看向我。等他能够听从指令且能比较持续稳定地看向我，我会减少肢体引导，同时拉开与他的距离。当然，距离是逐渐拉远的。

选择奖励

我的教学计划中一个最重要的部分是将丹尼最喜欢的零食作为他完成任务的奖励。我知道他最爱吃裹了糖的谷物脆片和葡萄干，所以每次上课我都会提前备好一杯这样的零食。我想，尽管他对学习毫无兴趣，也绝对无法抗拒美味的午后小食。

做好铺垫

每天下午，趁着其他两个孩子还在上学，我自己也相对空闲、能专注在丹尼身上时，我会拿出5分钟的时间进行教学。我会拿走餐桌上的糖罐、餐垫和晨报，以免让丹尼分心。我摆好椅子，以便我们能面对面紧挨着坐下。我希望这样能让他觉得舒适自在，并形成一个常规。从那以后，我们每天下午都会在厨房上5分钟左右的训练课。

教学

某个周二，桌上空无一物，椅子相向摆好，杯子里装好了谷物脆片和葡萄干，一切准备就绪后，我的教学正式开始了！我把丹尼领进厨房，让他坐到椅子上。他一坐下，我立刻给他一粒脆片，并表扬他："真棒，丹尼，你坐好了。"

我对他说："丹尼，看着我。"起初，他若无其事地望向窗外，让我感觉自己仿佛在自言自语。我又说了一遍。这一次，他索性离开椅子，研究起厨房来。我意识到刚刚忘了使用肢体引导，于是我起身将他带回了座位。我一边引导他坐下，一边说："丹尼，坐下。"又马上给了他一颗葡萄干并对他说："真棒，你坐好了。"

给予语言指导、肢体引导以及奖励

等他坐回座位，我吸取教训，决定不再要求他做力所不能及的事。这一次，我把自己的椅子往前挪了一点，我们仍然相向而坐，却贴得更近。我俯下身来，让我的脸正好与他的视线齐平。我将谷物脆片缓缓凑近我的脸，说："丹尼，看着我。"与此同时，我还轻轻扶住他的头部，让他正好看见我手里的零食。他果然被吸引住了，注意力全在这个零食上。我立即将它塞进他嘴里，说："做得好，丹尼。"

以成功收尾

此时正是下课的好时机，尽管这堂课总共还没上几分钟。比起时间长短，课程是否在成功的氛围中结束是一件更为重要的事。到目前为止，丹尼能看向零食，我已经满足了。

继续教学并逐渐撤除辅助

我们继续每天一课,每课 4～5 分钟,过程中我会反复要求丹尼看着我,并给他奖励,如此重复十余次。几天以后,我开始减少对他头部的肢体引导。又经过许多次课以后,我终于完全不用这种肢体引导也能让他看向我了。就这样,我开始和他有了眼神接触。接下来,我开始逐渐拉开与他的距离,故意拖延几秒再发放奖品,一点点延长他的注意时间。现在,只要我说"丹尼,看着我",他真的会看着我了!

观察进步

从教学一开始,我就设计了一个简单的表格,记录他每天的任务完成情况,每次说完"丹尼,看着我",我就在当天的方框中打个"×",如果 3 秒之内他看向我,就把刚打的"×"圈起来(这样可以轻松算出他每天看向我的次数百分比)。我会保持同等程度的肢体引导,直到他能在 3 秒之内相当稳定地看向我(比例达到 80%,甚至更高)。然后,我开始逐渐减少肢体引导,并继续做好记录。从记录上看到他的进步轨迹的感觉真的太棒了!

丹尼爸爸已经走上了成功教学的道路。当丹尼能对"丹尼,看着我"这一指令做出反应后,丹尼爸爸也就能更容易地唤起他的注意了,这是任何技能教学都不可或缺的基础。当然,这需要时间、耐心和坚持不懈的努力。但如果你问丹尼爸爸:"这些付出值得吗?"想必连你自己都已经有答案了。在此之后,丹尼爸爸开始教丹尼用杯子喝水、用勺子吃饭,以及玩简单的游戏(将晾衣夹放入敞口的容器里)。

教儿童学习专注

几乎所有的技能学习都需要孩子将注意力集中到一处,不论是注意你、注意玩具或教具、注意伙伴,还是注意游戏规则。所以,在开始教授其他技能之前,不妨先了解一下提高孩子注意力的 7 个方法。

1. 站到孩子身边

跟孩子讲话时，一定要让他看到你、听到你。在最初阶段，即使你们在同一个房间的两头，他也很难注意到你。

2. 与孩子的视线保持同一水平

因为你要让孩子注意你的脸部，所以你要调整姿势，让孩子看到你的脸。如果他坐在地板上，你就蹲下来；如果他坐在椅子上，你就坐在他对面。总之，要尽可能方便他看到你的脸。

3. 叫出孩子的名字

孩子最容易识别的词语莫过于自己的名字了。让他做任何事之前，你都要叫出他的名字以唤起他的注意，让他知道你正在跟他讲话。等他看向你，你再继续教学。如果他不看你，你要继续叫他。尽量直呼其名，如果使用代词（我、你），孩子理解起来会相对困难。如果他连自己的名字都没有反应，那就托住他的下巴，轻轻将他的脸转向你，然后对他说："丹尼，去拿球。""丹尼，把球给爸爸。"

4. 进行眼神交流

当你叫他的名字，他转向你时，请看着他的眼睛。如果他转过身来却看着地板，那么他的注意力可能会更多地投向地板而不是你。如果他不直视你，就用一个手指轻轻点他的下巴，引导他看向你。

5. 精心选择语句

使用孩子熟悉的、简单的言辞和短句。比如，说"休息""游戏时间"，就不如说"丹尼，来玩"。前者可能会让孩子不太理解，而后者则简单明了地表达出了你希望他做的事。

6. 前后一致

使用固定的词汇称呼人、物品和处所。如果你管孩子的父亲叫"爸爸"（或任何你喜欢的称谓），就始终称他为"爸爸"，不要随意变换成"老爸""你爹"之类的称呼。

7. 使用手势

如果说话时能恰到好处地辅以手势，会让你的意思更加简单好懂，也会让孩子更容易将注意力集中到你身上。

纸杯游戏

另一个提升孩子注意力的方法是玩纸杯游戏。准备3个纸杯和一点零食，将纸杯倒扣，让孩子看着你将食物放入其中一个纸杯，打乱纸杯的位置，让孩子指出零食在哪个纸杯里，机会只有一次。

材料：3个纸杯，小零食（M&M豆、饼干碎块、葡萄粒等）

玩法：游戏时间尽量要短（5～10分钟）

首先，拿出一个杯子倒扣，将M&M豆（或其他零食）藏于其下，对孩子说："把糖找出来"；帮助他揭开杯子，找到奖品（如果孩子一下就找对，给他零食）；再稍微移动杯子，并帮助他找到奖品；继续练习，直到孩子可以自己找到移动后的奖品。接着，增加一个杯子，将零食藏于其中一个杯子之下，稍稍移动这个杯子，空杯则保持不动，然后让他找出零食。当他熟练掌握这一步骤后，开始交换两个杯子的位置。逐渐提高变换的速度或增加变换的次数，提高任务的难度。

注意：要确保孩子一直看着你完成这些动作。想让这一游戏真正发挥作用，就要保证孩子有比较高的正确率，要让他在多数时候都能成功找到奖品。不要让他瞎猜，也不要让他总揭开同一位置的杯子。如果他没有找到奖品，就要放慢游戏的速度。加入第三个杯子之后，记得一开始只移动有奖品的纸杯，再逐渐变为移动两个，进而移动三个。最后，通过加速移动和多次变换，逐渐提高任务的难度。

其他玩法：为了有所变化，可以让孩子来当老师，让他藏奖品，打乱杯子的位置，由你来找奖品。当你找到奖品时，记得要表现得很兴奋哦！

教授其他准备技能

在本书的附录 A 中，我们还收录了关于其他准备技能的教学建议。准备技能种类繁多，但如果你去咨询孩子的老师或治疗师，他们应该也会给出与我们差不多的建议。我们谈到的准备技能包括以下几种。

基本注意技能

- 被叫到名字时看过来
- 被叫到名字时走过来
- 辨识物体
- 听从简单的指令
- 模仿

基本粗大运动技能

- 坐下
- 起立
- 行走
- 上下楼梯

基本精细运动技能及活动

- 推、拉、握、转
- 抓握并放下物品
- 玩水

- 将物品放入有开孔的盒子
- 捏取物品

这些准备技能的教学，均应遵循第 1—7 章所谈到的 STEPS TO 法。在选定教学目标之前，你可以先浏览一遍附录 A 的内容。

第 9 章

生活自理技能

生活自理技能是儿童最应该学习的重要技能之一。包括穿衣、梳洗、如厕、用餐、洗澡在内的各种生活自理技能都属于早期技能，是我们不需要刻意记忆就能习得且每天都在自动运用的技能。对儿童来说，学会其中任何一项技能，不论是用叉子吃饭，还是扣衬衫纽扣，都可以大大提升自尊，向独立迈出一大步。

开始

相比其他技能，生活自理技能的培养更能体现家长的教育责任。毕竟，牙刷在家里，马桶、衣橱、餐桌和浴缸也在家里，家是每天早上穿衣的地方、享用一日三餐的地方、餐前洗手的地方……这些已经建立的生活常规为教与学提供了自然且稳定的环境条件，对孩子来说，没有什么比在家里学习更能让他安心自在的了。

可能你每天都在忙，忙着帮你的孩子洗漱穿戴，忙着帮他做这个、做那个。既然如此，为什么不更好地利用这些时间，教他自己做这些事呢？本章内容会帮助你最大化地利用与孩子相处的时间，教他更好地掌握吃、穿和洗漱方面的技能。读完本章后，你应该可以做到以下两点。

1. 选择一项生活自理技能，开始每天进行短时的、结构化的教学。
2. 在日常生活中发现并抓住机会，随时进行非正式的教学。

读完本章之后，你还可以翻到附录 C 查看具体技能的教学方案。

努力终有回报

孩子对周围世界的掌控能力越高，你的生活就会越自在。虽然在教学的最初阶段，你不得不为此付出成倍的耐心和努力，但这些心血终将给你和你的孩子带来巨大的回报。

小绅士

"来，给这位小绅士的热狗。"服务员微笑着说。

"小绅士，哈哈！"迪波拉太太心想。她一边帮马里奥把热狗切成方便入口的小块，一边回想起几个月前的情形。那时，马里奥是用勺子扒拉的方式吃肉的，餐桌上总是一片狼藉。她终于忍无可忍，痛下决心：一定要教他学会用叉子。为了以后吃饭时能省心一点，现在多花点时间也无所谓。

花时间是一定的。马里奥最初也很不习惯这种改变，但他最终还是学会了。现在他已经能相当熟练地叉起盘中的食物了。

"热狗好吃吗，儿子？"迪波拉先生问。显而易见，马里奥非常享受，能像爸爸妈妈一样在餐厅用餐，简直太棒了！"看来以后我们得常来了，是不是？"

你的孩子目前可能还不具备学习使用叉子的能力，那么，教他掌握更简单的生活自理技能，比如，用勺子、脱裤子，照样可以给你的生活减点儿负。情况也可能正相反，你的孩子已经学会了相当多的生活自理技能，但是……

总有更多东西可以学习

当孩子成功掌握如厕、穿衣这些关键的技能后，你很容易对其他生活琐事放松警惕，继续包办代替。其实这些小事，孩子也完全可以学着自己来做，比如，随手将外套挂起来、系鞋带、用餐刀涂抹果酱等。好了，行动之前，你首先要做的是仔细检查你和你的孩子的日常，看看在你包办代替的事情中，有哪些他已经可以学着自己做了。

还有什么可以学？

我们在费尔普斯太太的厨房聊天。她说："生活自理技能这一章不适用于我们家梅根了。我是说，在这一方面，她已经没问题了。"

正说着，梅根从外面玩雪回来。她踢掉靴子，又脱下外套递给妈妈，让她挂起来。

"上厕所没问题，吃饭、穿衣没问题，这些她全都能自己完成。"

梅根一边跟我们打招呼，一边踩上便鞋来到妈妈身边，让妈妈给她系鞋带。

"梅根，想吃点心吗？"

梅根点点头。费尔普斯太太取出面包和花生酱，拿起餐刀，开始做三明治。

"所以我才说，她的生活自理能力已经很好了，她现在可以自己做所有事情。"

> 她现在可以自己做所有事情。

许多特殊需要儿童的家长主动承担起了教授生活自理技能的任务。尽管孩子有时学得磕磕绊绊，效果也不太明显，但他们终究还是在进步。我们何其有幸能够见证他们的成功！

选定一项目标技能

首先，你要评估一下孩子目前的生活自理能力水平。哪些事情他可以自己做到，而且做得很不错？哪些事情他还只能做一部分，或者需要在你的帮助下才能完成？哪些事情他还完全做不了？

你可以按照下面的《生活自理技能检核表》完成评估。《生活自理技能检核表》包括了30种不同的生活自理技能，你可以先大致浏览一下，再根据孩子的实际表现，选出最符合他能力水平的一项，在相应的格子里打钩。

生活自理技能检核表

以下各项生活自理技能，儿童目前处在何种能力水平？请勾选出最符合实际情况的一项。

技能	完全不会	会一些	全都会
1. 用杯子喝水			
2. 用勺子吃饭			
3. 用叉子吃饭			
4. 用餐刀涂抹果酱			
5. 用餐刀切分食物			
6. 脱裤子（不包括解裤扣）			
7. 穿裤子（不包括扣裤扣）			
8. 穿袜子			
9. 穿套头衫			
10. 穿前襟带扣的衬衫或外套（不包括扣衣扣）			
11. 穿鞋（不包括系鞋带）			
12. 穿皮带			
13. 扣皮带			
14. 拉拉链			
15. 扣纽扣			
16. 拉拉链头			
17. 系鞋带			
18. 挂衣服			
19. 擦干手			
20. 洗手			
21. 刷牙			
22. 洗脸			
23. 洗澡（擦干）			
24. 洗澡（清洗）			
25. 梳头			
26. 洗头			
27. 整理床铺			
28. 准备餐桌			
29. 更换床品			
30. 扫地			

接着……**等一下**！如果你还没有完成《生活自理技能检核表》，请不要急着往下阅读。因为只有填好表格，后面的内容对你才有意义。

接着，选出一项你打算教的技能。我们曾在第 2 章介绍过选定目标技能的方法，你可以返回第 2 章快速复习一遍。记住，你要选的，是孩子有能力学、愿意学且你也想要教的那一项技能。

好，请先在《生活自理技能检核表》中圈出三项你打算教的技能，也许孩子对它们的掌握程度都处在第 2 层级——已经会一点但还需要进一步学习掌握。想一想，你打算先教哪一项。请按照准备教授的先后顺序，把这三项技能写下来。

打算教授的生活自理技能

1. 技能：_____
   步骤：_____
   _____
   _____
   _____

2. 技能：_____
   步骤：_____
   _____
   _____
   _____

3. 技能：_____
   步骤：_____
   _____
   _____
   _____

确立步骤

接下来，你要按第 3 章所说的方法，将刚刚选定的第一项技能仔细拆解成多个步骤。想一想，这项技能总共可以分成哪些步骤？确立步骤的一个简单方法是亲自上阵，你要用杯子喝水、拉拉链、用吸尘器打扫房间、洗澡……多做几遍，记下做过的每一个动作。另一个方法，是参考附录 B《生活自理技能步骤清单》的内容。《生活自理技能步骤清单》对应了《生活自理技能检核表》的所有技能，对这些技能逐项进行了步骤细分。

当然，你最终分解出来的步骤肯定与我们所给的不完全相同。其一，具体要分成多少步骤，在一定程度上是因人而异的。对于学习能力强、领会快的孩子，不妨分成几个大步骤；对于学习速度比较慢的孩子，则需要分得更细致些，尽量做到小步渐进。其二，我们不了解孩子的实际情况，无法对附录中已有的步骤进行调整，使之最大限度地契合孩子的需要，但是，你可以。

所以，你还要在你自己列出的步骤表和我们所给的步骤表中做出选择，选出那个更适宜你孩子的步骤顺序，并将其写到上面的横线上。目前，你可以暂时只填写第一项技能的教学步骤，到时候再用同样的方法完成第二、三项的步骤细分（当然，一次性完成也是可以的）。

小步慢走

"丁零零……"克罗宁太太和基思的每日课程（穿皮带）才刚开始，电话铃就响了。"基思，你先自己做。"她赶忙接电话去了。

基思拿起皮带，笨手笨脚地摸索起来。就在昨天，他还顺利地完成了任务。妈妈预先帮他将皮带穿过了所有裤袢，只留下了最后一个裤袢让他来穿，他很顺利地穿了过去。但现在，当他试图自己完成整个步骤时，却发现自己根本无法复制昨天的美妙体验。果然"欲速则不达"！

基思拿着皮带，眼泪汪汪地找到还在接电话的妈妈。克罗宁太太放下电话，帮他快速穿好皮带，像昨天一样，只留最后一个裤袢没有穿。好了，这次他又轻松地完成了任务。

曾经由你一手包办代替的事，现在却要孩子自己来完成，他们会因此出现哭闹、逃避等各种问题行为，这是很自然的反应。减少这些问题行为的一个方法是尽量简化任务。

作为教与学的双方，只有你教得好，孩子才能学得好。教学成功的关键，在于你能否坚持小步慢走。在教学中对孩子提出的要求要契合孩子的能力水平。只有孩子能够做到，才能保证教学的持续成功。每一步都比上一步进步那么一点点，日积月累，你的孩子会越来越能干。

选择奖励

第 4 章中我们讨论了如何选择奖励，你可以先简单回顾一下，看看我们（以及你自己）都写了些什么。我们曾说过"你的关注（微笑、拥抱、表扬等）是对孩子最大的奖赏"。但是，生活自理技能学起来比较枯燥乏味（教也一样），仅凭你的关注，孩子不一定能保持足够的学习动力，你还必须考虑运用其他奖励，即引入孩子喜爱的零食和活动。

你的孩子特别喜欢哪种类型的关注、零食和活动？把你准备用的几种奖励方式写在下面的横线上。选择奖励的时候，还要考虑它是否适用于生活自理技能的教学过程。比如，在学习扣扣子时，如果你选择棒棒糖作为奖励，扣上一颗扣子奖励一颗糖，等孩子吃完糖再扣扣子，这样，一节课会被无限拉长，这样的奖励显然是不合适的。

你打算使用的奖励：

_____

_____

特殊情况

虽然我们一直建议你在孩子掌握一项技能之后要逐渐撤除奖励，但你应该也发现了，有时孩子明明已经掌握了某件事，可就是不愿意去做。这种情况下，你不需要再教他如何去做，而是要在一段时间内通过奖励激励他去做这件事。

我们需要区分生活自理技能和家务技能。一旦孩子学会穿衣、洗漱、用餐这些生活自理技能，通常就会把它们演变成每日的生活常规。这些技能是孩子每天必须要做的事（否则就得由你来帮他完成）。孩子学会这些技能以后，差不多都会在生活中坚持运用，只是偶尔需要一点提醒和夸赞而已。坚持任务打卡是一种有效的提醒方式。此时，给完成的任务逐一打钩对孩子也许已经没什么激励作用了，但却是一种很好的提醒方式，可以有效地避免任务的疏漏（比如，上床睡觉前就有很多任务需要完成）。如果采用任务打卡法，那么你要教他在完成每一个任务后给自己打钩，全部打完后再拿给你，由你对他进行表扬或给予活动奖励（比如，讲一个睡前故事）。

而家务技能则是一种"额外"的劳动。孩子多半不愿意每天铺床叠被、整理玩具或倒垃圾。所以，如果你想让孩子做家务，就应该给他额外的奖励，就像你的其他孩子也会因为做家务赚到零花钱一样。

虽然我们提倡不断提高孩子获得奖励的门槛，但你最好不要将这些额外的奖励全部取消，那样做既不公平也不明智。当然，在训练家务技能时，你也可以用任务打卡的方法提醒孩子该做什么了。

做好铺垫

第5章中，我们讨论了如何安排教学环境，做好铺垫，最大限度地保证教学的成功，你可以翻回去再看一遍。在这里，我们结合生活自理技能，回顾一下与做铺垫相关的4个问题。

1. 什么时候教？

很简单，生活自理技能本身会告诉你答案。早上起床后整理床铺，吃饭之前洗手。至于洗澡，如果让孩子自己做主，恐怕是越少越好，不过，你知道该怎么做的。总之，除非你打算将某项技能单独拿出来进行专门的长期训练，一般情况下都是什么时候需要，什么时候教。

2. 在哪里教？

与上一个问题一样，技能本身会给我们指引。刷牙、准备餐桌、上厕所，自然不必说；穿衣服的话，可以考虑多个场所，比如，孩子的卧室、卫生间或其他任何可能的空间，具体取决于在哪个地方受到的干扰最少。

3. 如何减少干扰？

答案是：从以往的错误中总结经验。你要始终留意教学中有哪些东西会让孩子分心。通常来说，周围噪音越少、人越少、有趣的东西越少，孩子越能专心学习。比如，洗澡的时候，浴缸里最好不要放塑胶小黄鸭。

4. 用什么样的材料教？

为生活自理技能教学做好准备，最重要的一点是选择易于操控的教学材料。比如，衣服最好选大一号，用餐时的食物分量则可以小一些。

观察孩子在完成任务时有哪些困难，尽量想办法调整教学材料以降低任务难度。比如：

- 将擦手毛巾用安全别针固定在毛巾架上，以免它在擦手时掉落。
- 练习穿袜子时，可以使用爸爸或妈妈的运动袜。
- 练习解扣子时，最好选外套而不是衬衫，因为外套的纽扣大，比较方便操作。
- 给水龙头贴上蓝、红胶条，以区分冷、热水出口。
- 将普通香皂一分为二，方便小手抓握。

你还可以在附录 C 中读到更多生活自理技能教学的小窍门。我们也建议你和其他家长多多交流，多多学习对你有用的经验，让孩子学得更加轻松愉快。

改变孩子的世界

这个世界不会为了稚嫩的孩童轻易低头,孩子往往要在成人的世界里窘迫挣扎。为成功的教学做好铺垫,意味着要对这个世界的某个部分进行小小的改造。

缇娜手拿勺子走向餐桌,她要准备吃饭了。妈妈马上要教她一个新的动作——用勺子挖起食物,现在她正忙着准备她最爱吃的食物。但今天的饭有点不一样,牛肉饼被切成了小块,正好一勺大小,土豆也被压成了泥,保证不会从勺子里滑落,而且,今晚没有汤!

回到你马上要教的那一项生活自理技能,想想上面这4个问题,将你的答案写下来。

1. 什么时候教?
_____
_____

2. 在哪里教?
_____
_____

3. 如何减少干扰?
_____
_____

4. 用什么样的材料教?
_____
_____

教学

在第6章，我们谈到了"解说－示范－引导"的系列方法，即综合运用语言指导、动作示范和肢体引导这三种方法，促进技能教学的展开。现在请你先回到第6章复习一下这部分内容，因为这几个方法对于生活自理技能教学真的非常重要，尤其是肢体引导。在练习与手部动作相关的技能时，比如，用餐刀切分食物、系鞋带、系领带，肢体引导是一种特别管用的方法。不过，正如我们之前所说，要及时撤除对孩子来说不必要的帮助，就如下面例子中扎克的家人所做的那样。

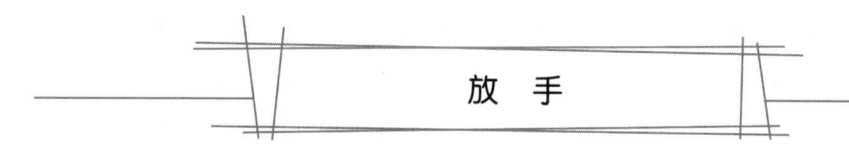

放 手

放手是不容易的，但迟迟不放又是不公平的。当孩子在你的帮助下取得了足够的进步，就应该给他独自面对挑战的机会。当然，什么时候放手，还是你说了算。放手后焦急旁观的时候会是你在教学中最难挨的时刻，但若缺少这样的时刻，学习就不会真正发生。

"扎克，快点啦！妈妈，你看他擦手擦个没完。让我帮他，好吗？"

"不，让弟弟自己来。他已经学会自己擦手了。"

"没错，但你看那对他来说有多难。就让他这样没完没了地擦下去吗？我饿了！"

"你再忍忍。听着，有一次你要做沙拉，我也是让你自己做的，还记得吗？我就站在你旁边，看你切西红柿……"

"嗯，那次我也用了好长好长时间。"

"但你成功了，对不对？而且你现在动作越来越快了。因为你已经学会用刀了，只要多练几次就好了。现在扎克也一样啊，他已经学会自己擦手了，我们也让他自己练习，好不好？"

嗯，现在差不多可以开始教学了，只差最后一个问题——你应该从哪个步骤开始呢？我们的答案或许会让你有点意外。

逆向串链

假设你去参加一个跑步比赛，这个比赛除了发令员喊"开始"和一条终点线，没有其他任何限制。再假设这次比赛你还非赢不可。那么你会怎么做？在花样百出的制胜法中，你最终选择的，很可能是直接站到终点线前，这样，发令员一喊"开始"，你就能一跃而过，轻松取胜。为什么不呢？没有规定说不可以，对吗？

有一种教学策略叫"逆向串链"，它就是将真实的技能教学当成这样古怪的比赛来进行的一种方法。选手是孩子，终点线即完成任务。保证教学成功的最好方法，就是从靠近终点线的地方开跑，即从尽量靠近任务终点的地方开始教学，这样，"比赛"一开始，孩子跑几下就到了终点，赢得了"比赛"！

适合用逆向串链教学的技能，一般由许多独立步骤串联而成，且串联顺序固定不变。我们以洗手为例，简单看一下这一方法的具体运用。与其他技能一样，洗手也可以分成很多易于操作的小步骤，但为了便于说明，这里暂且将它粗略分成四步：

1. 打开水龙头；
2. 抹肥皂；
3. 冲洗；
4. 关上水龙头。

如果洗手是一场比赛的话，它的终点线在哪里？没错，步骤4，关上水龙头，因为它代表着洗手任务的完成。那么，怎样让孩子从尽量靠近终点的地方开始呢？答案是，你必须代他完成步骤1、2、3，你打开水龙头，给他抹肥皂，帮他冲洗干净，你甚至还要将他的手放到水龙头上，这样，你一喊"开始"，他就能关上水龙头，迅速完成任务，轻松取胜。

当然，现实中的"比赛"不会总是如此简单，

逆向串链也不仅能运用在任务的最后一步。一开始，你先代替孩子完成任务的几乎所有步骤，再让他完成简单的收尾动作。但在后面的教学中，你要逐渐减少代办的部分，让他每次都从离终点线更远一点的地方开始，越来越远，最终来到任务的起点。

回到洗手的四个步骤。等孩子学会关水龙头（步骤4）后，当你再帮他完成步骤1、2、3时，要开始留一部分冲洗任务（步骤3）让他自己完成；等他掌握步骤3后，再开始带他学习抹肥皂（步骤2）；之后，再学习打开水龙头（步骤1）。以这样的方式推进，孩子只要完成一个新的步骤，就会将该步骤融入一连串已经熟练掌握的步骤中，然后一路顺畅地直达终点。

逆向串链可以让孩子赢得每一场比赛！

最后一步先来

教杰西脱外套时，阿塞维多太太用的正是逆向串链。她知道杰西已经掌握了脱外套的最后几步，只要解开扣子，她就能很快脱下并挂好外套。因此，在帮她解扣子的时候，她留了最后一颗没有解开。杰西很费劲地完成了这个新步骤，又随即顺利完成了后面的所有步骤，因为她已经熟练掌握了后面这些步骤。把任务交给杰西时，阿塞维多太太几乎把所有扣子都解开了，即使最后一颗，也解了一半，她为杰西的成功做好了铺垫。

杰西每掌握一个步骤，阿塞维多太太就按照教学顺序往前退一步，让她每次都比上一次多完成一些任务。新任务一点点增加，新任务后又必然跟着一连串"老把戏"。这种方法最大的好处是让杰西避开了以往的尴尬局面，即所有的事她都只会开个头，剩下的全都只能看着母亲帮她完成。

如果逆向串链运用得当，孩子一旦开始了任务，就一定能完成到底。这一策略适用于教授绝大多数的生活自理技能，无论是穿衣、擦手、吃饭，还是其他（实在太多，无法一一列举）。事实上，凡是由一连串独立步骤按特定顺序组合而成的技能，在学习时都最好从最后一步开始。

观察进步情况并解决问题

如果你能记录好每一堂课的内容和孩子的进步情况，你的技能教学一定会越来越好。之前，在确定教学步骤时，想必你已经读过附录 B 的《生活自理技能步骤清单》了。记录教学进展的其中一个方法，就是以这些步骤为基准，将每一个步骤的每一次教学情况及孩子的表现都记录下来。在附录 B 的最后，有一份《进步记录表》，它的使用方法如下：

1. 在记录表最左边的空格里，按计划写下具体的教学步骤（逆向串链）。如果实际教学与计划有所出入，在备注栏里注明。

2. 写下教学日期以及当天任务的步骤序号。

3. 上课时，孩子每成功完成该步骤一次，打一个钩。

4. 孩子未能成功完成该步骤，打一个叉。

5. 下课时，在最后一个钩上画圈，表示这次课到此结束。

你还记得第 1 章里的比利妈妈？她教比利整理床铺，下面的例表是她的教学记录。从表中我们可以看到，除了早上起床后的那节课，她还在当天安排了额外的练习课。在学习步骤 1 时，比利每次都能很顺利地完成，学习步骤 2 时，则遇到了一点困难。在完成步骤 2 以后，他经常忘了还要接着完成步骤 1（已掌握）。不过在妈妈的提醒下，他也顺利完成了任务。

此外，我们还可以看到，10 月 5、6 号两日的状况比较多。在 5 号，比利妈妈一上来就开始教新步骤，没有先复习前面的步骤，导致教学失败，但她马上退回到比利已经熟练掌握的步骤，于是他又顺利完成了任务。第二天早上，比利顺利完成了步骤 3，可比利妈妈忘了在他的打卡表上打钩，以致下午的练习课上，他一直无精打采，不在状态，直到比利妈妈意识到自己的疏忽，问题才迎刃而解。

记录进步情况是良好教学的重要一环。如果你觉得这样的记录表不适合你，也可以尝试别的方式，如记日记。不管怎样，重要的是，你可以通过一种方式，定期地检查你的教学效果。如果看到进步，就给自己一点奖励；如果没有进步，就要复习一下第 7 章的内容，看看问题到底出在哪里。

进步记录表

课程内容：__整理床铺__

| 步骤顺序表 | 日期 | 步骤 | 尝试次数 ||||||||||||备注 |
---	---	---	1	2	3	4	5	6	7	8	9	10	11	12	
(1) 将床罩掀齐，盖过枕头	10.2	1	✓	✓	✓	✓	✓	✓	✓	Ⓥ					他总好枕头后没有掀盖完成新步骤1
(2) 将枕头放到床上	10.3	2	✓	✓	✓	✗	✓								
(3) 将床罩向后翻折	10.4	2	✓	✓	✓	✓	Ⓥ								上一课就教了新步骤
(4) 将床罩指齐并成手掌链	10.5	3	✗	Ⓥ	✗	✗		Ⓥ							
(5) 将毯子、床单一并向后翻折	10.6	3	Ⓥ	✗	✗	✓	Ⓥ									上午忘了让他盖的牛表上扔的
(6) 将毯子指齐并成手掌链	10.7	4	Ⓥ												
(7) 将上尾床单指齐，在床尾沿而盖指平掌链															

✓=成功 ✗=失败 Ⓥ=完整一课

问题行为

每个孩子都是独一无二的，面对新的教学任务，他们有各自的应对方式。只是由于特殊需要儿童以往的失败经验实在太多，有一点我们可以肯定，你的孩子多少会有一点厌学倾向，也会有一套逃避学习的策略。也许他一开始还算配合，但一嗅到失败的气味，马上就原形毕露。也许你连这样的运气都没有，很多孩子根本不愿意学习，他们将肥皂丢到一边，四处张望就是不看你，或者索性走开；有些孩子一听到你让他做什么就会暴怒、哭喊、咬人、打人、尖叫，且没完没了，他们的行为简直让你怀疑自己的决心；有些孩子表面不反抗，却小动作不断，让你根本无法专心教学。

这些行为表现，从某种程度上说，都是孩子想让学习任务就此消失的策略。假如你果然因此而放弃教学，那正合了他们的心意，这些问题行为也就被强化了。正如奖励良好行为能促使良好行为的发生，奖励（停止上课）不良行为（上课尖叫或踢打）也能促使不良行为的发生。

我们认为，要减少这样的问题行为，首先要保证教学轻松而有趣。当然，即使你再努力，问题行为也不可能完全消失。

为了比较清晰地展示技能教学的各个步骤，我们没有过多论及孩子可能出现的各种扰乱教学秩序的问题行为。这可能让我们笔下的教学显得有些理想化，似乎它们可以免受问题行为的干扰。事实当然不是这样的。所以，每一位阅读本书的家长，都要对书中"理想化"的方法进行必要的调整，使之更贴合你家的"现实"情况。

关于问题行为以及问题行为的管理，我们会在本书的第三部分进行详细探讨。不过，我们始终相信，你应该将技能教学摆在第一位。在附录 C 中，我们还会针对各项生活自理技能提供详细的教学指南（涵盖本章《生活自理技能检核表》以及附录 B《生活自理技能步骤清单》中提到的所有技能）。

第 10 章

如厕训练

让我们开门见山地说吧。如厕是孩子需要学习的一项最重要的技能，而教孩子如厕这件事一点都不好玩。你不仅要为此付出大量的时间，还要忍受各种失败和倒退的打击。这一点你应该也切身体会过了。也许你已经试过各种方法，希望他能"像个大孩子"般好好上厕所，但你面对的依然是洗不完的脏衣服和各种尴尬的局面。也许你的孩子被排斥在某项课程或活动之外，只是因为跨不过那道最低门槛——大小便可以自理。

如厕训练绝非易事，它没有捷径可走，也少有乐趣可言。你要做的就是承担起一份责任，并找到一种系统的训练方法。希望本章可以帮助你做到这两点。

如厕涉及哪些技能

提到如厕训练，我们能想到的大多是不在裤子里大小便。但实际上，完成如厕训练的孩子学会的远远不止于如何大小便，他还学会了很多其他技能。

1. 发现便意
2. 暂且忍耐
3. 进厕所
4. 脱下裤子
5. 坐到马桶上
6. 在马桶上排便
7. 正确使用厕纸
8. 提起裤子
9. 冲马桶

10. 洗手

11. 擦手

以上技能，你的孩子可能已经学会了一部分，那么在后面的训练中，你要尽可能让他自己完成这些步骤；但也可能他还什么都不会，如果是这样，你也别着急。

你可以先教他学会其中的一项——在**马桶上排便**，其他的大部分甚至全部步骤暂时由你帮他完成，以后再一项项教他自己做，最终完成整套的如厕训练。

孩子准备好了吗？

如果孩子能做到以下几项，就可以开始如厕训练了。

1. 听从简单的指令（"比利，过来。"）

2. 在椅子上安坐 5 分钟

3. 两次排便时间至少间隔 1.5 小时（开始小便训练前）

注意：如果孩子还不能听从简单的指令或安坐 5 分钟，那么你应该首先对这两方面进行集中训练（见第 8 章）。

下定决心

也许你之前从未对孩子进行过如厕训练，或者训练过但收效甚微，无论怎样，请你立刻行动起来，坚定信念，积极学习训练方法并贯彻执行。许多家长用实践证明，功夫不负有心人，用有效的方法坚持训练，一定会有好的结果。

记住，没有人可以代替你进行如厕训练。因为这是一项全天候的任务，而孩子大部分时间都和你在一起。但训练最终能否成功，还要看训练是否始终如一，也就是说，你要争取周围其他人的配合，包括保姆、邻居、老师、家人，保证所有人对孩子的要求都是一致的，教学步调也是一致的。

来自其他家长的友情提醒

我们的家长朋友们有几条重要的建议,想让我们传达给你。

惠特尼妈妈表示,有一点怎么强调都不过分,那就是如厕训练是一个渐进的过程,要慢慢来,各种挫折也在所难免。她说:"有时,你会觉得一切都是徒劳,不如放弃算了。"其他家长也有过这样的时刻,他们的要诀就是——别放弃!

拉斐尔妈妈认为,认真做记录是保证如厕训练成功的一个重要因素。她回忆自己的经历说:"那些数字一度让我头疼,但渐渐也就习惯了。大家可能会觉得做记录特别麻烦,但其实还好……没有记录,就没有成功。"这是很多家长的制胜法宝。

最后,斯科特爸爸指出,斯科特的成功离不开全家人的努力。"为了斯科特,为了自己,我们全家人一起行动。只有大家一起努力,才能取得成功。"

做记录

排便记录

如果你的孩子已经养成定时排便的习惯,只要你按时带他进厕所,他就能正常排便,而且整个白天都不会有意外排便的情况,那么,你可以跳过这一节,直接阅读后面"独立如厕"的部分,否则,你就要从如厕训练的第一步也是**最重要的一步**开始——找出孩子的**排便规律**,即孩子每天最可能大小便的时间。只有掌握了排便规律,才能制订出系统的如厕训练计划。

为此,你需要对孩子的排便情况进行为期 2 周的观察和记录,在此之后,再开始正式的如厕训练。

这两周应该做什么？

1. **让孩子保持**以往的如厕习惯。如果之前尚未开始如厕训练，现在也不必开始了；如果之前已经开始训练了，那就记下每次如厕的情况：小便、大便或无便。

2. 每天晨起时，**检查孩子**的排便情况，看尿布上有无大小便。

3. **一小时后再次检查**，之后每小时检查一次，直到晚上上床睡觉。

4. **记下每次**检查的结果：小便、大便或无便。（下文有详细解说。）

5. 如果检查发现情况，及时**更换尿布**。这样才能在下次检查时确定孩子是不是再次排便了，而且换尿布也有助于孩子开始习惯干爽的状态。

如何做记录？

下面的《排便记录表》是专门给你做记录用的。读完这部分文字内容后，请你将这张表格复印两份，填上日期，它们就是你未来两周的记录表。你也可以访问微信公众号"华夏特教"，在"知识平台"下载这张表格（以及书中的其他表格）。将表格贴到卫生间的墙上，明天就开始做记录吧！

"裤子"一栏

表格中"裤子"一栏，每小时记录一次：

"无"——表示干爽无便

"小"——表示小便

"大"——表示大便

"大小"——表示大小便兼有

当然，你也不必完全死守一小时的规定，只要觉得有异样，就可以上前查看，如果有情况，就在表上记下具体的时间和结果。

"马桶"一栏

如果孩子已经开始使用马桶，可以用相同的方法将结果记录到"马桶"一栏。（记住，如果之前还没有开始使用马桶，现在暂时也不要开始。）

排便记录表

儿童姓名：
开始日期：

时间	第1天 裤子	第1天 马桶	第2天 裤子	第2天 马桶	第3天 裤子	第3天 马桶	第4天 裤子	第4天 马桶	第5天 裤子	第5天 马桶	第6天 裤子	第6天 马桶	第7天 裤子	第7天 马桶
7:00														
8:00														
9:00														
10:00														
11:00														
12:00														
13:00														
14:00														
15:00														
16:00														
17:00														
18:00														
19:00														

"无"——表示没有排便

"小"——表示小便

"大"——表示大便

"大小"——表示大小便兼有

你看,这样的记录每小时一次,每次不到一分钟,却是如厕训练中**最重要**的一环呢。

你可能之前有过这样的记录经验,现在已经跃跃欲试了。你也可能毫无经验,所以将记录过程想象得特别复杂、特别难。我们可不想你还没开始就放弃,所以特意准备了下面几个实例,希望它们可以增进你的理解,消除你的顾虑。

追踪记录

杰夫妈妈想尽快开始对杰夫进行如厕训练。当被问到杰夫的排便规律时,她回答说:"通常是在上午的某个时候,偶尔也会在下午。"这样的描述是不够具体的。为了收集更加准确的信息,她开始了为期2周的追踪记录。在此期间,她让杰夫保持往常的如厕习惯不变,只是会**每小时**检查一次他的排便情况并记下结果。

第一天上午的记录如下表所示。

记录显示:

- 早上7点,她发现他的睡衣尿湿了(小)。他们像往常一样去了厕所,结果什么都没有(无)。
- 早上8点,即一小时后,她再次检查,结果裤子干爽无便(无)。他们没有去厕所。
- 早上9点,裤子依然干爽(无)。她带他去了厕所,结果他在马桶上小便了(小)。
- 10点,裤子依然干爽(无)。

- 10点25分，杰夫把大小便拉在了裤子里（大小）。妈妈发现了他需要排便的征兆，只是没来得及去厕所，但也做好了记录，包括具体的时间。
- 11点，仍然干爽（无）。

两周结束，看着每天记下来的"无""小""大"，杰夫妈妈终于掌握了充分的信息，可以顺利开始如厕训练了。当然，这两周里，她有时也会忙不过来或者忘记检查和记录，幸好有家人的支持和帮助，他们一起完成了这个任务。

	第1天	
	周三	
时间	裤子	马桶
7:00	小	无
8:00	无	
9:00	无	小
10:00	无	
10:25	大小	
11:00	无	

下面是另一个孩子一周中每天上午8:00—12:00的排便记录。仔细看，你会惊讶于其中竟传达了如此丰富的信息。

	周日		周一		周二		周三		周四		周五		周六	
时间	裤子	马桶	裤子	马桶	裤子	马桶	裤子	马桶	裤子	马桶	裤子	马桶	裤子	马桶
8:00	无		无	无	无		无		小	无	无		无	
9:00	大	小	小	无			小		大小	无		小	小	无
10:00	无		大		大	小	大		大		大	无	大	
11:00	小		无		无		无	无	无		小	无	无	小
12:00	无		小		小		小		小		小		小	

请你在表格中找出以下问题的答案。

1. 周六，他大便在哪里？_____
2. 周三，他几点大便？_____
3. 周四，他大便几次？_____
4. 9点大便的有几天？_____
5. 几点大便的次数最多？_____

整张表格乍一看会有点乱，但具体到每一格时却都清晰易懂。我们先来核对一下答案：1. 裤子；2. 10:00；3. 2次；4. 2天；5. 10:00。

你马上也要开始做这样的记录了。未来两周，在做记录之余，别忘了往下阅读本章的内容，为接下来的训练做好准备。但如果这两周你无法持续规律地做好记录，那么后面的内容对你将一无是处。**记住，这两周不要管孩子的表现好坏，你的任务是找出他的排便规律，以便为他量身定制出切实可行的如厕时间表。**

为了充分捕捉孩子的排便规律，你必须掌握他醒着时每一个小时的排便情况。所以，不论他是去上学，还是去奶奶家，记得给他随身带上记录表。你还要设法让家里人甚至保姆都明白记录的程序。要知道,你是执行这个训练计划的负责人,你可以教大家怎么做,并一丝不苟地做出表率,相信他们一定会成为你的得力助手。

从哪里开始——大便？小便？

如厕训练应该从大便训练开始,但如果同时满足以下条件,则可以直接开始小便训练:(1)孩子已经养成在马桶大便的习惯;(2)排便记录显示,他的排尿间隔在 1.5 小时以上。

注意:不排除有的孩子已经能自己小便但还不会大便的情况,如果你的孩子正是这样,那就开始大便训练吧。

大便训练在先的原因有很多。大便不像小便那样频繁,而且更有规律可循,所以你们不用频繁地去厕所,省时又省力,孩子也能相对安心,不用一直处在紧张的氛围之中,而且,去厕所顺利大便的概率相对更高。你也更容易捕捉孩子要大便的迹象,比如,使劲、脸涨红、突然安静、下蹲等。经过大便训练,孩子会比较习惯如厕的常规,小便训练也会变得更加顺理成章。

当你完成为期 2 周的排便记录,并确定是进行大便训练还是进行小便训练后,就可以开始制订如厕时间表了。下面的小节,我们将专门讨论如何制订大便训练的如厕时间表。即使你要准备小便训练,也应该仔细阅读这部分内容,因为两者在方法上大同小异(关于它们之间的细微差别,我们后面再讲)。

确定如厕时间表

1. 在两周的排便记录表上圈出所有大便的记录(最好用彩笔突出标记)。
2. 在两张记录表上分别数出每个时间段(7:00、8:00、9:00 等)的大便总次数,写在各个时间点左边空白处。

文中两张记录表是某个孩子的两周排便记录表,均完整体现了步骤 1、2 的处理方法,请停下来仔细理解消化一下。

大部分孩子的大便都有规律可循,容易出现在一天的某几个时间段,在两

排便记录表

儿童姓名：亚历克斯
开始日期：11 月 14 日

时间	第1天 周三 裤子	第1天 周三 马桶	第2天 周四 裤子	第2天 周四 马桶	第3天 周五 裤子	第3天 周五 马桶	第4天 周六 裤子	第4天 周六 马桶	第5天 周日 裤子	第5天 周日 马桶	第6天 周一 裤子	第6天 周一 马桶	第7天 周二 裤子	第7天 周二 马桶
7:00									无	小				
			7:30 小										7:30 小	无
8:00	无	小	无			小	小	无	小	无		小	小	
9:00		无		无		无		无		小		无		
10:00	⑨:30 大	无		小		无	⑩大			无	⑨:30 大小			小
11:00	小		无		小		无	小	无	无		无		无
12:00			⑪:30 大	无		无			⑫大小		无		⑫大	
1:00	无		无		无		无		无			小		小
2:00	无			小		小		无	无			无		无
			2:30 小											
3:00	无		无		无		无			小		无		无
4:00	无		无		无			小	无			小		无
							4:30 小							
5:00	小		无		小	无	无		无		无			小
							⑤:30 大		5:30 小					
6:00	无		无		无		无		无		无		无	
											6:30 小			
7:00	无		小		小		无		无		无			小

排便记录表

儿童姓名：亚历克斯
开始日期：11月21日

	第1天 周三		第2天 周四		第3天 周五		第4天 周六		第5天 周日		第6天 周一		第7天 周二	
时间	裤子	马桶	裤子	马桶	裤子	马桶	裤子	马桶	裤子	马桶	裤子	马桶	裤子	马桶
7:00														
			7:30 无	小			7:30 无	小					7:30 无	小
8:00	无	小	无		无		无	小	无	小	小		无	
9:00	无		无		无		无		无		无		无	
			9:35 大（圈）											
10:00	小		无		小		小		大（圈）	无	无		小	
									10:30 小					
11:00	无		无		无		无		无		小		无	
12:00	小		小		大小（圈）		小		无		小		小	
1:00	无		无		小		无		无		无	小	无	
2:00	无		小		无		无		无		无		无	
			2:30 小											
3:00	无		无		无		小		小		无		无	
4:00	无		无		小		无		无		无		无	
5:00	小		小		无		无		小		无		无	
			5:30 大（圈）				5:30 小							
6:00	无		无		小		大（圈）		无		小		大（圈）	
7:00	小		无		无		小		小		无		小	

周记录中，表现为大便次数最多的时间段。在示例中，亚历克斯的大便时间主要集中在上午 9:30—10:00、中午 11:30—12:00、下午 5:30—6:00。

3. 如果你的孩子排便比较规律，那么如厕时间就很好确定。一般来说，你应该根据孩子最可能大便的时间，提前 15 分钟带他进厕所。比如，亚历克斯第一次如厕时间应该安排在早上 9:15，第二次则在中午 11:15，第三次在下午 5:15。

如果孩子一般只在上午大便一次，而且第一次就顺利便出，那么这一天就不需要再去厕所了。但如果这一次没有顺利便出，之后也没有便在裤子里，那么你要在下一个如厕时间带他（如果是亚历克斯，即 11:15）去厕所。

后文我们将讲到在这几个如厕时间你应该做些什么，但现在我们先要为如厕训练确定一个最佳的时间表。我们希望，你可以通过记录表的信息做出类似这样的判断：他一般上午 10 点大便一次。如果没有，那么在 11 点半到 12 点半之间往往会有一次。在下午 4 点到 5 点之间偶尔还会有第二次。

4. 如果你的孩子排便不规律，那么就要看记录表中记录到的大便时间最早是在什么时候，这个时间往前推 15 分钟，就是第一次的如厕时间，之后，每两小时去一次。如果你的孩子基本上一天大便一次，那么只要他大便过，当天就不用再去厕所了。

5. 现在，选出 2～4 个最适合带孩子去厕所进行大便训练的时间，并写在下面。

_____

_____

_____

_____

一旦确定了训练时间，你就应该严格按照时间表展开训练。一周以后，再次查看记录结果，如果有必要，可以对训练时间做出调整，使之更加切合孩子的排便规律。比如，如果孩子进厕所后，总是要等 25 分钟左右才能排便，那么如厕时间应该推迟 15 分钟；如果这一周中有几天的时间，他都在既定如厕时间之前就大便了，那么如厕时间需要提前 15 分钟。但是，**在训练的第一周里，不要对既定的如厕时间做任何改动**。只有当记录持续显示需要调整时再进行调整。（不要因为孩子的排便情况出现一两天的波动，就随意改变如厕时间。）

如厕训练失败的主要原因，往往在于家长没有制订出恰当的如厕时间表并严格执行。一些家长没有认识到做记录的重要性，没有好好做记录，或者没有仔细阅读书中的内容，没有认真研究记录以找出排便规律，以至于没有制订出恰当的时间表。也有些家长前面这些都做到了，却没有持之以恒地遵循时间表进行训练。无论出现哪一种情况，如厕训练都会归于失败，家长和孩子都徒劳无功。幸运的是，绝大多数家长的如厕训练都成功了，相信你也可以做到。

根据家长们的成功经验，他们之所以能制订出最佳的如厕时间表，离不开配偶、邻居、儿童的哥哥姐姐们的帮助，而和别人一起讨论你的如厕训练计划，也会给你带来有益的启发。总之，在如厕训练的路上，如果你能找到同行的伙伴，就再好不过了。

特别注意：确定小便训练的如厕时间表

小便训练时间表的制订，在程序上与大便训练时间表的制订基本相同，只是稍有区别。

1. 你需要在两周排便记录表中圈出小便的记录，并数出每个时间段小便的次数。

2. 由于小便次数相对比较频繁，所以你要选出一天中 4 ～ 8 个孩子最可能小便的时间点，两个时间点必须间隔 1.5 小时以上。

3. 尽量协调现有的大便训练时间，将两者合二为一。

4. 严格遵守既定的如厕时间，按时如厕。

如果你即将开始小便训练，请根据两周记录表的结果，选出最佳的小便训练时间。

_____

_____

_____

_____

记住：确定如厕时间表是如厕训练中最重要的一环。

使用奖励

你可以先复习一下第 4 章关于奖励的论述，因为同其他技能教学一样，如厕训练的成功也离不开奖励。

在训练之初，孩子只需要完成很小的步骤，比如，坐在马桶上。当他完成任务后，你要及时表扬并奖励他，比如，给他一颗葡萄干或让他喝一小口果汁等。随着教学的推进，孩子渐渐不需要奖励也能听从指令坐上马桶。到那时，你应该只在他排便完成后才给他奖励。

当然，不管是你的关注还是其他的特别奖励，都应该在孩子排便后立刻发放。然后，你应该迅速将他带离厕所，以免他因为吃零食或玩玩具而在厕所待太久。须知，厕所不是玩乐的地方。

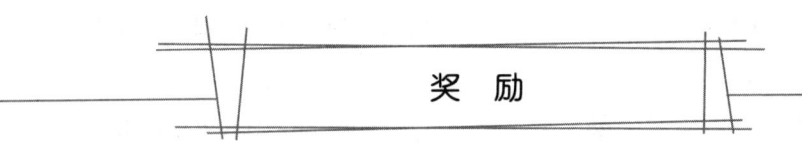

奖 励

约翰逊太太对贾马尔的如厕训练从一开始就不太顺利，贾马尔每次在马桶上坐不到 30 秒就要起来。她知道他喜欢吃香草饼干，喜欢被表扬，可他连马桶都坐不住，约翰逊太太根本没机会给他这些奖励。所以，当务之急是要让他在马桶上坐定。我们建议，只要他坐满 30 秒，就给他表扬和奖励，然后渐渐延长到 40 秒、50 秒……直至 5 分钟。如果他一坐下就起来，约翰逊太太就尽量若无其事地给他穿好裤子，带他离开卫生间，当然，他也吃不到饼干。贾马尔很快就明白，只有乖乖坐在马桶上，才能得到妈妈的关注，才能吃到饼干。

当他坐马桶的时间越来越长，就很自然地开始在马桶上排便了，他因此马上得到了妈妈的表扬和一块饼干。

问题行为

为了更加清晰地说明如厕训练的各个步骤,我们在叙述中省略了问题行为的部分。这难免让人产生误解,以为我们所谈的如厕训练是一种免受问题行为干扰的理想化状态。事实当然不是这样的。

在本章末尾,我们会对如厕训练中的常见问题做出解答,其中有几个就是关于问题行为的。此外,我们还会在第15—18章专门讨论问题行为及问题行为的管理,你也可以去读一下。

大便训练

大便训练包括以下7部分内容,希望你在开始训练之前能认真阅读一遍。

1. 继续使用尿布

目前还不到穿裤子的时候,所以,在整个大便训练阶段,请继续给孩子使用尿布(最好是纸尿裤)。如果孩子将大便拉在尿布里,去厕所换掉,记住不要大惊小怪,不要责罚,甚至不要表现出不开心的样子,要尽量若无其事,因为孩子在换尿布时得到的关注,哪怕是批评,都会强化他们在尿布上大便的行为。你的关注应该用在真正值得关注的时候,即他在马桶上大便的时候。

2. 识别大便的征兆

既然根据孩子的排便规律制订出了如厕时间表,你就要按计划行事。但你也应该随时关注孩子在计划之外的如厕需要。这种需要表现为不同的征兆,比较典型的有使劲、突然安静、脸涨红、下蹲等。要学会识别孩子的特有征兆,并及时带他去厕所。而且,即便这些如厕经历不在原定计划之中,也要把它们都如实地记录下来。

3. 为成功做好铺垫

你应该创造一切条件，促使孩子顺利完成如厕任务。你已经根据他最可能需要大便的时间，制订出了如厕时间表。为了提高成功率，你还需要遵循以下几个原则。

保持一致

尽量保持如厕常规稳定不变，以便孩子产生固定的心理预期并及早适应。**按时**如厕，在第一周不要对如厕时间表做任何调整。如果可能，尽量使用同一个马桶、同一套指令，保证如厕过程的可预期性。如果孩子在学校如厕，则要对老师详细说明你的如厕计划，争取他们的配合。

从一开始就使用普通马桶

如果孩子年龄太小，还不能使用普通马桶，可以在原来的马桶圈上加装一个小号的马桶圈，再准备一个垫脚的盒子或凳子，以提高孩子坐便的舒适度。假如你觉得你的孩子有必要使用儿童坐便器，那么坐便器必须放在厕所，而且始终只在厕所使用。

避免玩具和其他人的干扰

一开始，你就要让孩子明白，厕所不是游戏室，去厕所的目的只有一个，那就是在马桶上排便。为了让他集中注意力完成任务，你应该将可能分散注意力的东西（玩具、游戏材料甚至不相干的人）通通清出厕所。

避免谈论不相干的事

你在厕所的目的也只有一个，那就是帮助孩子集中精力完成眼前的任务。因此，当孩子在马桶上时，你应该告诉他怎么做，和他谈论与马桶相关的事，不要说不相干的事让他分心（比如，唱儿歌、谈论晚饭吃什么等）。

不速之客

查尔斯太太完成了为期两周的排便记录，掌握了朱莉的排便规律。今天是开始大便训练的第二天。早上 7:15，朱莉准时坐到了马桶上。不料，查尔斯先生和布里坦妮都冲进厕所刷牙洗脸。朱莉马上站起来，想要加入他们。就这样，爸爸和姐姐无意中成了如厕的干扰因素。

为了保证朱莉的训练能够顺利进行，这样争相使用卫生间的情况需要得到妥善的解决。事实证明，爸爸和布里坦妮是可以错开朱莉的如厕时间的（布里坦妮愿意早起几分钟，而爸爸也乐意多睡一会儿）。如果家里人比较多，卫生间又只有一个，原本就会有分配的问题，而如厕训练无疑会让这种情况雪上加霜，所以家人间的相互配合就格外重要了。

4. 让孩子坐到马桶上

如厕常规一般是这样的：

1. 按计划（或孩子出现排便征兆时）将孩子带进厕所，将他的裤子脱到膝盖以下（如果他能自己完成这一步或者完成一部分，鼓励他自己完成）。

2. 让他在马桶上坐 5 分钟。陪着他，不时地表扬他"你能坐在马桶上，真棒！"用浅显的语言告诉他你希望他怎么做。

3. 如果顺利排便，表扬他，给他奖励。

4. 如果未能排便，让他先下来，去外面活动 10 分钟，再回来坐 5 分钟。如果这次顺利排便，给予表扬和奖励；如果还是没有，则等出现征兆或下一个预定时间再试。

不要强迫孩子一定要在马桶上排便，强迫只会让孩子感到紧张，适得其反。在训练之初，尤其要保持一种放松随意的状态，除了坐着，尽量少提其他要求。

在前后 20 分钟的时间里，孩子有两次 5 分钟的排便机会，为了避免久坐疲惫，中间有 10 分钟的休息时间。即使两次都没有顺利排便，他也完成了部分任务，仅凭他能坐稳马桶这一点，就值得奖励，尤其是在初始阶段。

5. 让自己逐渐抽身，离开厕所

为了让孩子习惯独自上厕所，你应该逐渐抽身，离开厕所，这一点很重要。只要孩子不需要你的帮助或提醒就能自己坐在马桶上，这一过程就应该开始了。将他带进厕所或抱上马桶（具体做法视儿童的能力情况而定）后，逐渐减少留下来陪他的时间。你要**渐渐地**走远，起初假装在厕所忙其他事，然后逐渐退到厕所门口，最终完全离开厕所。

不过，即使越走越远，你也要在他成功的时候，给他关注和奖励。你应该回来表扬他、奖励他，需要的话，帮助他完成后面的收尾步骤。当孩子渐渐养成在马桶上排便的习惯后，与培养其他技能时一样，你又要开始逐渐撤除对他的奖励。

6. 做记录

在整个大便训练期间，要持续做好记录。将记录表贴在马桶边的墙上，并根据如厕时间表圈出需要如厕的时间。每次如厕都要记录裤子的干湿情况（无、小、大）以及在马桶上的排便情况（无、小、大）。这份记录与之前的两周记录其实是一样的，只是不需要每小时都记录而已。

如果在计划时间之外去了厕所，或者孩子将大便拉在了尿布里，也要记得将具体的时间和结果记录到表上。

认真做好进展记录，与我们之前谈论的教学策略同等重要。每天记录进展不仅能督促你坚持训练，也能让你充分掌握训练情况。

7. 评估进展

你会从一周又一周的记录表中发现很多重要的信息，比如：

是否选择了最佳的如厕训练时间？

我们曾经建议，第一周不要对定好的如厕时间表做任何改动，一周后再视情况考虑是否需要调整。如果孩子在预定时间之前频频将大便拉在尿布里，则如厕时间应该提前 15 分钟，反之，如果孩子到了预定时间却总是没有大便，过一会儿又拉在尿布里，那么如厕时间应该推后 15 分钟。

开始如厕训练后，你可能还会发现，孩子一天只拉一次大便了。如果是这样，那么当天大便后的训练可以全部取消。训练时间一旦改变，必须至少坚持一周，再考虑做出新的调整。而且，只有当记录显示一周至少有 5 天出现明显的异动时，才需要调整如厕时间。

训练有没有取得进展？

孩子的进步是对你莫大的奖励。但在日复一日的训练中，你或许很难发现比较明显的变化。有了记录就不一样了，隔了几周回头看一次记录，孩子的成长足迹就会显现出来。你可以以周为单位，数出孩子拉在尿布里的次数和拉在马桶里的次数。如果拉在尿布里的次数不断下降，拉在马桶里的次数不断上升，**那就是进步！**

从下面的表格中你可以看到，最初四周，孩子的进步不太明显，但之后渐渐开始有了起色。有些孩子的进步速度可能比这个更快，有些则慢一些。通过这样精确的记录，你能捕捉到原本注意不到的变化趋势。这就是给你的奖赏啊！

	第 1 周	第 2 周	第 3 周	第 4 周	第 5 周	第 6 周	第 7 周	第 8 周
尿布里	7	8	5	5	6	5	4	4
马桶里	1	2	2	2	3	4	3	4

最后的话

是的，我们在这里的高谈阔论，比起你的亲力亲为简直容易太多了。如厕训练之于你，意味着心里始终悬着一张时间表，不管做什么，时间一到，你都得暂时搁置当下的事情，因为你要准时带孩子去厕所；意味着反复折腾孩子的尿布（解下-穿上-解下-穿上的循环，因为要遵循 5 分钟马桶-10 分钟休息-再

5 分钟马桶的训练常规），日日如此；意味着要不时地在计划时间之外换下脏臭的尿布，还要不惊不乍，若无其事；更重要的是它还意味着要保持热情，随时为孩子的每一点进步鼓掌加油。

当然，你会不时地感到沮丧、失望、迷茫和懊恼，会因为忙别的事而错过训练时间，会因为孩子拉在尿布里而自责没能掐准时机，会时常等不及一周就想调整如厕时间，会……算了，还是别太纠结于未然吧，如厕训练本来就不可能一帆风顺，接受这一现实，坚持训练，**你一定会成功！**

大便训练过程概要

继续使用尿布
在能够进行小便训练之前，继续使用尿布。

识别孩子要大便的征兆
在既定如厕时间之外，随时留意孩子可能需要如厕的各种征兆。

为成功做好铺垫
- 保持稳定一致。
- 使用普通马桶。
- 避免玩具和其他人的干扰。
- 避免谈论不相干的事。

让孩子坐在马桶上
- 按计划准时如厕或在出现征兆时及时如厕。
- 让孩子在马桶上坐 5 分钟。
- 如果顺利排便，给予表扬、奖励。
- 如果未能排便，让他暂时离开厕所，10 分钟后回来。
- 让孩子在马桶上再坐 5 分钟。

让自己逐渐抽身，离开厕所
- 当孩子无须协助和提醒就能在马桶上静坐 5 分钟后，你就该开始抽身离开厕所了。

- 回来时记得表扬和奖励他（"你一直坐在马桶上，真棒！"）。

做记录
- 在每个既定的如厕时间，记录下尿布里的大小便情况（无、小、大）以及马桶里的大小便结果（无、小、大）。
- 如果在计划之外上了厕所，也记录下来。
- 孩子每次将大便拉在尿布里，也都记录下来。

评估进展
- 确认你定下的如厕时间是否恰当。
- 每调整一次如厕时间表，至少坚持一周才能再作调整。
- 每周分别计算出孩子在尿布和马桶里大便的次数。
- 最后，别忘了不时地奖励努力坚持的自己！

小便训练

如果孩子能在如厕的第一个 5 分钟顺利解出大便（不需要再次返回），并且一周内"意外"拉在尿布里的次数不超过一次，他就可以开始接受小便训练了。

与大便训练时一样，你要先完成为期两周的观察记录，确定如厕时间表，再正式开始小便训练。即使此时孩子还在大便训练的过程中，也需要重新做一次两周记录。在制订小便训练时间表时，记得综合考虑大便训练的时间。

小便训练与大便训练一样，也分 7 个步骤，只是稍有变化。之前讲过的内容我们不再重复，只重点说一下小便训练的不同之处。

白天开始穿裤子

现在，孩子该脱掉纸尿裤，改穿训练裤了。起初，这种改变必然会带来很多麻烦，但这些都是必要的麻烦。在孩子的观念里，纸尿裤从来都是用来拉屎拉尿的，所以，脱掉纸尿裤，就是告诉他，你长大了，要学习自己上厕所了！不过，裤子暂时只在白天穿，晚上睡觉时还是要穿上纸尿裤。

让孩子坐在马桶上

小便训练时，孩子每次坐马桶的时间是 5～10 分钟。如果他没有尿，则离开厕所，等下一次的计划时间再试，除非孩子在此之前表现出需要小便的征兆。

保持节奏，始终如一

罗伯特家的情况很典型，他的父母要么想方设法疯狂训练，要么完全撒手不管。后来我们对他进行了几周的训练。不知道他对我们的训练有何感想，我们猜测他应该是很愉快的。因为我们有固定的训练常规，并且始终如一。比如，早上 9:30，妈妈会准时带他去厕所。如果他已经尿在裤子里，妈妈不会责备他，只是让他坐上马桶。厕所里没有让他分心的东西，妈妈也不会每隔几分钟提醒他"去马桶尿尿"。

妈妈只要求罗伯特在马桶上坐 5 分钟左右。如果他没有尿，她会默默帮他穿好裤子；如果他尿了，她会十分开心，会微笑着表扬他："罗伯特果然长大了！"还会奖励他一块饼干。如果是爸爸或姐姐带他上厕所，他们也会这样做，甚至也会有饼干！是的，我们猜想，罗伯特会觉得这样上课很轻松、很愉快。

小便训练过程概要

白天开始穿裤子
晚上还继续使用纸尿裤，但白天要开始脱掉纸尿裤了。

学会识别孩子要小便的征兆
在既定时间之外，随时觉察孩子需要上厕所的各种征兆。

为成功做好铺垫
- 保持稳定一致。
- 使用普通马桶。

- 避免玩具和其他人的干扰。
- 避免谈论不相干的事。

让孩子坐在马桶上
- 按计划准时如厕或在出现征兆时及时如厕。
- 让孩子在马桶上坐 5 ～ 10 分钟。
- 不时地表扬他能好好坐在马桶上。
- 如果顺利排尿，**立即**表扬、奖励。
- 如果未能排尿，将他带离厕所，等下一次的如厕时间再回来。

让自己逐渐抽身，离开厕所
当孩子无须协助和提醒就能在马桶上静坐 5 分钟后，你就要开始抽身离开厕所了。如果他成功排便，回来时记得表扬和奖励他。

做记录
- 在每个既定的如厕时间，记录下裤子里的大小便情况（无、小、大）以及马桶里的大小便结果（无、小、大）。
- 计划外的如厕情况，也要在记录表中做好标注。

评估进展
- 确认你定下的如厕时间是否恰当。
- 每调整一次时间表，至少坚持一周才能再作调整。
- 每周分别计算出孩子在裤子和在马桶里小便的次数。
- 最后，别忘了不时地奖励努力坚持的自己！

独立如厕

孩子准备好了吗？

到此为止，你还在按计划好的时间表带孩子去厕所。当训练到达一定阶段，孩子意外拉在裤子里的次数每周不超过一次时，差不多就能让他开始学习自己上厕所了。假如下面三个问题，你的答案都是肯定的，那么你的孩子无疑已经准备好了。

1. 孩子有没有表现出某种知道自己要小便或大便的迹象？比如，嘴里念叨"便便""嘘嘘""厕所"，或用手做出某种动作，或发出"哞""哺"之类的私下常用语音，或突然安静、突然焦躁，或夹紧双腿？

2. 孩子有没有直接向你表示过他的需要，比如，过来拽你的袖子、用手指向厕所、对你发出声音？

3. 孩子有没有自己上过厕所（不用你带）？

需要学习的所有步骤

记得我们曾说过，完成如厕训练、能独立如厕的儿童需要掌握一整套的技能。这些技能包括以下几种。

去厕所

1. 知道什么时候必须去厕所

2. 忍住便意

3. 进厕所

独立用厕

4. 脱下裤子

5. 坐在马桶上

6. 在马桶上排便

7. 正确使用厕纸

8. 提起裤子

9. 冲马桶

10. 洗手

11. 擦手

你的孩子现在能坐在马桶上排便了，也许他还掌握了另外一些步骤。如你所见，如果他能完成步骤 4—11，那么他已经能**独立用厕**了。如果他还无法自己完成其中某些步骤，那么接下来你要教他。这样，在他**知道什么时候必须去厕所并进厕所**后，就能自己完成后面的步骤了。也许你之前一直在教他这些技能，不管怎样，让我们简单看一下其中的几个步骤。

步骤 4：脱下裤子

脱下裤子、提起裤子、洗手并擦干，这些穿衣、擦洗技能也是独立如厕必不可少的技能。与这些技能相关的论述请参阅第 9 章，相关教学建议详见附录 C。

步骤 7：正确使用厕纸

这大概是所有孩子在如厕常规中最后掌握的一个步骤，但对它的训练却应该贯穿大便训练的全程。孩子要学的不只是用厕纸"快速擦一下"，你要给他示范需要撕下多少厕纸（一张以上，整卷以下！），监督擦拭过程，提醒他放慢速度，必要时手把手引导他，让他反复擦拭至干净为止。使用厕纸是如厕训练这个不太美好的环节里最不美好的一步，也因此得不到你和儿童的足够重视，但它真的马虎不得！

步骤 8：提起裤子

与步骤 4 的情形相同，但它涉及拉拉链、扣裤子（纽扣或摁扣）、系皮带等更高水平的技能。这些技能都是实现独立如厕不可或缺的，但就目前来看，孩子如厕完毕后，这些步骤都可以暂时由你帮他完成。待日后时机成熟，当你觉得他可以开始学习"拉-扣-系"这一系列技能时，请参考第 9 章和附录 C 的内容安排教学。

步骤 9：冲马桶

冲马桶对孩子来说是最简单也是最好玩的一步。无论是大便训练还是小便训练，你都应该让他在排便后冲马桶。虽然完成这个步骤最初可能需要一些提醒，但它很快会成为如厕常规的一部分。

步骤 10、11：洗手并擦干

你应该将这两项技能教给孩子，但也不要等他完全掌握这两项技能才开始训练"去厕所"的技能（即步骤 1—3）。

形成常规

有一点需要注意，即使孩子把上面每一步都练得很好，也可能仍需要你反复提醒，才能将它们一个个连贯起来，形成流畅的常规。而这样的常规是孩子能够真正独立用厕所不可或缺的。你需要逐渐减少对他的提醒。当他完成某个步骤后，请稍等片刻，看他能否自己想起下一步。如果他确实需要提醒，也不要直接告诉他应该做什么，而是试着问他："下一步你要做什么？"你要做的是逐渐减少提醒、逐渐抽身，离开厕所。

真正的独立

一旦孩子能够独立用厕，你就要开始教他自己去厕所了。你要先教他自己进厕所，**再**教他识别什么时候需要去厕所以及忍住便意直到坐上马桶。

教孩子自己进厕所

此过程分四步走，每一步都要等孩子顺利完成 3～4 次后再进入下一步。

1. 带孩子走到厕所门口，对他说："去厕所。"或"去嘘嘘。"或任何你惯用的词语（最好是他熟悉的词语）。记得给他表扬和奖励。

2. 带他走到半路，对他说："去厕所。"给他表扬和奖励。

3. 指着厕所的方向，对他说："去厕所。"给他表扬和奖励。

4. 对他说："去厕所。"给他表扬和奖励。

延迟如厕时间：忍住便意直至坐上马桶

到了预定的如厕时间后，稍微等一会儿再带孩子去厕所。开始，可以尝试延迟 10 分钟。（如果孩子被频繁带去厕所，也许就不太能感觉到膀胱的压力。所以，你有必要通过刻意的延迟和等待，让他感受到这样的压力，知道这是一种"要上厕所"的信号。）这样做可能出现以下结果：

1. 孩子感受到膀胱涨满的压力，直接去厕所了。太棒了！给他表扬和奖励。

2. 他可能跑来找你，表明他知道自己需要上厕所了。也很棒！给他表扬和奖励。

3. 他可能开始尿裤子或者拉在裤子里，然后跑来找你。最初如果是这样，也还好，算是不错的开端。带他去厕所，清理干净，给他奖励。

4. 他可能既不去厕所，也不来找你，也没有排便的意思。那么，等待10分钟后，像往常一样带他去厕所。下一次，再延长一些等待的时间，比如，等15分钟后再去厕所。

5. 他可能在延迟的10分钟里将大小便拉在裤子里，但不来找你。像往常一样，不要责骂，尽量淡定，若无其事地处理干净。继续保持10分钟的延迟时间，让他感受膀胱或直肠的压力，明白那是需要上厕所的信号。如果后续情况没有改善，试试缩短延迟时间，比如，延迟5分钟。

在固定的如厕时间之外，孩子随时可能会对你表示想去上厕所的意愿，比如，拽你、指向你、说某个词或发出某种声音。当他这样做时，带他去厕所，并且在一开始还要奖励他，不管他有没有顺利排便。慢慢地，当他能经常向你表示上厕所的意愿后，你就应该**只**在他顺利排便后才给他奖励。但是，只要他能自己去厕所并独立上完厕所，无论何时，你都应该给他表扬和奖励。

我们经常听到家长说，自己的孩子**完全能独立上厕所**了，因为在每次的如厕时间他总能顺利排便。但孩子的老师却有不同意见，她认为儿童**根本不会自己上厕所**，因为她仍然需要按时带他去厕所。这两种认知，当然都是不对的。因为他的确学会了如厕的某些步骤，但也确实还没有掌握全部步骤，他还必须由成人带去厕所。当孩子养成按时如厕的习惯后，家长往往会满足于此，不愿再接再厉，往独立如厕的方向继续训练孩子，这个时候，"意外"往往会再次发生。不要停下，把所有步骤都教完，等孩子真正学会独立如厕后，你会觉得一切都值得！

常见问题答疑

开始如厕训练后，你会发现，现实中总免不了磕磕绊绊，不会始终如书里描述的这般顺利。我们也从以往的经验中挑选出一些家长的常见问题，一并解答如下。

为了保证效果，如厕训练必须每天进行吗？

如厕训练比其他技能更需要持之以恒。你今天耐心教孩子在马桶上排便，明天却因为忙于其他事务而听之任之，这样会让孩子无所适从。当然，有时难免发生一些状况，比如，临时有紧要的家事需要处理，孩子生病了，或你自己因为某种原因力不从心……偶尔的疏漏不至于让如厕训练归于失败，但经常性的懈怠则会让所有努力付诸东流。

如厕训练必须由专人负责到底吗？可以在家人间轮流吗？

如果可能，尽量让家人一起完成这个任务。首先，你应该和他们多沟通，让他们了解你正在做的事，也请他们读一下本章的内容，与他们一起讨论如厕训练的计划。其次，你们应该相互观察，确保训练方式一致，对孩子的要求也一致。

孩子正在学校接受如厕训练，如果我在家按照你们的方法训练他，会让他无所适从吗？

如果你对他的要求与学校老师的要求不一致，那应该会的。如厕训练本来就更适宜在家进行，所以，如果你能主动训练孩子，老师也会很开心。与老师多多沟通，给他/她看看你的训练记录，确保你们对孩子的要求是一致的。同样地，如果你已经进行了某些步骤的训练，那么在老师或家人接手的时候，务必对他们讲清楚训练的进展程度，告诉他们哪些步骤应该让孩子自己来完成。

书里说，孩子完成大小便后要立刻给予奖励，意思是他还在马桶上，我就要给他吃的吗？

在最初阶段，孩子排便后及时给予奖励是非常重要的，即使他还在马桶上。这样能让他确切地知道自己因为什么而被奖励了。慢慢地，当他能在马桶上顺利排便后，你就可以稍等片刻，把奖励留给后面需要学习的行为（提裤子、洗手等）。不过，无论孩子学会哪一点，你都要记得为他的成功喝彩，这一点非常重要。

我该什么时候开始教我儿子站着小便？怎么教？

对大部分孩子来说，小便训练都最好以坐便的形式开始。男孩可以采用跨坐的方式（背对着你坐在马桶上），这样有助于他意识到大、小便之间的区别，方便日后学习站着小便。当他顺利学会这种小便方式，身高也足够站着小便（可能需要站在宽板凳上）的时候，再给他示范站着小便的方法。可以的话，最好让家中的男性，如爸爸或哥哥，亲自给他做示范。

我设法教女儿在马桶上大便，但她连马桶都不肯坐，总是连哭带闹地从马桶上下来，跑出厕所。怎样才能让她更加配合？

一般来说，当训练不太成功时，往往需要挨个儿排查潜在的原因。如果你确定孩子已经有能力接受大便训练了，那么就要考虑：

1. 她能在其他场合安坐超过 5 分钟吗？
2. 她知道自己为什么要坐在马桶上吗？

此外，平时你要求她做什么的时候，她是不是以同样的方式来逃避任务？如果这是她的一贯反应，那么尽量忽视它，不要予以关注，同时，坚持让她坐在马桶上。

或者，是不是你用了她不喜欢的东西当奖励？她会不会在故意试探你，看你还给不给她奖励？

当然，别忘了，如厕训练对她来说还很陌生，也许她还惊诧于你居然不再给她换尿布了呢。注意简化任务，要经常退回到前面的步骤，也要放慢教学的速度。一开始，你甚至都不要求她完成第一步（在马桶里排便），而只要求她在马桶上坐定就好。

如果以上几点你都考虑过了，也确定你的要求在她的能力范围之内，那就不要犹豫，坚持让她去做。随时准备给她奖励。当她发现只有配合训练才能得到心仪的零食后，也就不那么想要离开了。

第11章

游戏技能

曾经有人问路易斯·阿姆斯特朗①，什么是爵士乐。"朋友，"他回答，"你要这么问，永远不会有答案。"

这也是我们对于游戏的观点。什么是游戏，众说纷纭。无论是你心目中的游戏，还是其他人认为的游戏，都没有高低对错之分，毕竟，人人都是游戏的行家。那你又为什么需要教孩子游戏技能呢？说两个不那么明显的原因吧。

首先，孩子在学习新游戏的过程中获得的技能，可以运用到其他领域，促进其他技能的发展。比如，当他在桌边坐下，学着拼完一套5片装拼图时，他实际上也在锻炼安坐、专注以及听从指令的能力，这些能力是其他许多技能的基础。又比如，当他学着自己玩电脑游戏的时候，他也很可能由此接触并进入姐姐已然为之着迷的高科技世界。游戏之于孩子，不只是纯粹的玩乐，也是他们的重要功课。

其次，你在游戏教学中锻炼出来的教学能力和教学自信也会惠及其他技能领域的教学，你会比以往任何时候都更加确信，你可以在家教好自己的孩子。

当然，教授游戏技能最重要的一个原因，是可以让孩子享受到更多玩耍的乐趣。在游戏中，孩子有无数机会与朋友、家人打成一片，成为活动的一分子。在游戏中，无所谓得失成败，即使犯错也没有关系，它不过是游戏的一部分而已。

游戏也会给孩子带来挑战以及征服挑战的机会，有助于构建他们的自信和自我价值感。最后，游戏可以用来打发时间。孩子百无聊赖的时候，如果手边恰好有几个合宜的玩具，他也知道怎么玩，那么他就有事可干了。这对你、对儿童都是好事！

---

① 译注：路易斯·阿姆斯特朗（Louis Armstrong，1901—1971），爵士乐歌手、小号手，爵士乐史上的灵魂人物，擅长即兴表演。

本章，我们将讨论如何教孩子一些比较基础的游戏，如堆叠套环（而非高空跳伞）。我们在第1—7章论述的STEPS TO教学法想必大家已经很熟悉了，它也是我们进行游戏教学所遵循的方法。

S——准备开始教授游戏技能

T——选定一两项要教的目标技能

E——将技能分解成多个步骤

P——选择奖励（即使你之前已经准备过）

S——为教学做好铺垫

T——开始教学

O——观察进步情况，并解决问题

就是这样！本章，我们将利用游戏教学对STEPS TO教学法做一番复习，也会补充一些新的建议。不过，本章的内容主要面向幼儿，讨论的是初阶的游戏技能。虽然在教授大龄儿童更高阶的游戏技能时也会用到相同的教学原则，但他们的情况还是有差别的。无论是在学校还是在社区，大龄儿童更可能主动发起游戏，与他人游戏的机会也会更多。因此，对他们的游戏教学不再局限于在家有组织地展开，而是随时随地，渗透在生活的方方面面。同时，寻找和安排孩子与同伴游戏的机会，也会成为你的一项重要任务。

贾森和玛丽贝丝

沙利文太太向窗外望了一眼，玛丽贝丝还在沙箱那边，独自安静地玩着新买的铲子和小桶。正当她将注意力收回到电脑上，打算继续工作的时候，贾森进了院子。他大喊着："嘿，玛丽贝丝，快来跟我玩球！快，接球！"

网球打在玛丽贝丝的肩头，但她只抬了抬头。贾森只好自己跑过去捡球。

"好心的孩子，"沙利文太太在心里为这位侄子默默点赞，"贾森知道玛丽贝丝智力落后，经常想着帮助她。如果他多懂些教育方法就好了，接这个球对她来说太难了。"

玛丽贝丝继续玩她的铲子和小桶，好像根本没有注意到这个刚从网球课回来的不速之客。

"玛丽贝丝，今天我惨了！我练了八百次都没接到一个球。你说，我是不是该换个大一点的球？"

玛丽贝丝瞟了他一眼，仍然只顾往桶里装沙子。

"来嘛，快接球！"球又向着沙箱飞去，打在玛丽贝丝刚好抬起来的手上，又弹出去。

"没关系，玛丽贝丝，你差不多接到了。这个桶是新的嘛。嘿，要不要再接一次球试试？"

这一次，玛丽贝丝甚至连头都没有抬一下。

选定要教的游戏技能

因为自己擅长打球，贾森决定和玛丽贝丝玩接球游戏。但如果他想一想**玛丽贝丝能做什么**，也许会改变主意，换个别的游戏，或换个方式来玩球。

当然，这样的要求确实有点为难这位小表哥了。但在开始教学之前，儿童具有怎样的能力水平，却是你应该追问并回答的。

如何选择恰当的游戏技能教给孩子呢？首先，你可以利用我们专门设计的《游戏技能检核表》，评估一下孩子目前的能力水平。然后，选出三项你认为最适合教给孩子的游戏技能，并设定他掌握每一项技能的最后期限。

评估孩子的游戏技能水平

下面的《游戏技能检核表》分三大技能类别，A 类为"基本游戏技能"，是孩子学习新游戏的必备基础，B 类是孩子可以独自一个人玩的游戏（"独自游戏技能"），C 类是与他人一起玩的游戏（"共同游戏技能"）。

你需要先完成表格的填写。请放下手头的事情，认真填表，你的回答将成为未来教学的基础。为了确定孩子的真实水平，你可以与他一起玩一下这些游戏。

游戏技能检核表				
本表所列各项技能涉及多种不同的游戏。请在各项技能右边的选项中勾选出最符合孩子目前能力水平的一项。				
	1 无法 完成	2 需要很多 帮助才能 完成	3 只需一点 帮助就能 完成	4 能独立 完成
A 类：基本游戏技能				
集中注意力听人讲话				
集中注意力听音乐				
抓握大型玩具或物体				
抓握蜡笔或铅笔				
推、拉、转动玩具				
说出游戏所用玩具和物体的名称				
说出身体各部位的名称				
玩简单的捉迷藏游戏（躲猫猫、找玩具）				
听从指令：取来或拿走玩具				
听从指令：开关容器盖子或房间门				
听从指令：将玩具排列在桌上或地板上				
听从指令：将玩具从一处移到另一处				
独自安坐 5 分钟				
模仿动作手势				

续表

	1 无法 完成	2 需要很多 帮助才能 完成	3 只需一点 帮助就能 完成	4 能独立 完成
B类：独自游戏技能				
无须看管独自安坐5～10分钟				
堆叠套环				
将三块积木堆叠起来				
将六块积木堆叠起来				
将水或豆子从一个容器舀进另一个容器				
将珠子丢进容器中				
穿珠子				
使用剪刀				
粘贴图片				
用蜡笔在纸上涂鸦				
在涂色本上涂色（通常为画线条）				
拼拼图：简单拼图，非卡扣式				
拼拼图：卡扣式，4～6片				
拼拼图：卡扣式，7～15片				
拼拼图：卡扣式，16片以上				
颜色、形状配对游戏				
图片配对游戏				
玩电脑游戏				
玩游戏机				

续表

	1 无法 完成	2 需要很多 帮助才能 完成	3 只需一点 帮助就能 完成	4 能独立 完成
C类：共同游戏技能				
丢沙包				
1米内接投中型球				
1米内接投小型球				
3米外接投中型球				
3米外接投小型球				
用球拍发球				
用球拍接球				
像踢足球一样用脚踢球				
像打排球一样用手击球				
将球投进（调低的）篮筐				
骑三轮车				
玩滑板车				
玩轮滑				
游泳				
与其他儿童一起画画（比如，与两个以上儿童一起完成大幅作品）				
与其他儿童一起捏泥				
戏剧性游戏：假装成另外一个人（如妈妈、超人）				
跳舞				
与其他儿童合唱				
出演简单的童话剧				
与他人一起出演木偶剧				
与他人一起出演简单小品				
与他人一起玩游戏机				

选定教学目标

本章所举的例子都有一个前提，即假设孩子已经掌握了《游戏技能检核表》中的 A 类基本游戏技能。如果孩子尚未掌握，我们的教学方法依然适用，不过你得先从准备技能教起，相关内容可参阅第 8 章和附录 A。

如果基本的游戏技能已经没有问题了，那么你要看一下 B 类和 C 类中有哪些技能正处于 2 级（需要很多帮助）和 3 级（只需一点帮助）水平，从中选出 3 项作为教学目标，尽量选择孩子喜欢做，你也愿意教的项目。

在选择教学目标时，如果你能与孩子的老师（如果可能，甚至包括物理治疗师或作业治疗师）沟通讨论，就再好不过了。他们不仅会欢迎你加入孩子的教学团队，也会对孩子的技能发展提出有益的建议，这些建议或许能引导你做出最终的选择。

请将你选定的三个目标技能写在下面的横线上（先不用考虑"完成期限"，后文马上会谈到）。目标技能要尽量具体，具体到你希望孩子能完成的某一个动作（如接球，而不是玩球）、完成动作的条件（比如，接住从 1 米处投来的球）以及动作达到的程度或水平（比如，无须帮助，接住从 1 米处投来的球）。写明完成动作的**条件**和动作达到的**程度**，有助于你准确地衡量儿童的学习进步情况。

目标技能一：_____

　　完成期限：_____

目标技能二：_____

　　完成期限：_____

目标技能三：_____

　　完成期限：_____

关于完成期限

如果你参加过孩子的个别化教育计划的制订，你应该知道，除了确定教学目标，IEP 也会标明各项目标的完成期限。当然，这些期限不过是最合理化的估计而已，孩子的实际学习表现会与你和老师预计的有所出入，快慢都有可能，但它们的确是督促进展的有效手段。

所以，回到你刚刚列出的三项目标技能，你估计孩子什么时候完成它们比较合理？比如，你可以这样写：

目标：在我的指导下将五块积木堆叠起来。完成期限：3月1日。

目标：无须帮助，能自己绕着小区骑三轮车。完成期限：暑假结束前。

等一下！该写的内容都写完了吗？如果还没有，请马上用几分钟的时间，完成检核表并选出你要教的技能。

确立步骤：你的教学方案

与其他儿童相比，特殊需要儿童的成功体验少之又少。对你的孩子来说，最简单的游戏都可能是一次不可能完成的任务，会招致又一次的失败。所以，他很可能会拒绝再次尝试。而你，应该也不希望自己重蹈覆辙。

所以，为了保证教学的成功，在选出三项目标技能之后，你还要完成另外三个步骤。首先，你要制订一个教学方案；然后，选定奖励；最后，为教学做好铺垫。

假设你决定教孩子接球，并能够清晰地想象出接球游戏的场景。但为了制订出成功的教学方案，你最好忘掉那个场景。因为在教学的最初阶段，你和孩子将要一起做的游戏，与那样的画面相去甚远。

开始，你们很可能只是将球放在桌上或地板上，来回推给对方，或者孩子双手凑拢做接球状，你将球放到他手里，再在他放开球之前适时地接过来。无论哪一种练习，有一点很重要，那就是你要回到最简单的基础动作，让孩子体验到成功的乐趣。

基础动作又是什么呢？基础动作即组成某项连贯技能的各个独立步骤。将这些小步骤一一列出，教学方案也就呼之欲出了。

在制订教学方案之前，让我们回想贾森想和玛丽贝丝玩接球游戏的场景。对贾森而言，接球是个再简单不过的技能，他也许都忘了当初还学过这项技能。但对玛丽贝丝来说，它没那么简单，她需要有人从基础开始教她。

我们索性假设玛丽贝丝的爸爸决定教贾森怎样与玛丽贝丝玩接球。沙利文先生的教学方案可能是这样的：

接球步骤：

首先，让她伸出双手。

然后，

　　把球放到她手里。

　　把球落到她手里。

　　从大约30厘米外轻轻抛球给她。

　　从大约60厘米外轻轻抛球给她。

　　从大约1米外扔球给她。

　　从……扔球给她。

这些步骤从何而来？沙利文先生是怎么知道应该先做哪一步，再做哪一步的？能制订出这样的方案，多半是因为他做了两件事：首先，玩一遍接传球，可能是与贾森一起，以便想起其中的所有步骤；然后，扪心自问（也问他太太和贾森），怎样帮玛丽贝丝简化这些步骤，甚至对某些步骤进行再分解。

仔细看沙利文先生的步骤列表就会发现，他是从玛丽贝丝会做的步骤（伸出双手）开始的。从最基础的步骤开始，可以让玛丽贝丝从一开始就体会到成功的滋味。再看最初几步，你会发现他离玛丽贝丝很近，可以随时给她需要的帮助。最后要注意的是，列表中的每一步都是层层递进的关系。

那么，沙利文先生的这套方案是教接传球的唯一方法吗？当然不是。如果你来做方案，步骤也许会更多，也可能更少。就大部分游戏技能而言，分解步骤并没有统一的标准。真正重要的是你的步骤列表，即教学方案，是从孩子已经掌握的某个步骤开始的，各个步骤之间是层层递进的关系。记住，孩子学习任何游戏技能都应该脚踏实地，而不是"跳跃式前进"。

在附录 D 中，我们对一些游戏技能进行了步骤分解，你可以现在就去浏览一下。此外，孩子的老师可能也会有一些这方面的书籍，或现成的教学方案，你可以试着请他们分享给你。

现在，为你选择的第一项目标技能制订教学方案。请你拿出教学材料，拼图、剪刀、蜡笔、三轮车或其他任何需要用到的东西，趁你的孩子不在身边，自己试着玩一遍。记下所有步骤，想想你的孩子可能在哪些地方需要你的帮助。

现在，我们来简单地列出步骤清单。首先，写下你的**目标**（即最下面的步骤 6）。

目前已经能做　　步骤 1：＿＿＿＿＿＿＿＿＿＿＿＿＿＿＿＿＿＿
　　　　　　　　　步骤 2：＿＿＿＿＿＿＿＿＿＿＿＿＿＿＿＿＿＿
　　　　　　　　　步骤 3：＿＿＿＿＿＿＿＿＿＿＿＿＿＿＿＿＿＿
　　　　　　　　　步骤 4：＿＿＿＿＿＿＿＿＿＿＿＿＿＿＿＿＿＿
　　　　　　　　　步骤 5：＿＿＿＿＿＿＿＿＿＿＿＿＿＿＿＿＿＿
目标　　　　　 步骤 6：＿＿＿＿＿＿＿＿＿＿＿＿＿＿＿＿＿＿

接着，填写步骤 1，即孩子已经会做的步骤。上课时，你将从这个步骤开始，保证你和孩子都能快速取得成功。然后，填写步骤 2，你将一点点减少对他的帮助，逐渐提高任务的难度。填写步骤 3—5，在每一步都减少一些帮助。当然，你可能还有更多的步骤，那就接着往下写。

如果你已经写完你的教学方案，**休息一下**。如果还没有，请马上完成。以我们的经验来看，凡是认真分解步骤并写下来的家长，在后面的教学中往往更容易成功。

小步渐进

今天上课的任务是画猫，中等大小的猫。爸爸负责勾画轮廓，但需要利姆告诉他猫的眼、耳、鼻分别画在哪里。画完后，利姆负责上色。

涂色本上的小动物曾经被利姆涂得面目全非，凌乱的红色线条覆盖在动物轮廓内外两边。但是，自从他和爸爸开始一起作画，他的作品开始呈现出不同的面貌。

上周，爸爸开始画搞笑的肥猫。巨大的肥猫几乎占据整整一页，以至于利姆不大可能再将颜色涂到外面去了。现在，他们开始画中等大小的猫，猫的样子依然滑稽可笑，只不过比上周稍微小了一号。这一次，利姆涂的颜色也大致都在轮廓之内。

相信不久以后，他就可以开始给小猫涂色了。

选择奖励

你可以先返回到第 4 章复习一下关于奖励的内容。有些游戏活动本身就具有奖励性质，特别是在掌握某项游戏技能之后。也许孩子本来就喜欢骑三轮车、搭积木、打网球或玩电脑，即使没有其他奖励，他们也乐在其中（当然，你的热情关注任何时候都是受欢迎的）。不过，在最初阶段，当游戏活动对孩子来说还有一定难度，随时可能失败时，引入其他奖励能给你的教学助一臂之力。

为教学做好铺垫

将游戏技能分解成简单的小步，你就已经迈出了成功的第一步。为了提高胜算，你还要好好为教学做各种准备。正如我们在第 5 章所说，做好铺垫意味着选好教学的时间、地点以及需要用到的材料。想一想，对于马上要开始教的第一项目标技能，你将如何做准备？

    1. 何时教？＿＿＿＿＿＿＿＿＿＿＿＿＿＿＿＿＿＿＿＿＿＿＿

    2. 何处教？＿＿＿＿＿＿＿＿＿＿＿＿＿＿＿＿＿＿＿＿＿＿＿

    3. 用何种材料教？＿＿＿＿＿＿＿＿＿＿＿＿＿＿＿＿＿＿＿

开始游戏教学

上课时你需要做什么呢？简单来说，教学不外乎两件事：指导（努力让孩子完成某个任务）和回应（对孩子的表现做出反应）。这两者的循环往复构成了一节课。通常来说，这两件事你做得越认真，就越可能获得教学的成功。

给出清晰的指导

通常，当孩子不太明确你要他做什么的时候，教学往往更可能遭遇失败。对于你的要求，你自己当然是心知肚明，问题是你可能会表达得不够简单明了，让孩子不理解。

关于如何做出清晰的指导，我们之前介绍过三个方法，即说给他听、做给他看、手把手引导他。我们来简单复习一下。

说给他听

最有效的语言指导应该是下面这样的。

1. 以孩子的名字开头

2. 简短

3. 只用孩子听得懂的词汇

4. 表达清晰、坚定

一旦你采用了某种表达方式，就不要随意更改。如果孩子听到你的指令后没有及时反应，请重复一遍。不要在指令中加入各种你觉得"有用"的短语，它们不仅无法优化你的表达，十有八九，还会干扰孩子对指令的理解。

不要这样说：

"好了，抓牢车把，以免摔跤，再把腿抬到这儿。"

"这儿有好多好多图片，对不对？哪一张和这一张比较像呢？"

应该这样说：

"贾森，把脚放到踏板上。"

"卡罗琳，找出与这张一样的图片。"

但有时，你也会发现，即使是最言简意赅的表达也无法让孩子充分理解你的要求，无法让他顺利完成任务。为此，你还要给他更多帮助。你可以做示范，也可以手把手带他完成任务。

做给他看

给孩子示范你要求他做的动作。你要先唤起他的注意，再慢慢做示范，动作要夸张一些，便于模仿。

你也可以用手势提醒他，换言之，就是用你的手对他说话，比如，示意他坐下、指出某块拼图应该放在哪里等。动作同样要夸张一些。

手把手引导他

当语言指导和动作示范都不足以让儿童明白你的意思时，你需要将你的手放到他的手上、胳膊上或脚上，引导他完成动作，比如，协助他拿起积木、挥动球拍、踩下踏板……等他逐渐掌握这些动作之后，你要逐渐撤除这样的引导。

记住：教学要始终以成功体验收尾，必要时，可以在下课前退回到较为简单的步骤。

行为塑造

"萨尔，把圆环套到杆子上。"

韦雷拉太太当着4岁儿子的面，将最大的圆环套在了他面前的杆子上。几天下来，他已经很会玩这个游戏，几乎不再需要肢体引导了。韦雷拉太太刚刚还稍稍引导了一下，所以现在决定点到为止，看他能不能自己完成。

她指着圆环说："萨尔，你来，把圆环套到杆子上。"

萨尔取过圆环，笨手笨脚地放开手。圆环掉到了地板上。

韦雷拉太太早就备好了一块巧克力曲奇饼干，并把它分成了小块。但目前时机尚未成熟，她相信萨尔能做得更好。

她将圆环放回杆子前，"萨尔，把圆环套到杆子上"。萨尔看了看圆环，又看了看心爱的饼干。他抓起圆环，双手握住，抬起头对妈妈会心一笑。

不错的开始。"很好，萨尔，"她说，"现在，把圆环套到杆子上。"同时用手指在杆子顶部轻轻敲了两下，仍旧没有给他饼干。

"真是个好孩子，萨尔，你真棒。"看着萨尔举起小手将圆环送到了杆子顶部，妈妈发出了由衷的赞美。圆环几乎还没落到底部，一小块饼干就送进了萨尔的嘴里。

促进独立游戏

至此，你也许会在心里嘀咕：这些教学建议好是好，但我不可能整天陪着他玩。怎样让他学会自己玩呢，哪怕就一会儿？问得好，很多家长都有这样的困惑。想让孩子独立玩耍，你可以从两方面入手：其一，在孩子独立游戏时表示关注；其二，逐渐减少你对孩子的注意。

在孩子独立游戏时表示关注

看到孩子独自玩耍时，我们恨不得他能一直那样玩下去，所以我们会格外小心，避免打扰他，生怕一注意他，他就不玩了。奖励对教学的促进作用我们已经很清楚了，但奖励对孩子日常参与游戏同样具有促进作用，这一点很容易被忽略。今天，你表扬、鼓励孩子独自玩耍，明天，这样的独立行为更可能再次发生。

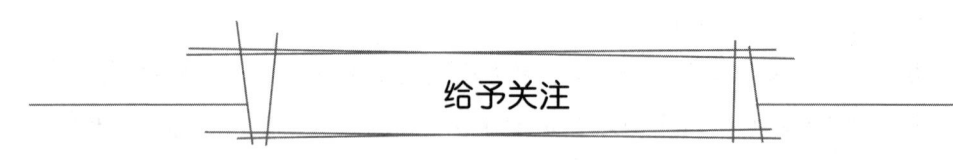

给予关注

朱太太坐下来，打算快速喝完一杯咖啡，但她忽然停住了。原来，凯文和他的小伙伴萨姆玩起了电子游戏，你争我赶，气氛很是热烈。要是往常，她大概不会去打扰儿子玩游戏的，但现在她知道了表扬的魔力，哪怕是只言片语。

"凯文，你和萨姆玩这个游戏都超厉害啊！"

两个小家伙抬头看了她一眼，报之以微笑，立马又回到了游戏之中。

逐渐减少对孩子的注意

对孩子来说，玩游戏最大的乐趣，莫过于你始终陪在他身边，给他关注和奖励。很多孩子之所以能保持玩游戏的兴致（尤其在初始阶段），不是因为玩具有趣好玩，而是因为可以得到"老师"的持续关注。但是，为了锻炼他们的独立游戏能力，这样的关注必须逐渐撤除。

当孩子可以自己完成游戏活动后，你要开始逐渐拉开与他的距离。一开始，你可以坐在他身边"读"杂志，不时看他几眼，说几句鼓励的话。等他能维持更久的注意力后，你可以移到更远一点的地方，等待更久一些再给他关注。总有那么一天，只要游戏开始，你就可以离开房间，只需每几分钟回来表扬他几句或奖励一点零食给他就够了。

但假如在你取消关注后,孩子就玩不下去,想要黏着你或开始捣乱,你该怎么办呢?你可能会批评他,或鼓励他回去接着玩。但经验告诉我们,这样的做法都只会强化他的黏人或捣乱行为。孩子之所以会这样,可能是因为你的任务安排不够合理,或你退出的速度过快。请再试一下。降低任务难度,再次向他解释清楚,他应该先完成任务,你过一会儿会回来检查。心平气和地提出要求,不要让这一过程成为另一种形式的奖励,将自己陷于被动之中,这样的话他会不断黏着你,而你则要没完没了地解释规则。多试几次,你应该可以成功。

逐渐抽身

迈克尔和妈妈取得了很大的进步!他们从简单的匹配两张苹果的图片开始,逐渐发展到匹配树木和鸟类的图片。很快,迈克尔在妈妈的表扬下,可以成功完成整盒卡片的配对任务了。

妈妈以前会在旁边把卡片一张张递给他,但不久之前她放弃了这样的做法。她开始渐渐抽身离开,越离越远,只是偶尔表扬一下他的认真和努力。现在,只要游戏一开始,她就可以离开房间了,因为迈克尔会一心扑在游戏上,根本觉察不到!

观察进步情况并解决问题

之前填写的步骤列表可以作为你衡量教学进展的标尺。你可以随手记下孩子掌握每个步骤的日期,也可以在日记里记录上课的情况以及孩子的阶段性进步。无论哪种形式,你都可以留下印记,看到孩子和自己的进步。

现在请你回答以下问题。如果教学顺利,你该怎么办?如果遇到问题,你又该怎么办?这是我们在第7章讨论过的问题,你可以回去复习一下。

教学案例

据家长反馈，具体的教学案例非常有助于他们理解施教方法。因此，我们为大家准备了以下两个游戏教学的案例，其中运用的教学原则相信你已经不再陌生。

首先，让我们回到贾森和玛丽贝丝的故事，看看贾森是如何运用本书介绍的教学策略教玛丽贝丝玩接球游戏的。

贾森和玛丽贝丝（续）

贾森走进院子，笑着和玛丽贝丝简单打了个招呼，就直奔角落而去。玛丽贝丝一边玩着沙桶和沙铲，一边看贾森将玩具和小树枝一一清出他的"教学角"。

沙利文太太在客厅的窗前看着他们。一连5天，贾森都会在网球课后教玛丽贝丝玩球。每一次，他都会做几乎相同的准备。他会清理干净角落，用同一个不大不小的橡胶球，玩10～15分钟，连准备的零食奖励都没有变过。

贾森走到沙箱边说："玛丽贝丝快来，该玩接球了。"

从沙箱到"教学角"只有几步路，贾森已经不需要像最初两天那样去牵玛丽贝丝的手了。今天她很开心地跟着贾森走了过去。

"好样的，玛丽贝丝，你自己过来了！"他立刻给了她一小块饼干。

贾森把球拿在手里，直接站到玛丽贝丝面前伸手可及的位置。

"好了，玛丽贝丝，接球！"

玛丽贝丝伸出双臂，兜起双手。（贾森暗自感叹，这个动作她学得可真快。刚开始的第二天，她就完全不需要他的肢体协助，能自己做出这个动作了。）他轻轻一抛，几乎是直接放手，球就落到了玛丽贝丝的手里。

"很好，玛丽贝丝，你接到球了！"

尽管还差了那么点儿，但好歹也算上路了，他想。

一个月后再来看贾森和玛丽贝丝，谁知道他们会走到哪一步呢？也许，他们可以在地上来回弹球了，能将球投进垃圾桶了，能将球滚出去击中目标了；也许，他们只比现在进步一点点。我们无法预测玛丽贝丝的学习进度，但我们知道，她一定在学习的路上前进着。

渐进式教学

开始

沃特金斯太太6岁的儿子达里尔有智力落后的问题，她准备教他玩一些简单的玩具。他自己平时也玩这些玩具，但一直没多大进步，所以她觉得有必要对他进行一些有针对性的集中训练。

锁定目标技能

沃特金斯太太打算从拼拼图开始。一方面，达里尔对拼图有一定的兴趣，如果得到足够的帮助，他可以将拼图拼起来。同时，在学校的个别化教育计划中，有训练精细运动的内容，在家进行拼图训练，和老师的教学方向是一致的。此外，学会拼拼图之后，她想，他就可以自己做点事情了。如此看来，选择这一技能作为教学目标还是不错的。

确立步骤

沃特金斯太太拿出一套四片式木质拼图，自己试着拼了一遍，并将步骤记了下来。（首先，拿出一片拼图，引导他拼回去……）

选择奖励

当然，她需要准备一样零食作为奖励（至少在初始阶段）。她选择的是达里尔目前最爱吃的燕麦圈。

做好铺垫

是时候开始了。沃特金斯太太选择将厨房作为"教室"，所以她要检查一下厨房。小狗必须出去，桌上的东西，包括账单、纸巾、盐瓶要通通拿走。好了，一切就绪。哦，忘了把厨房计时器拿走。达里尔最喜欢听它的闹铃声，放在桌上会让他分心，不妨等任务完成后再拿出来给他玩。桌上空无一物了。她把拼图放到桌上，还在远端的桌角放了一杯燕麦圈（以免达里尔一进来就扑过去）。

教学

现在真的准备好了。她告诉家人，接下来的15分钟，她会和达里尔待在厨房，大家请勿打扰。而此时的达里尔还在客厅的椅子上摆弄着一把勺子。"达里尔，咱们去拼拼图。"说着，她拉起了他的手，顺势将勺子装进了自己的口袋。

来到餐桌边，沃特金斯太太放开达里尔的手。她走到给他准备的椅子边，示意他过来坐下。

"达里尔，坐这儿。"

关上门后，沃特金斯太太又拉起达里尔的手，把他带到椅子上坐好。"达里尔，你坐下了，真是好孩子。"她一边表扬，一边给了他一个燕麦圈。

她将拼图推到他面前，将其中一块抽出，说："达里尔，把它拼回去。"她扶住他的手，帮助他将那块拼图推回原位。"很好，达里尔！"她又给了他一个燕麦圈。这一步他们连续重复了4次，每一次她都会减少一些帮助。第四次的时候，她甚至都不用碰他的手了，达里尔自己伸出手来将那块拼图推回了原位。

好了，这一次，她将刚才那块拼图完全拿出来递给达里尔，说："拼回去。"第一次，他还需要一点帮助，但之后就能自己拼了，为此他得到了好几个燕麦圈，妈妈还和他玩了挠痒痒的游戏。

按照计划，接下来的一步是拿出两块拼图，沃特金斯太太一块接一块地递给达里尔，对他说："拼回去。"达里尔接过第一块拼图，想了一下就拼了回去。很遗憾，他拼错了。"噌"的一下，他站起来就跑，因为躲得急，连椅子都碰翻了。

观察进步情况并解决问题

沃特金斯太太以前遇到过这种情形。她知道达里尔因为失败很不开心。于是，她坚定但平静地将他带回到桌边。等他坐下以后，她退回到第一步（将其中一块抽出，帮着他将它推回原位），重新开始教学。

"真好，达里尔，你把它拼回去了。"她给了他一个燕麦圈和一个大大的拥抱。然后，她将拼图推到一边，将计时器拿过来递给了达里尔。

"今天的课到此为止。"看着摆弄计时器的达里尔，她不无骄傲地说，"知道吗，达里尔，我们两个都很棒呢！"

关于游戏技能（独自游戏技能和共同游戏技能）的教学建议，请参考附录 D。

第 12 章

生活独立：自我管理技能

想来，与大多数特殊需要儿童的家长一样，你也担心着他们的未来。这种担心会随着孩子步入青春期与日俱增。"10 年、25 年以后他会怎样？""社会上会有他的立足之地吗？""要是我们不在了，他该怎么办？""谁来管他？"

问题摆在那儿，且哪个都无法轻易地解决，但你不能因此听之任之，指望"船到桥头自然直"，你要及早谋划孩子的未来并做好准备（这件事主要靠家长来完成）。

你可以马上行动起来，从教孩子更加独立开始。仔细观察孩子的日常，你会发现自己的身影无处不在，你总是在帮他。所以，我们的目标是你能让孩子学会独立运用各种基础的日常生活技能。为此，我们将从三个方面展开讨论：自我管理技能（第 12 章）、居家管理技能（第 13 章）以及实用性学业技能（第 14 章）。先来看自我管理技能。

自我管理涉及穿衣打扮、个人卫生等各项活动，是开启一天生活、保持良好公众形象的必修课。开始本章内容前，我们假定你的孩子已经掌握了第 9 章谈到的大部分基本生活自理技能，即会穿衣服裤子、鞋子袜子，会扣扣子、系鞋带，会洗手洗脸，他现在需要学习的是自己完成这些任务，懂得什么时候该做什么，并形成自然的常规。换句话说，我们假设孩子已经掌握了许多基本自我管理技能的简单动作，本章的重点，是教他们做出相关的**判断**，比如，这件事应该在什么时候做、需要用到哪些材料、怎样才算完成等。说得再具体些，虽然孩子已经能熟练地穿套头毛衣（动作）了，但他可能仍需要你告诉他今天需不需要穿毛衣，需要你帮他考虑这件毛衣是否配那条裤子，穿完后还需要你帮他检查有没有不妥的地方等（判断）。他现在需要学习自己来做这些判断。

开始之前：三个教学要点

在开始教授比较高阶的自我管理技能之前，请注意以下三个教学要点。

对孩子抱有更高的期望

应该对孩子抱有多大的期望，也许是身为老师的你需要做出的最重要的决定了。对此你要万分谨慎，因为如果期望太高，难免招致挫败与失望，而期望太低又会制约孩子的进步。

我们建议你先仔细观察一下孩子的生活，看他在哪些方面还有进步的空间，可以独立承担更多，然后放心大胆地让他去做。当然，孩子在面对挑战时（如自己去购物）难免会紧张不安，但适度的挑战是必不可少的。提高孩子的独立性的首要环节就是对他抱有**更高**的期望。

逐渐撤除给孩子的帮助

在观察孩子的日常时，你也要留意自己在其中的角色。要实现真正的独立，孩子需要脱离你的提醒、建议或指令，自己有始有终地完成各项任务。就拿今天来说吧，你有没有让他自己思考该做哪些事？怎么做？换种说法，你有没有提醒他该刷牙了？有没有帮他搭配衣服？他衣服上的拉链是不是你拉上的？教孩子独立之前，你需要审视这些细节，看你给了他哪些帮助，然后决定何时以及如何将它们逐渐撤除。

激发孩子的积极性

就算以上两点你都能做到，孩子却未必愿意承担这份新的责任。站在他的立场上想，之前都有你帮忙，现在突然要他自己来做，确实是为难他了。

现在该怎么办？直接让他自己来，那本来就是他"应该"做的？不，这样往往是行不通的。你要通过一定的**奖励**，提高孩子自己做事的积极性。最起码，当他付出更多的努力时，你要给予关注、鼓励和表扬。除此以外，还有其他各种不同的激励方法，具体我们会在后文提到。

每天对孩子多一点期待，少一点帮助，奖励他迈向独立的步伐，做到这三点，你就已经开了一个好头！

掌握基础之后

当孩子比较自如地掌握了自我管理的很多基础技能之后，你可能会觉得再没有什么可教的了。可是，当他**没有做**某件事时，你可能依然会理解为他**不会做**，然后出手相助。为了提高孩子在自我管理方面的独立性，你首先要做的，是辨别哪些活动是他可以学着自己来做的。

下面，我们来看一看吉姆和艾莉森的日常。这两位有特殊需要的年轻人很顺利地适应了社会，几乎不需要他人的照顾和监管。从他们早上准备上班的情形中，我们可以看到多项自我管理技能的运用，那是多年训练的结果，同时，我们也能看到这些技能是如何帮助他们维护个人形象并实现独立自主的。

日常的一天

吉姆

"他们都有钱去太空了，我们还在为厕所发愁！"吉姆抱怨着，却是一贯的幽默语气。

八位智力落后青年聚居的这个集体宿舍只有两个卫生间，每天的早高峰着实让人头疼。为了及时腾出空间，吉姆匆匆冲了澡，刷了牙，抹了点香氛膏后，就带上牙刷和梳子回到房间。

他拿起新买的电动剃须刀仔细地剃起须来，思绪随之回到从前在家生活的时光，他想起了爸爸用旧剃刀教他剃须的种种。吉姆今年 22 岁，已经在这个集体宿舍生活大约一年了。

他快速扣好衬衫的扣子，一看表，时间还早，便稍稍放慢了动作。然后，他发现一个问题，"见鬼！"他咕哝了一声，左袖的纽扣垂了下来，马上要掉下来了。犹豫再三，吉姆决定缝一下，以防万一。从房管那里借来针线，吉姆坐在床边，开始聚精会神地完成这个有难度的任务。

缝完扣子，时候也不早了。他飞快地收起钱包、零钱、钥匙和梳子，又瞄了一眼斗柜上的提示表，"都拿了"。

出门前，他最后照了一遍镜子……

艾莉森

推开客厅的窗户，一阵凉风袭来，艾莉森拉紧了浴袍。窗外蓝天清澈，阳光徐徐洒落，汽车在金色里穿梭。美好的一天！

艾莉森蹑手蹑脚地回到卧室，生怕吵醒室友。她开始挑选衣服。她首先选中了长筒袜和牛仔短裙。对于在手机零件装配线工作的她来说，本来无须穿成这样，但今天，她就是想穿。接着，她套上一件米色毛衣，"这样既保暖又般配"，但她发现毛衣袖子上有一块污渍，"哦！……吉尔知道怎么去渍，可是她还睡着……好吧，那就穿这件黄色毛衣吧"。

艾莉森今年20岁，和另外两位女生合住一间公寓，她的生活相当自如。她们的指导顾问几乎每天晚上都会来帮忙做饭，跟她们聊天，为她们答疑解惑。但是每天早上，她们需要自己搞定一切。

好了，来点古龙香水。别太多，她记得妈妈的嘱咐。艾莉森离家生活2年了，先是参加职业培训，然后搬到了这间公寓。不过，几乎每个周末她都会和家人见面。艾莉森又看了看手指上的创可贴，手指是昨天晚上不小心被纸划破的。她龇着牙将创可贴撕了下来，然后贴了个新的上去。她对着镜子快速检查一遍：指甲、头发、牙齿……黄色毛衣果然很亮眼。她微笑着进厨房准备早餐。此时，吉姆应该已经在公交车上了。

在一天中最初的几分钟里，吉姆和艾莉森例行公事般完成了一项又一项自我管理技能。与他们相比，你的孩子应该还没有掌握这么多项技能，也可能永远达不到这样熟练的水平。之所以以他们为例，是想让你看看，独立的自我管理可以达到怎样的程度。

自我管理技能评估

你首先要仔细观察孩子的日常生活，并且特别留心**你在其中发挥的作用**。有没有一些自我管理技能常常是由你来代劳的？是不是总有一些事需要你催促提醒着他才会去做？

孩子只有做到以下四步，才算真正掌握了自我管理技能：（1）知道什么时候该做什么；（2）知道怎样做；（3）认真去做；（4）检查做得好不好。

在下文的《自我管理技能评估表》中，我们列出了许多项自我管理技能。请在开始教学前填好这张表格，对孩子的技能水平做出评估。你可以现在先大致浏览一下表格，等阅读完下面的内容，再完成填写。

完成评估表需要一些时间，但请务必认真完成，因为准确把握孩子的技能水平永远是有效教学的第一步。

对表中各项技能进行评级之后，请在下面"要教的自我管理技能"中列出你打算教给孩子的技能项目。先从被评为"掌握程度 1 级"的技能中挑选 3 个左右你最想教的项目，写在"教授基础步骤"里。再从被评为"掌握程度 2 级"的技能中选出 3 个左右你最希望孩子提高的技能，写在"教授独立"的横线上。接着，从被评为"2 级、3 级掌握程度"的技能中挑出几项可以融入某个常规的技能（你最希望孩子能形成的某个常规，比如，晨起后的洗漱穿戴、用餐等活动需要用到的技能），写在"形成生活常规"项目下。最后，从积极性一栏被评为"有问题"的技能中选择 3 个你最希望孩子能经常做的项目，写在"激发积极性"下面。

要教的自我管理技能

教授基础步骤
（现掌握程度 1 级）

_____

_____

_____

教授独立
（现掌握程度 2 级）

_____

_____

_____

形成生活常规
（现掌握程度 2、3 级）

_____

_____

_____

激发积极性
（现积极性"有问题"）

_____

_____

_____

走向自我管理的独立

> "哦，她刷牙刷得可好了，不过我得叫她，她才去刷。"
> "杰夫已经学会自己穿衣服了，但如果我不帮他搭配颜色，天哪！"
> "瑞希塔穿好裙子就坐在那儿不动了，我必须提醒她接下来做什么。"

自我管理技能评估表

本表涉及的所有技能均需从两方面进行评估：儿童对某项技能的**掌握程度**及运用该项技能的**积极性**。

掌握程度：
1. 基础步骤未掌握。儿童还不能完成所有的基础步骤，还需要学习与该技能相关的某些甚至全部动作。
2. 做决定时还需协助。儿童可以完成基础步骤，但在需要做决定或判断时还有赖于你的帮助，即还需要你告诉他什么时候该做什么，需要哪些材料，如何开始，是否已妥善完成等。
3. 能独立且很好地完成。儿童可以完成基础动作，也能做出必要的决定或判断，所以你无须再待在他身边。

积极性：
1. 有问题。儿童的积极性不够，需要催促或额外的激励他才能完成技能任务。
2. 没问题。儿童无须特别鼓励就能稳定地完成技能任务。

续表

技能	掌握程度			积极性	
	1 基础步骤未掌握	2 做决定时还需协助	3 能独立且很好地完成	1 有问题	2 没问题
基础穿衣技能					
穿内裤					
穿内衣					
穿袜子*					
穿裤子*					
穿套头衫、毛衣*					
穿前襟带纽扣的衬衫*					
脱下套头衫、毛衣					
往上/下拉拉链（拉链头已拉好）*					
穿皮带*					
拉拉链头*					
扣纽扣*					
扣按扣、搭扣					
系鞋带*					
穿衬裙					
穿文胸（如适用）					
穿尼龙丝袜/裤袜（如适用）					
打领带（如适用）					
服装选择与洗护					
把脏衣服放到脏衣篮					
收起干净衣服					
折叠和悬挂衣物*					
穿干净并熨好的衣物					
选择合身的衣物					
选择相互搭配的衣物					

技能	掌握程度			积极性	
	1 基础步骤未掌握	2 做决定时还需协助	3 能独立且很好地完成	1 有问题	2 没问题
选择适合年龄的衣物					
选择适合天气的衣物					
选择适合社交场合的衣物					
洗漱与个人卫生					
使用马桶与厕纸					
洗手并擦干					
洗脸并擦干 *					
淋浴或盆浴，使用肥皂和浴巾 *					
使用香氛					
洗头并冲洗干净 *					
刷牙 * 和使用漱口水					
清洁耳部					
剃须（如适用）					
化妆（如适用）					
梳头 *					
照镜子检查外表					
修剪指甲 / 趾甲					
使用须后水 / 香水					
用手绢 / 纸巾					
保管眼镜或隐形眼镜（如适用）					
去理发					
擦除衣物上的食物残渣 / 脏污					
使用卫生棉或卫生巾（如适用）并妥善丢弃					

续表

技能	掌握程度			积极性	
	1 基础步骤未掌握	2 做决定时还需协助	3 能独立且很好地完成	1 有问题	2 没问题
日常保健					
均衡饮食					
睡眠充足					
规律运动（骑车、步行等）					
处理小伤口					
处理轻微灼伤					
识别感冒症状					
处理一般感冒					
处理一般头痛					
处理一般鼻出血					
处理一般腹泻/便秘					
处理一般恶心					

凡是带*技能均可在附录C中找到完整的教学方案。

你是否觉得，只要孩子学会某项新技能，该项技能的教学任务就算完成了？你觉得，你教了，他也学会了，很自然地，他就会去做。然而，这大概只是你的一厢情愿。教会基本步骤，并不代表孩子能在正确的时间，以正确的方式完成该项任务。

事实上，大多数家长会发现，在好不容易教会孩子某项自我管理技能的基础步骤后，马上还有另外"三座大山"需要翻越：

1. 激发孩子运用技能的积极性
2. 让孩子学会在运用技能时自己做决定或判断
3. 形成生活常规

本章余下部分将分别探讨这三个具有挑战性的任务，并就如何保证孩子独立进行自我管理提出一系列的应对策略。

激发孩子运用技能的积极性

生活中多的是比洗手、穿裤子更有意思的事，想让孩子愿意在生活中运用这些枯燥的自我管理技能，你需要使用奖励。

在前面几章，尤其是第 4 章，我们详细讨论了奖励这件事。这里我们只补充一点，当孩子逐渐长大，会越来越在意自己的外表，因而他会比较主动地去学习掌握各项生活自理技能。与此同时，你对他的出色表现所给予的关注和赞美也会比以往更具意义。但除此以外，你还需要用比较具体有形的奖励来激励他，代币制就是特别值得推荐的方法之一。

代币制

代币奖励是激励孩子运用已有技能的最灵活也最有效的一种方法。不过，代币既不像表扬那样可当即兑现，也不像奖励性活动那样自然发生，它的成功运用有赖于你的精心筹划。我们在第 4 章、第 9 章中讨论过代币制，这里将稍做回顾并加以拓展。

几乎任何物品都可以用来充当代币，比如，在纸上打钩、塑料筹码币，甚至小额的钱币。代币本身并无多少价值可言，只有在被兑换成孩子喜欢的东西时，才会显示其意义。10 个钩或许能看一场电影，15 个筹码币可能意味着一副新的棒球手套，而 20 个五角硬币也是一笔小钱。

建立一套简单易行的代币制需要经过 3 个步骤。

1. 列出哪些行为可以赚得代币，确定每个行为可赚得多少个代币；
2. 列出代币可以用来换取哪些奖励，确定每种奖励需要多少个代币；
3. 让孩子明白，代币可以换取他想要的东西。

在确定哪些行为可以赚得代币以及代币可以兑换哪些奖励时，尽可能与孩子一起商量决定。商量前，最好事先列出行为和奖品清单。比如，在下面的例子中，每个行为均可获得一个代币，在一天结束时，孩子可以将当天得到的代币统一兑换成想要的奖励。

	可赚得代币数
早上起床后整理床铺	1
早餐后将餐盘放入洗碗池	1
晚餐前准备餐桌	1
	需花费代币数
看半小时电视	3
额外甜点	3
和爸爸玩接球游戏	3

对某些孩子来说，在代币制实行之初，需要立即将获得的代币兑换成奖励。等他们逐渐理解代币赚取和代币兑换的意义后，才能将兑换时间推迟到当天晚上。

代币制可以相当复杂，涉及多种多样的活动和奖品，这些奖品又分别对应不同的代币数量。但是，我们建议你**保持简单**。代币制失败的主要原因，往往就在于它变得过于复杂，成为家长的负担。光是记录就很费时间，先前约定好的奖励也可能因为太贵或太麻烦而无法落实。一旦家长失去热情，不认真兑换奖励（"哎呀，我还没来得及买奖品！"），代币制也就名存实亡了。所以，代币制简单就好，适当就好，关键是能持续运转下去！

现在，想想之前你在"激发积极性"一栏中所列出的技能。你将怎样用你的关注、孩子喜欢的活动或一套简单的代币制来激励儿童积极地运用这些技能呢？

让孩子学会在运用技能时自己做决定或判断

即使孩子已经掌握了穿衣洗漱的大部分（甚至全部）基础步骤，他也依然可能需要你来指导他如何行动。也许他需要你提醒他该做这件事了，或者该结束这件事，开始那件事了，也许他需要你帮他做"艺术判断"，比如，这件格子衫（他已经会穿）配那条条纹裤（他也会穿）可以吗？

本节讨论的主题是，你需要做些什么才能提高孩子运用自我管理技能的质量？我们的目标是让孩子通过自我提问和回答以下 4 个基本问题，学会自己做决定或判断。

1. 什么时候该做这件事？
2. 需要哪些材料？
3. 先做什么，再做什么？
4. 怎样才算做完、做好了？

最近新认识的一位家长告诉我们，他很自豪，因为他的女儿终于学会了穿套头毛衣的所有步骤。但当我们要求他更加细致地思考女儿的表现时，他才恍然大悟，能够"穿上毛衣"，不等于在穿毛衣这件事上实现了独立自主。

"该穿毛衣的时候，我得提醒她。"（*什么时候该做这件事？*）

"我会帮她挑选跟她身上衣服相配的毛衣。"（*需要哪些材料？*）

"如果我先把毛衣摊平铺好，她就能比较容易地穿上。"（*先做什么，再做什么？*）

"在她穿完之后，我得检查一遍，她会忘记把背后拉好。"（*怎样才算做完、做好了？*）

虽然他女儿多少学会了穿毛衣的方法，但显然在很多方面仍需要他的指导，还无法独立完成这项技能。想让她在这项技能（及其他所有技能）上实现完全的独立，必须有两个条件：其一，父亲需要稍微退后，只给她最低限度的指导；其二，父亲需要改变指导方式，在她运用技能的过程中，多通过**发问引导**她，而不是直接**给出答案**。

第一点毫无疑问。如果家长时时处处伸出援手，就永远不知道孩子能够自己完成到什么程度。虽然放手后一定会有一个困难时期，但是，我们必须只给孩子必要的帮助。

第二点不那么显而易见，但它确实是提高孩子独立性的不二法门。想想平时遇到问题时，你是怎么帮助他的，是不是直接抛出答案？大多数情况下，真正的问题在于孩子不会通过提问来引导自己。如果他学会自我提问，答案是不难揭晓的。

所以，我们的目标是改变你帮助孩子的方式，即改变你的教学方式，在他完成任务时多提问题、少给答案，这是技能训练成功，让孩子更加独立的关键。为了更好地理解这一点，请看下面的例子。

提问题

妈妈:"准备去跳舞了吗?那么,你首先要做什么?"

凯蒂:"淋浴、清理指甲……"

妈妈:"还有呢?"

凯蒂:"对了,梳头。"

妈妈:"很好。那么,你的头发干净吗?"

凯蒂:"不太干净。我要洗一下。"

妈妈:(刚想去拿洗发用品,忍住了)"洗头需要哪些东西呢?"

凯蒂:"洗发水、毛巾、吹风机。"

后来……

妈妈:"都准备好了吗?"

凯蒂:"嗯。"

妈妈:"我们对着镜子检查一遍,来看看你的样子,怎么样?"

凯蒂:"脸很干净,头发也梳过了。"

妈妈:"还有呢?指甲呢?"

凯蒂:"也很干净。"

妈妈:"真好!你看起来棒极了!"

凯蒂妈妈没有直接告诉凯蒂该做什么,请注意她的提问方式。相信凯蒂很快就知道该如何对自己发问了。到那时,她就真的走上了独立的道路。

下面,让我们来仔细看一下帮助孩子做决定或判断的这4个基本问题。

1. 什么时候该做这件事?

有时候,孩子并不知道(也可能是忘记了)什么时候该做什么。这个时候,你通常会在一旁提醒。但我们说了,你应该学会逐渐退出,让孩子学着自己回答那些问题,在答案的引导下完成任务。

一开始,你肯定很难让自己置身事外,尤其是在你平时就习惯插手,习惯给孩子引导、建议或提醒的情况下。但是,从现在起,记得多问问自己,我的指点真的有必要吗?在出手之前,不妨稍等片刻,先看看孩子的反应,也许他能想起来该做什么。如果他确实想不起,你再出手也不迟。而且,不要直接告诉他应该怎么做,而要通过提问的方式引导他。

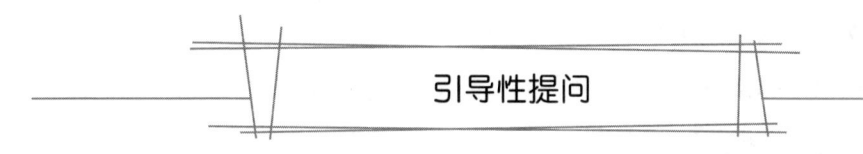

引导性提问

若泽正要去上学,外面下起了倾盆大雨!艾薇拉太太刚想像往常一样提醒他:"若泽,穿上雨衣。"但她及时反应过来,于是改口问道:"若泽,下雨了,你需要穿什么?"不久的将来,她还可以问得更加含蓄:"若泽,外面什么天气?"若泽很快就可以自己给出答案,并决定自己的穿着了。

罗伊斯准备坐下来吃晚饭。她的手很脏,爸爸差点又对她唠叨:"罗伊斯,洗完手再吃饭!"还好,他只是看着她的手,问:"罗伊斯,你做好吃晚饭的准备了吗?"

琼穿好衣服,准备出发去教堂。妈妈对着她快速打量了一遍,发现她脸上有一块污渍,险些脱口而出:"去洗一下脸!"但她忍住了,转而问她:"琼,你照过镜子了吗?"

得益于父母这种引导性的提问,若泽、罗伊斯和琼现在做这些事的时候,都比过去更加独立了。渐渐地,这几位家长,还有你,都不再需要这样提问了。最终,你可能只需要笼统地问:"雷伊,你需要问自己什么问题?"孩子会开始**自问自答**,真正地自己引导自己完成任务。

2. 需要哪些材料？

当孩子知道自己需要做什么以及什么时候做后，还必须能够集齐必要的材料。有些技能需要的材料一目了然，比如，洗脸需要肥皂、毛巾，而且这些材料都比较好找。但有些技能用到的材料却需要衡量和取舍，比如，孩子可能知道天冷要穿暖，问题是哪些衣服比较暖？哪些衣服彼此搭配？该穿正式些还是随意些？这些都很难判断。

为了让孩子多考虑材料问题，从现在开始，不论他运用哪一项自我管理技能，你都不妨在一旁稍做评论，比如跟他说：

- "你觉得这件衬衫还干净吗？"
- "这件毛衣搭配得很不错。"
- "刷完牙我们把牙膏放哪里？"

下面这个游戏活动，是专门用来帮助孩子计划他所要做的事并想好会用到哪些材料的。

解决问题游戏

这个游戏随时可玩，比如，开车的时候、等开饭的时候。游戏的原理是预设各种随时可能发生的情景，想象这些情景中需要用到哪些材料，通过反复提问，让孩子不断加深印象，比如下面这些问题（当然，你设想的情景应该切合你家和你孩子的实际情况）：

- "如果现在下雨，你需要穿什么？"
- "如果要缝衬衫扣子，你需要用到什么？"
- "如果去海边，我们要带些什么？"
- "如果手指划破了，但不太严重，你该怎么做？"
- "如果在外面过夜，你的洗漱包里应该装些什么？"

记住，当孩子在准备进行某项任务需要的材料的时候，你要摆正自己的位置，不要再做一个帮忙拿东西的家长，而要做一个提出问题的家长。在恰当的提问下，孩子很快就会养成独立准备材料的习惯。

3. 先做什么，再做什么？

面对一项技能任务，孩子有时会觉得无从下手，或者虽然开了头，却不确定接下来该做什么。如果你总是因此而帮他完成这些步骤，尤其是起始步骤，那你就是在阻碍他独立完成该项技能，即便他已经知道什么时候该做什么，也知道如何准备好相应的材料。

比如，也许你会：

- 帮他将毛衣提前摊在床上
- 帮他将鞋带弄松，好让他更顺利地穿鞋
- 给他穿好针线
- 帮他换掉旧的剃须刀片
- 帮他打开洗澡水龙头

虽然你的这些操作在孩子学习技能动作时曾起过很大的帮助，但眼下已不再适用了。你现在首先要做的是觉察你给孩子的这些帮助。觉察后，再试着将它们逐渐撤除。

在这个过程中你还是要用到提问法。比如，当孩子从鞋柜取出鞋子后，你可以问："穿鞋子前，你需要做什么？"又比如，当剃须刀刀片需要更换时，你可以问："你觉得刀片还够快吗？"

当然，很多情况下，只是提问还不够，你还要将起始步骤原原本本地示范给他看，当他逐渐掌握这些步骤后，才能真正脱离你的帮助。这个逐渐退出的过程，你可以按照下面的步骤完成。

- 首先，示范第一个步骤，让孩子在一旁仔细观看。你将动作过程缓慢地、详细地、大声地描述出来。
- 然后，手把手引导他完成整个步骤，并大声说出他正在做的每一个动作的名称。
- 接着，让他试着自己完成这个步骤，你只用语言进行指导。
- 最后，完全撤除指导，他已经可以自己完成这个步骤了。

穿运动鞋的第一步

每次杰西准备穿运动鞋的时候,妈妈总是第一时间帮她把鞋带弄松。现在,到了让她独立完成这一步骤的时候了。妈妈首先进行示范,让杰西仔细观察,并认真听自己讲解。连续几天以后,她让杰西试着自己来做,需要时也会给她必要的帮助。不久,杰西就会拿起鞋子,自己松鞋带了。学会穿鞋的第一步之后,她又用同样的方法学会了其他各个步骤。

4. 怎样才算做完、做好了?

现在,孩子已经有条不紊地学习了什么时候该做什么、需要哪些材料以及如何开始。他还不知道的是,任务怎样才算完成了。

我们这里提到的大部分自我管理技能,孩子都可以通过镜子来检查完成情况。你的任务是教会他自己对着镜子做最后的检查。想让这一过程简单、高效,依然离不开引导性提问"我有没有遗漏什么?""我穿对了吗?""看起来还好吗?"

镜子,镜子,告诉我

"好了吗,罗西娜?我们来看看,手干净吗?脸干净吗?"
"都很干净。头发也梳过了,发带跟衬衫也很配……"

起初,你可以和孩子一起站到镜子前,一边提问,一边一起检查他的穿着和梳洗情况。到最后,你可以让孩子试着自己提出相同的问题,让这些问题引导他完成自我检查。

一开始，你可以将所有检查要点罗列成表，贴在镜子边提示他。你也可以找一张别人甚至他自己精心打扮过的照片，让他对照上面的形象，检查自己的外表。

现在，请回想一下你在"教授独立"一栏中填写了哪些技能。想一想，在这些技能的运用中，你该如何减少对孩子的帮助，用提问的方式引导他实现独立。

形成生活常规

你之前在"形成生活常规"项目下列出的技能，主要是孩子已经可以自己完成，但还需要提醒，尚有待于发展成常规的技能。所谓"常规"，是指孩子无须任何提醒就能以恰当的顺序将一项以上的技能完整地执行完毕。训练常规如同制造锁链，孩子已经掌握了许多独立的环节，现在他需要学着将这些环节以恰当的顺序连接起来。

所有常规的关键都在于两个环节的连接处，比如，刷牙洗脸完毕，该整理床铺的时候；床铺整理完毕，该穿鞋子的时候……这些活动更替交接的当口，正是孩子最需要你的时候。你要给他提醒，给他暗示，督促他，帮助他。很多时候，孩子在很好地完成一项任务之后，往往就开始无所事事，如翻翻杂志、发发呆等，即便他完全知道接下来该做什么，在你提醒之后也能很轻松地完成。培养孩子的生活常规，最主要的就是培养孩子将一件事的结束与另一件事的开始联系起来的能力。你要教他学会自问"接下来做什么"。让他自己找出答案，胜于直接告诉他该做什么。"接下来做什么？"这个简单的问题，很适合孩子平时用来自我提醒。

接下来做什么？

昆西穿好短裙，又一屁股坐到了床上。妈妈从屋外看到了，差点像往常那样脱口而出："昆西，穿衬衫！"但她及时回过神来，只说了一句："接下来做什么?"这一次,妈妈还需要指一下衬衫,但这样的提示很快就不再需要了,仅仅提问就足矣。

一开始,你也要像昆西妈妈那样,提示或暗示孩子接下来做什么,让孩子明确地知道问题的答案。有一种有效的提示方法,那就是让孩子每天以同样的顺序完成各项生活自理活动,直到他熟练地掌握这些流程。这样,一项活动结束本身就会成为下一项活动开始的提示。

另一种提示方法是记录表打卡。将常规活动以图片或文字形式列成表格,再将表格张贴到活动场所附近的墙上,每完成一个任务就打钩标记。逐渐让孩子自己完成打卡任务,打卡时下一项任务的图片或文字会给他应有的提示。就这样,他会渐渐脱离你的提示,而你也能渐渐从任务中撤退出来。一段时间之后,他甚至都不必如此依赖记录表了,日常活动的自然节奏就足以提醒他接下来该做什么。

记录表

我们多次谈到了记录表。这一次,我们来研究一下如何利用记录表引导和奖励孩子的行为。

1. 让孩子参与制作记录表的全过程。鼓励他一起讨论记录表的使用方法,和他一起动手制作记录表,并将制成的表格贴到墙上。

2. 记录表要尽量简单。最好的记录表一定是简单的、方便使用的。虽然绚丽的颜色或特别的图片会使之更加醒目,但真的没必要费太多心思去制作花哨的表格。记录表应在需要时方便修改,在完成全部打卡任务后方便换新的。

3. 记录表应随时可见。最好放在相关活动所及之处,放在孩子够得到的地方。如果把它收进柜子或抽屉,它基本也就失去了意义。你可以将它贴在冰箱门上。

4. 保持热情。只有当你觉得打卡记录这件事重要,它才会对孩子产生意义。有些家长容易三分钟热度,虎头蛇尾,记住,记录表要取代的是你给孩子的提醒,而不是你的热情。

以下是某个孩子的晨起常规,也是记录打卡的内容,具有提醒"接下来做什么"的功能。

1. 洗脸洗手
2. 刷牙
3. 梳头
4. 穿衣服
5. 穿鞋子
6. 整理床铺

玛丽的记录表

"太好了,今天吃煎饼!"哥哥和姐姐欢呼起来。格兰姆斯太太给第一炉饼翻了个身,心想:玛丽终于可以让我喘口气了,有时间给孩子们做想吃的早点,真是太好了!

	玛丽						
	周日	周一	周二	周三	周四	周五	周六
🧼	✓	✓	✓				
🪥	✓		✓				
梳子	✓	✓	✓				
衣服		✓	✓				
鞋子	✓	✓	✓				
床铺							

正想着，玛丽进来了，手里拿着记录表。她早上洗脸刷牙后，格兰姆斯太太已经给她打过两个钩了，现在她又有三个钩可以打了，它们分别是：梳头、穿衣服、穿鞋。

格兰姆斯太太对老大、老二说："等我一下，玛丽要铺床了。"因为玛丽还没有完全掌握铺床的技能，格兰姆斯太太要去帮一下忙。

"用不了多久，玛丽就会像你们俩一样，什么都可以自己做了！"

假以时日，玛丽还可以学着给自己打钩呢。她的记录表最终会变成一张只有文字，没有图片的小卡片。像以往一样，在每张卡片上打完钩以后，她就可以按照事先的约定，得到应有的奖励。当然，终有一天，即使没有卡片，没有特殊的奖励，她也能正常地完成晨起常规任务。

现在，想想你之前在"形成生活常规"项目下列出的技能。对于这些技能，你能想办法使用提问法（"接下来做什么？"）和记录表打卡法顺利地帮助你的孩子从一项技能过渡到另一项技能吗？

最后的话

我们在本章提到的教学建议不如前面几章具体周到。我们留出了更多的余地，让你自己将一般性的策略灵活运用到你的教学中。我们也知道，这事说起来容易，做起来难。对孩子有更高的期待，意味着要承担更多失败的风险，而抱有多高的期待才合理，也从来都是一个难题。激励有特殊需要的青少年主动做事绝非易事（事实上，所有青少年都如此），也许你一开始就举步维艰，恨不得立刻撂挑子。减少帮助起初也可能意味着增加负担，你必须密切观察孩子，耐心等待他完成任务，并容忍他不够完美的表现。

但是，让孩子更加独立，是一个值得为之努力的目标。相信你们都有这样的共识。前路也许变化莫测，不能一帆风顺，但如果你能坚持运用我们教你的策略，总有一天，你会看到孩子独立践行越来越多的日常自我管理常规，到那时，你将感到无比自豪。

第 13 章

生活独立：居家管理技能

本章主要讲述如何提高孩子的独立居家管理能力。除了几个关键性区别，我们的教学策略与前一章的自我管理技能的策略基本相似。正式进入主题之前，我们再来看一看在第 12 章出现过的吉姆和艾莉森的故事。从故事中我们可以看到，即使在短短一个小时之内，孩子也可能会遇到许多居家管理方面的挑战。

日常的一天（续）

艾莉森冲进公寓，手里拎着购物袋："惨了惨了，吉尔，快点帮我，吉姆要过来吃晚饭……今天周五，记得吗？……家里乱死了！"

"吉姆，哪个吉姆？"

"拜托，别开玩笑了，真的，已经五点一刻了，他六点就到了。"

"好吧，你做饭，我收拾房间。"

"谢谢你，吉尔。"

吉尔放下杂志，想了一下：扫帚、簸箕、抹布、家具上光剂，还有吸尘器，嗯，工具齐备。她先把垃圾倒掉，整理房间，然后快速扫了一遍地，又插上吸尘器的插头，开始给地毯吸尘。吸尘器的吵闹声瞬间淹没了厨房里锅子的叮当声、橱柜门的砰砰声。艾莉森也已经准备好了做饭需要的东西。吸尘器很快安静下来，上光剂的柠檬香随即在客厅弥漫开来。

日头眼看就要落下，夕阳在客厅拉出斜长的影子，屋里已经焕然一新。艾莉森过来开灯。

"嘿，这里看起来棒极了。太谢谢你了，吉尔。屋里是不是有点冷？"

"有一点。"

艾莉森调高了取暖器的温度。她正要回厨房，门铃响了，5:50，吉姆提前到了！

吉姆一进门就被安排了任务——用电动咖啡机煮咖啡。艾莉森把鱼放进烤箱，又启动搅拌器，准备制作甜点。突然，屋里黑成一片。

"嘿，怎么回事？！"吉尔在客厅大喊，她吓了一跳，又觉得好笑。

"应该是跳闸了。"

之前有过这样的情况。吉姆自告奋勇去楼下推电闸，艾莉森连忙翻橱柜抽屉找手电筒。接着，她迅速关掉搅拌器的开关，然后守在门口，以便来电后第一时间喊话通知吉姆。现在，晚饭眼看要搞砸，看电影也可能要迟到了。艾莉森焦急地看了一眼表，才意识到现在还在黑暗之中，不禁哑然失笑。

吉姆、艾莉森、吉尔已经预演了本章将要讨论的多个领域的居家管理技能。回想一下，他们刚刚做饭的各个步骤，整理客厅时的有条不紊，日常点灯、调温，突如其来的跳闸维修……倘若给他们多一点时间，屋里再多几个插头，想必他们还会把整周的衣服洗了，完成本章涉及的另一项居家管理任务。这几位年轻人已经形成了良好的居家管理的常规，但这些常规不是一朝练就的，而是经过无数勤勉的练习和耐心的指导才得以实现。

本章谈到的居家管理活动，有很多是你的孩子从未尝试过或根本不会做的。大家平时习惯将各种家务、修理责任交给成人。出于安全方面的考虑，或为了图省事，成人也往往直接包揽下这些任务。但是，这种保护或便利对特殊需要儿童和青少年来说却不一定是最有利的。

居家管理技能评估表

掌握程度：
1. 基础步骤未掌握。儿童还不能完成所有的基础步骤，还需要学习与该项技能相关的某些甚至全部动作。
2. 做决定时还需要协助。儿童可以完成基础步骤，但在需要做决定或判断时还有赖于你的帮助，即还需要你告诉他什么时候该做什么，需要哪些材料，如何开始，是否已妥善完成等。
3. 能独立且很好地完成。儿童可以完成基础动作，也能做出必要的决断，所以你无须再待在他身边。

积极性：
1. 有问题。儿童的积极性不够，需要催促或额外的激励他才能完成技能任务。
2. 没问题。儿童无须特别鼓励就能稳定地完成技能任务。

技能	掌握程度 1 基础步骤未掌握	掌握程度 2 做决定时还需协助	掌握程度 3 能独立且很好地完成	积极性 1 有问题	积极性 2 没问题
清洗打扫					
物品收纳					
倒垃圾、扔垃圾					
扫地					
擦灰					
吸尘					
擦窗或镜子					
拖地					
打蜡					
清洗水槽					
清洗马桶					
清洗灶具					
清洗烤箱					
冰箱除霜、清洗					
清洗并擦干锅具和碗盘					
正确使用洗碗机（如适用）					
铲雪					

续表

技能	掌握程度			积极性	
	1 基础步骤未掌握	2 做决定时还需协助	3 能独立且很好地完成	1 有问题	2 没问题
洗衣					
区分机洗和手洗衣物					
区分干洗和水洗衣物					
区分干净和脏污衣物					
区分浅色和深色衣物					
手洗					
晾晒					
将衣物正确投入洗衣机（会选择洗衣机档位）					
估量洗衣液用量					
使用烘干机					
使用投币洗衣机					
整齐地挂起衣物					
整齐地折叠衣物					
恰当地收纳衣物					
需要时熨烫衣物					
准备食物					
将买来的食物归置收好					
准备餐桌					
清理餐桌					
拿取零食					
准备早餐（冷食）					
做三明治（无须混合食材，无须烹调）					
加工方便食品					
准备早餐（热食，如鸡蛋）					

续表

技能	掌握程度			积极性	
	1 基础步骤未掌握	2 做决定时还需协助	3 能独立且很好地完成	1 有问题	2 没问题
使用烤箱（正确设定温度、时间）					
制作沙拉和甜点					
烹调主食					
烹调全餐					
找到固定放置在某处的食物和餐具，用后归位					
通过商标识别各种罐装/盒装食品					
保存剩余食物					
识别并丢弃变质食物					
识别并使用各种厨房器具：吐司炉					
搅拌器					
开罐器					
咖啡机					
使用各种厨房量器					
更换废旧物品					
更换烧坏的灯泡					
更换卫生间厕纸、香皂					
更换玩具/收音机/手电筒的电池					
更换吸尘器的集尘袋					
更换垃圾袋					
正确使用工具					
活动折梯					
榔头					
螺丝刀					

续表

技能	掌握程度			积极性	
	1 基础步骤未掌握	2 做决定时还需协助	3 能独立且很好地完成	1 有问题	2 没问题
扳手					
钳子					
卷尺／米尺					
绳子（会打结）					
日常调节与维护					
正确插拔电器插头					
根据光线或温度调节窗户、百叶窗、窗帘					
调节取暖器温度					
调节广播、电视（选台）					
维护住所安全（晚上睡觉时、外出期间等）					
整理床铺					
更换床品					
给室内绿植浇水施肥					
给草坪或花园浇水、除草、修剪					
修理篱笆、灌木（如适用）					
拉起或放下防风雨窗					
不用时关闭电灯、电视及其他电器					
打扫落叶					
照顾宠物（饲喂、饮水、清理粪便）					
草坪剪草					
给剪草机加汽油和机油（如适用）					
知道安全使用工具的注意事项（尤其是剪草机）					

续表

技能	掌握程度			积极性	
	1 基础步骤未掌握	2 做决定时还需协助	3 能独立且很好地完成	1 有问题	2 没问题
非日常修理					
修理铰链或把手					
固定纱窗纱门					
断路器复位					
悬挂装饰画					
解决马桶不停出水的状况					
用皮搋子疏通马桶或水池					
修补墙皮裂缝					
修理百叶窗					
去除污渍（地毯、衣物、窗帘等）					
粘补破碎物品					
简单修理眼镜					
解决吐司炉卡顿状况					
接续电线					
用刷子或滚筒大面积涂漆					
用刷子小面积涂漆或补漆					
清理刷子和滚筒					
知道何时该找专业修理工					

评估

首先，与在上一章讲述的自我管理技能一样，你要对孩子当前在居家管理方面的表现以及你对他的协助和引导程度做出评估。评估程序也和评估自我管理技能的程序一样，先大致浏览本章内容，熟悉要点，再完成《居家管理技能评估表》，最后再认真细读本章内容。

至于评估内容，既包括孩子对各项技能的掌握程度，也包括其运用各项技能的积极性。掌握程度分为 3 个级别：尚未掌握基础步骤、已经掌握基础步骤但在做决定或判断时还需要协助、能独立且很好地完成整项任务。运用技能的积极性则分为 2 大类：积极性有问题，即需要催促才能运用该项技能；积极性没有问题，即无须催促就能经常性地运用该项技能。技能掌握程度处于 2、3 级的技能，均需要对积极性进行评估。

完成评估表以后，请将下面"要教的居家管理技能"填写完整。在评估表"掌握程度 1 级"的技能中选择 3 项左右，填到"教授基础步骤"里；再从"掌握程度 2 级"的技能中选择 3 项，填到"教授独立"里；而"形成生活常规"的内容，则可以从"掌握程度 2 级和 3 级"的技能中任选；最后，在积极性"有问题"的技能中选择 3 项，填写到"激发积极性"里。

要教的居家管理技能

教授基础步骤　　　　　　　　　　　教授独立
（现掌握程度 1 级）　　　　　　　　（现掌握程度 2 级）
_____　　　　　_____
_____　　　　　_____

形成生活常规　　　　　　　　　　　激发积极性
（现掌握程度 2 级、3 级）　　　　　（现积极性"有问题"）
_____　　　　　_____
_____　　　　　_____

走向居家管理的独立

《居家管理技能评估表》涉及的活动五花八门，包括清扫房间、洗衣、做饭、使用工具、修理物品……这么多技能，该从何下手，如何开始教呢？

认真评估孩子在不同领域的居家管理技能本身就已经是个不错的开端了。接下来，你可以将在上一章中我们推荐的一般性教学原则，即激发孩子运用技能的积极性、锻炼孩子运用技能时自己做判断与决定的能力、形成生活常规，运用到你所选定的各项目标技能的教学中去。下文所举的例子中，我们无法涵盖居家管理的太多领域，因此，假如我们谈论的是教授清扫房间的方法，那么你要知道，这种方法同样适用于教授洗衣做饭，请注意活学活用。

激发孩子运用技能的积极性

在"要教的居家管理技能"中，"激发积极性"一项下所写的技能指的是，孩子有能力独立完成，但需要相当的督促才能加以运用的技能。老实说，居家管理技能对我们大多数人来说都是无聊又无趣的，所以，与上一章一样，我们要谈一谈如何用奖励来激发孩子运用这些技能的积极性。

在上一章中，我们谈到的激励孩子运用技能的方法包括：你的关注、孩子感兴趣的活动、代币制等。这些方法在这里也都适用。本章，我们会通过几个有关"做家务"的例子，进一步阐明激发孩子积极性的方法，其中有几个方法特别适用于居家管理技能。家务活对孩子来说非常重要，它不仅能让孩子有所贡献，感受身为家庭一员的价值，也能让他养成劳动的习惯和技能，为将来的工作安置奠定基础。

如何选出一项可以经常进行的家务活动呢？首先，要考虑孩子已经掌握了哪些技能的基础步骤；然后，想一下你家每天有哪些家务活可做，不要为了让孩子有活可干而人为地制造任务；回到《居家管理技能评估表》，找到同时满足以上两个条件的某项家务活动。此外，你还可以再选出 1 或 2 项不太需要经常做的家务活，比如，倒垃圾、归置食物等，进行同步的训练。

选好要训练的技能后，就该制订任务计划了。一个成功的计划应该包括以下三个步骤。

1. 让孩子参与制订计划
2. 制订任务记录表
3. 明确报酬

让孩子参与制订计划

在选择训练任务时，尽量让孩子一起参与讨论。你可以给出建议，让孩子自己选择。你们需要就家务种类、家务频次以及任务报酬达成一致。你们可以约定，先试行一周。在这一周里，你要跟孩子多多沟通，了解计划的运行情况，同时也要让孩子明白，他承担的是切实的责任，每一项任务都很重要。

制订任务记录表

制作一张任务记录表，将它贴在墙上或随身携带。孩子每天或每次完成任务后，你（孩子更好）在表上打钩标记。记录表是一种提醒，为了让孩子知道有任务要做，同时也是他领取"工资"的重要凭证。还有一种比打钩更好的方法，就是给每日的工作表现打分，比如：

0＝没有做

1＝做了一点或需要督促

2＝表现良好

3＝表现优秀

如果你的孩子（无论是儿童还是青少年）已经到了适用本章内容的程度，那么他应该有能力理解并使用这样的计分法了。这一方法还能让他更加直观地认识到自己表现的好坏。你要经常跟他解释为什么他得了这样的分数，哪里做得好，哪里还需要改进。一段时间后，他就可以熟练掌握这一方法，开始给自己打分，并说出给分的理由。

使用任务转盘

还有另外一种选择，是不固定任务，在多种不同任务间轮流切换。为此，你需要制作一个简单的小道具——任务转盘。任务转盘上标有多项工作任务，你们可以通过转动指针，决定未来一周孩子要负责哪一项家务活动。

任务转盘的制作方法并不复杂。用纸板剪出箭头状指针，固定到一次性纸盘的中心，然后在纸盘边沿写上或画上不同的工作选项即可。使用任务转盘的优点在于任务的多样性。比起单一任务，多种任务的反复切换有助于保持孩子的注意力，也能让他掌握不同类型的家务技能。

明确报酬

用报酬来奖励孩子的工作表现，不仅能激发孩子的积极性，还能在不知不觉中锻炼孩子认识和使用金钱的能力。比起直接给孩子零花钱，让他自己赚钱更能促进他的成长。经常让孩子在家劳动，并奖励他的认真勤勉，其实是在为他的未来发展做准备。虽然大家对有特殊需要的青少年的期望普遍偏低，但有时候，较高的期待会让他们走得更远。

发薪日

黛比每天要做三项家务：晚饭后清理餐桌、清洗碗盘并整齐收好、擦桌子。下面是她一周的得分情况（以3分法计分）：

周日	周一	周二	周三	周四	周五	周六
休息	3	1	3	3	2	3

按照爸爸妈妈和黛比的约定，周日是黛比的"休息日"，所以每周六晚上，她总会和爸爸坐下来，根据记录表的得分情况，结算工资。这是个锻炼理财能力的好机会。根据约定，黛比的薪资标准是这样的：3分=75美分，2分=50美分，1分=0美分，0分=0美分。大约一刻钟的功夫，黛比就和爸爸完成了兑换，在将兑换所得零钱数过两遍之后，她又将

美分兑换成了美元。这一周，她总共赚了 3.5 美元。父女俩聊起这笔钱怎么花，黛比决定花 1.5 美元买冰激凌，剩下的存起来，将来买那个她喜爱的手镯。在他们出门买冰激凌的那一刻，黛比显然为自己赚到的这笔钱以及刚刚的决定感到满意。

当然，除了钱，还有其他的报酬方式。你应该记住，表扬是永远不嫌多的，即使已经有了其他奖励，你也应该对孩子的良好表现不吝赞美。你也可以在孩子完成任务以后，奖励他爱吃的零食，和他玩个游戏，或者发放代币以便他日后换取喜欢的东西。总之，你要根据孩子的能力水平和他的愿望，决定报酬的方式。无论你最终选择了什么，你必须要做的，是保证孩子得到奖励，那是他应得的。

如果你打算开始某项家务训练，请回答以下问题。

你和孩子选择了哪一项固定的家务活动？或者你们的任务转盘上准备了哪几项家务活动？

_____

_____

孩子会得到何种报酬？

_____

你们将何时讨论计分及进步情况？什么时候发工资？

_____

形成合约

合约会涉及哪些内容？想想你签过的任何一份合约，你会知道它的基本要素再简单不过。首先，双方一致同意做某事。然后，约定如果双方履行各自的承诺将会怎样，即有哪些奖励。最后，写明万一失信，后果又如何。总之，合约就是一份书面的协议，明确**什么样的行为是被期待的，它会得到怎样的奖励**。

你可以将这些关键因素运用到与孩子的约定中去。就家务活而言，在观察各种基本奖励方式对孩子的作用以后，你可以与他坐下来讨论你的诉求，比如，你希望他进行这项家务的频率，是每天进行，还是一周三次？你们要在合约中写明对对方的期望和要求，也要明确对他的奖励。一个完整的合约最后还应该有一个条款，说明如果某一方在某天或某周未能成功履约，会有怎样的后果。比如，如果孩子某天未能完成任务，有没有弥补的机会？如果某次劳动表现不太理想，可否重来一次并照样得到奖励？

当然，并非所有约定都要落实到文字上。事实上，对于偶发事件，我们通常只进行简单的口头约定（"等你完成任务，我们可以一起玩个游戏"）。而对于需要长期坚持的任务，如打扫房间、饭后洗碗并收好，甚至早上穿衣等，则最好采用书面形式，双方一致同意后签字通过。

如果孩子的阅读能力还不够，就要简化文字，避免干扰。可以利用几张图片加几个简单的词语，合约内容清晰易懂就好。有时，合约还可以与代币制相结合（"如果你一周得到 20 个钩，就可以去一次超市"），而打卡记录表则可以每天提醒孩子你们之间的约定。

让孩子学会在运用技能时自己做决定或判断

为了帮助孩子在运用居家管理技能时做出应有的决定和判断，你需要做两件事。

1. 在日常生活中发现机会，让孩子多多参与居家管理方面的活动。

2. 在完成各项家务活动时，逐渐减少你的帮助与指导，让孩子自己承担更多的任务。

又到了举例子的时间，让我们看看以上策略如何运用到孩子的实际生活中。我们的主人公利兹已经掌握了擦窗户的基本步骤，现在，她的妈妈正在使用提问法训练她独立完成这项任务。

用提问引导独立

妈妈的第一问过于笼统

妈妈:"窗户看起来怎么样?"

利兹:???

妈妈:"窗户是干净的,还是脏的?"

利兹:"脏的。"

妈妈:"那我们现在该做什么?"

利兹:"把它们擦干净。"

妈妈让利兹自己发问

妈妈:"对了!那么接下来,你应该问自己什么问题呢?"

利兹:"我们需要用到什么?"

妈妈:"对了!那么,我们需要用到什么呢?"

利兹:"嗯……那个东西。"

妈妈:"清洗剂?"

利兹:"对。"

妈妈:"好的,我们需要用到清洗剂。还有呢?"

利兹:"厨房纸巾吧?"

妈妈:"很好。厨房纸巾在哪儿?"

利兹:"在厨房。"

妈妈让利兹自己去拿材料

妈妈:"好的,你去拿清洗剂和厨房纸巾。"

(过了一会儿)

妈妈再次让利兹自己发问

妈妈:"好了,利兹,你需要问自己什么问题?"

利兹:"我应该从哪里开始呢?"

妈妈提醒利兹怎样才算圆满完成任务

妈妈："对！很好，你从角上开始擦。那么，怎么样才算擦好了呢？"
利兹："没有污渍！"

利兹妈妈正是通过耐心提问的方式逐渐撤除帮助，引导利兹一步步走向独立。让我们通过下面的例子看看引导独立的四个基本问题是如何运用到扫地这一家务活动中的。当然，其中的建议也适用于其他各种家务活动。

扫地：从提示基础步骤到独立完成

1. 什么时候需要做这件事？

带孩子在屋里走一圈，看看哪些地方脏了，需要打扫。给孩子示范如何仔细查看。最初，可以分别选择地板非常干净、地板明显很脏的时候进行查看。（"今天需要扫地吗？为什么？"）

2. 需要用到哪些材料？

在屋里扫地时，大声说出你们需要用到的工具。（"嗯，我们需要簸箕和扫帚。"）记得对孩子提问。（"地板脏了，我们需要什么工具？"）

作为练习，你可以以游戏的方式教孩子认识各种家务用具。你可以从杂志上剪下各种图片（扫帚、玻璃清洗喷雾、抹布等），让孩子从这些图片中选出某项活动需要用到的工具或材料，比如，你可以问："如果洗车，要用到哪些东西？"转而再问："打扫房间呢？"

3. 先做什么？再做什么？

在孩子开始扫地前，和他讨论先做什么，再做什么，然后做什么，将整个扫地过程从头到尾梳理一遍。然后，按计划逐步引导他完成任务。每一步完成后都问他下一步该做什么。让他从房间一头扫至另一头，若是小房间，则可以从四周往中心扫。

4. 怎样才算完成、做好这件事？

这个问题与第一个问题有很大的关联。让孩子学会问："地板干净了吗？有没有哪里没扫到？"以确保房间的每一个区域都已打扫干净。你可以带他去房间的某几个区域，提醒他问出这些问题。必要的话，给他指出没有扫干净的地方。需要注意的是，即使孩子没有漏扫任何一处，你仍然需要提醒他问出这些问题。

接下来，请你尽早放开手，从这些步骤中逐渐抽身离开，让他自问自答，自己做判断，自己完成整个任务。

形成生活常规

形成生活常规要求孩子在没有任何提醒的条件下，以恰当的顺序，连续完成一项以上的居家管理技能。如果儿童在执行单项技能任务（如扫地、擦灰、吸尘）时能正确提问并做出正确的判断，那么他就具备了将这些技能整合为某个生活常规（如打扫房间）的条件。

居家管理常规在很多方面与自我管理常规是相似的。形成常规的关键，同样在于不同技能的"连接点"，如扫完地，开始擦灰的时候。两者主要的不同在于，居家管理常规中的"连接点"会更加复杂，会涉及更多的材料，在开始、检查、完工各个环节中，需要孩子做出更多的判断和决定。因此，要养成熟练、顺畅的生活常规，你更需要注意教学的系统性。

首先，你要和孩子坐下来讨论某个常规需要完成的所有任务活动，并列出明细。除了确认常规中具体包括哪些技能，你们还要列出各项技能中会用到的材料或工具。（必要的话，可以用图片代替文字。）

下面是打扫房间这一常规可以采用的一种技能顺序,其他常规也可以以同样的思路展开。

打扫房间的顺序

步骤	材料用具
倒垃圾	
将碍手的小件易碎品移到安全的地方	
(擦窗子)	(玻璃清洗剂、厨房纸巾)

如果使用扫帚:

打扫地板和地毯,并清理灰尘	扫帚、簸箕
擦灰(从高处往低处,如先擦玻璃窗、挂画,后擦踢脚线)	抹布(如果要爬高,另备椅子或梯子)
拖地	拖把

如果使用吸尘器:

(给窗帘吸尘)	(吸尘器)
擦灰	抹布
移开家具,给地毯吸尘	吸尘器
把家具归位	

括号中的技能任务不一定每次都需要做。事实上,刚开始训练的时候,可以只安排两到三项技能,待孩子掌握后,再逐渐添加其他技能。请注意,这个常规中的某些步骤,如吸尘,需要经过更多的教学孩子才能完全掌握,因为你可能还需要教他在吸尘器的集尘盒装满后,清空其中的灰尘。

列出技能清单后,让孩子先完成其中第一项技能。这一项应该是他可以独立完成的。你要让他在完成后告诉你,以便和他一起检查完成情况,然后在他的检查表上打钩,并确认下一项技能以及该技能需要用到的材料。一段时间后,即使完全不看检查表，他也应该能够完成打扫房间的任务了。

记住，这一教学策略的关键是常规中每一项的结束都意味着下一项的开始。一开始，你需要稍做提醒（"接下来做什么？"），但随着孩子的技能熟练度的提升，你要逐渐撤除这样的提醒。

其他方法：你也可以用卡片代替检查表。准备一堆卡片，每张卡片对应一项居家管理活动，以图片形式显示该活动及其所需材料。无论训练哪一项常规，你都可以从卡片堆中选出适用的图片，排好顺序，交给孩子。

记得奖励孩子

在你与孩子一起检查常规中各个步骤的完成情况时，要注意培养他仔细检查的能力，以便他早日学会独立评估自己的表现。同时，别忘了给他赞美、鼓励，以及代币和其他各种奖励，呵护他日益发展的独立能力。你还可以请家人一起见证他将一件任务完成得多么出色，让大家都来表扬他。

我们继续来读利兹的故事。在擦窗、吸尘这两件事上，她已经学会对自己提问，并做出恰当的判断了。

逐渐撤除你的帮助

"好了，妈妈。我完成了。"

菲尔兹太太走进利兹的房间，看到玻璃已经擦干净了。

"擦得怎么样？"利兹问。

"好极了，利兹。擦得真干净。接下来做什么呢？"

利兹看了看第二张卡片。卡片上写着"吸尘"二字，旁边是一张吸尘器的图片。

"吸地毯。"

"好，去准备你需要的东西吧。对了，记得先把用过的东西收回去哦。"

利兹拿起玻璃清洗剂和厨房纸巾，向储藏室走去。菲尔兹太太回到电脑前，继续给她的姐姐写信：

"我的教育似乎越来越顺利了。相信不久的将来，她就能自己完成整套常规了,到时候,我只负责检查就好。不过,我现在还总忍不住想伸手帮她,尤其是听她折腾吸尘器的时候。她会不会记得吸一下床底呢?唉,算了,她已经13岁了,该做这些了,相信她可以!我能给她最大的帮助,就是袖手旁观!"

家庭维修

现在我们来看一下居家管理技能的另一个领域——家庭维修,顺便复习一下提高积极性和培养独立性的策略。

在每天的生活起居中,我们需要面对很多事,从对居家环境的简单调节(开关窗、升降温等),到各种日常维护(给植物浇水等),再到解决时不时冒出的意外状况(爆灯、跳闸、墙皮裂缝等),不一而足。平时,这些维护和修理任务差不多是被你包揽的。但如果你能让孩子参与其中,不仅能让他学到更多有用的技能,还能让他明白,发现并解决问题是生活中不可避免的一部分。孩子如果能及时处理生活中各种突发的小问题,也就能避免下面这样的状况了。

防患于未然

晚饭后洗碗是安妮的任务。现在碗已洗好,只剩最后几只盘子需要收进橱柜。安妮一手端着盘子,一手去拉柜门,一使劲,居然把门把手掰了下来。她一个趔趄,三只盘子应声而下,摔了个粉碎。把手之前就有点松动,没想到这么快就掉下来了。眼前的狼藉场面让安妮哭成了泪人。但其实,如果用螺丝刀紧一下把手,这个"悲剧"原本是可以避免的。

我们大部分人是在生活中自然而然地学会各种小修小补技能的，但对某些孩子来说，这些事远没有如此简单。当我们感觉某件事不太对劲但又不明所以，也不知如何应对的时候，是会感到心烦意乱的，孩子也一样。所以，你有必要让孩子学会处理生活中的各种意外状况。你应该将各种简单的修理方法，当作专门的技能传授给孩子。

孩子需要知道的事

教孩子简单的修理技能，与教他们独立完成其他技能一样，也包含四个基本步骤，即提问并回答四个基本问题。

1. 需要做什么？什么时候做？
    a. 发现问题
    b. 知道需要做什么
    c. 知道什么时候该求助于专业人士，该找谁
2. 需要用到哪些材料？
    拿到需要的材料
3. 先做什么？再做什么？
    完成各个修理步骤
4. 怎样才算做完、做好了这件事？
    a. 检查修理结果（如果修理无效，再次尝试）
    b. 将工具或材料收回到恰当的地方

正如你在《居家管理技能评估表》中所见，你可以教给孩子的维护或修理技能是丰富多样的。为鼓励孩子参与这些技能活动，你可以在平时自己从事这些活动的时候，让他先在一旁观看或适当地搭把手，再逐渐过渡到由他代你完成。那么，如何通过结构化的训练，让孩子学会各种家庭维修技能呢？我们推荐你用下面的方法。

"找问题"游戏

"找问题"是一个专门用来教孩子日常维修技能的小游戏。一开始，你最好留出固定的时间专门玩这个游戏，一周至少3次，持续几周，直到孩子掌握要

领。之后，你要逐渐放下这种刻意的训练，转而将问题情境融入生活常规，引导孩子在生活中发现问题，并通过提问解决问题。

需要做什么？什么时候做？

发现问题。玩"找问题"游戏的目的是让孩子发现问题。这些问题是你在家中某个房间或区域刻意制造出来的，比如：

- 将爆掉的灯泡装进某个灯座
- 拔掉吐司炉的插头
- 将一幅画挂歪
- 在天冷或下雨时开着窗
- 将电视或广播声音调得太响
- 将床铺弄乱，或将沙发靠垫放错
- 从卫生间拿走卫生纸或肥皂
- 让植物缺水打蔫（难度较大）
- 关掉电闸（难度较大）

对照《居家管理技能评估表》中关于家庭维修技能的部分，你还可以在家里制造出哪些问题情境呢？不妨写下其中一个吧。

接着，将孩子带到存在问题的区域，对他说："这里出了点问题，你能找出来吗？"必要的话，可以一边查找，一边将孩子带到相关区域或物品前。给他示范如何在区域内进行排查。教他如何查验物品是否正常工作，如何留意各个物品的位置，如何检查物品的情况等。

一开始，孩子会比较缺乏头绪，需要你给他反馈，让他知道方向是否正确。你要想方设法引导他发现问题。可以用明显的问题暗示他，如"假如我手脏了，该怎么办？"（没有肥皂），"要是我想在沙发上看会儿书……？"（没有开灯、靠垫也不见了）。如果他找出了问题，表扬他，给他打钩或奖励。连续多天重复这一游戏，排查同一个问题，同时穿插另外几个小问题，直到他能轻松找出问题所在。

知道需要做什么。当孩子找出问题后，表扬他，再问他："哪里需要修整？怎样修整？我们自己能搞定吗？"如果答案是能，那么再问："我们要先做什么?"每次解决问题的时候,都要记得问这些问题。帮助他给出正确的答案,再逐渐撤除这种帮助。

知道什么时候该求助于专业人士,该找谁。尽管这部分内容不需要纳入你的训练课程,但你仍可以在日常遇到问题时,不失时机地教育孩子。需要修理的东西属于哪个系统,有什么功能,分布在家里的哪些位置,为什么要分布在这些位置,问题可能出在哪里,可以叫谁来修理……这些都是你可以在平时言传身教给孩子的。下面是各种系统相应的专业修理人员。

系统	打电话给谁
水暖管道	水暖工
电话	电信公司
房屋木结构	木工
油漆	油漆工
汽车	汽修工
电路	电工
家用电器	电器修理工

教授以上内容的一个好方法是,将各个系统和相应的修理人员制成图卡(必要的话,甚至可以附上常用的联系电话),让孩子通过玩游戏的方式将它们匹配成对。图片可以在杂志中找,可能需要费点功夫,但他的兄弟姐妹们会抢着帮你做这件事也说不定。其实,只要找对方式,其他孩子往往也很愿意参与到你的教学中来。

需要用到哪些材料?

问孩子:"修理需要用到什么?需要螺丝刀吗?哪里可以拿到?"让孩子先回答这些问题,再把要用的东西找出来。必要的话,可以提醒他去哪里拿,但这种帮助也要逐渐被撤除。如果他自己知道在什么地方，记得表扬他。建议将哪项家务会用到哪些材料或工具，制作成图册或卡片，方便你早日撤除对孩子的帮助。

先做什么？再做什么？

完成所有修理步骤。问孩子："我们先做什么？""好的，然后呢？"然后与孩子一起完成任务，并在后续的教学中继续如此发问。让孩子将步骤一一说出来，这样可以帮助他记住完成任务的正确顺序。

修理技能的训练多数都可以采用第 9 章中提到的逆向串链。你先完成前面几个步骤，只留最后一步给孩子完成。渐渐地，你完成的步骤越来越少，他需要完成的步骤越来越多。最终，他可以从头到尾完成该任务的所有步骤。建议你提前选择两三项要教的修理技能，将它们的主要步骤罗列出来。如换灯泡，我们罗列的步骤是这样的：

1. 确认电灯插头是否插上。
2. 检查灯泡是否松动，顺时针轻轻旋扭，直到拧紧。打开开关，看灯亮不亮。
3. 如果判断原因是灯泡烧坏，取一个新灯泡来。将新灯泡放在安全的地方。
4. 拔掉插头。如果是顶灯，关掉开关。
5. 需要的话，卸下灯罩。
6. 拧下灯泡。（轻轻晃动，仔细听有没有断灯丝的响动声；也可以将灯泡拧到其他灯具上，确认它是否烧坏。）
7. 换上新灯泡，注意拧紧（但别太紧）。
8. 插上插头，试验灯泡。
9. 需要的话，装回灯罩。
10. 将旧灯泡丢弃到安全的地方。

现在，不妨停下来，选择一项修理技能，试试列出你自己的步骤。

怎样才算做完、做好了这件事？

检查修理结果。问孩子："可以了吗？修好了吗？"再补充一句："你怎么知道修好了？"需要的话，让孩子再检查一遍修理结果，如果没修好，再修一次。要鼓励孩子继续尝试，并在需要时求助于人。

只要是涉及问题解决的技能，就都包含一个重要的内容，即知道何时以及怎样求助于人。在尝试修理但最终无果时，比起那些只会哀号、放弃和盲目坚持、徒劳无功的孩子，能够寻求他人帮助的孩子会更加独立。要让孩子体验任务中各种各样的小挫折，并以此为契机，鼓励他恰当地提问。让孩子学会自我评估是你最重要的教学内容之一。经常要求孩子检查他的工作并对结果做出评判。

将工具或材料收回到恰当的地方。对于用过的每一样东西，都要问孩子："这个应该放回哪里？"督促他收回放好。如果你平时把所有工具和材料都归置清楚、收纳有序，那么孩子是很容易将它们正确归位的。如果某种材料用光了，记得及时添置。另外，还是那句话，只在需要的时候提醒和督促孩子。别忘了，你的目标是让他完全独立地完成任务。

小结

当然，在"找问题"游戏中，并非所有技能都需要这么多步骤。如关窗，这项技能既不需要任何材料工具，也不需要细分任何步骤，但修理草坪却不然，它既要用到很多工具，也要按照一定步骤系统地推进。

经过几周的反复练习，孩子应该可以很好地掌握这个游戏。到那时，你可以随时将它融入日常生活。家里一旦有需要调整、维护、修理的东西，就叫上你的孩子，开始玩这个游戏。一段时间后，你们甚至可以互换角色，让孩子来制造问题情境，让他带着你一步一步地解决问题。生活中几乎每天都不缺问题，所以，孩子也永远不缺锻炼的机会。

去露营

"给，迈克，帮我看看好不好用。"戈德斯坦先生把手电筒递给儿子，又转身装行李去了。他们准备去露营。

"不行啊，不亮。"

"是吗，你来修一下，好吗？"

迈克应该可以。经过好几轮"找问题"游戏，他已经训练有素，知道手电筒不亮的原因是什么，也重装过好几次电池了。他应该知道怎么做，也知道去哪里找替换电池。

过了一会儿，戈德斯坦先生"漫不经心"地看了看迈克，他已经"修完"了手电筒，正在检查好不好用。结果还是不亮。迈克认真地拧下电池盖，拿出电池，换个方向，重新装了回去。

"修好啦，爸爸！"

"做得好，迈克，谢谢你！帮我放到汽车前面的储物箱里，好吗？然后过来帮我叠帐篷。"

最后的建议

- 在尽可能不受干扰的环境下教学。一段时间后，等孩子习惯了这个游戏，再让家人一起来玩。
- 务必将修理任务需要的材料和工具放在固定的地方，保证孩子能够顺利找到。
- 确保孩子看着你、认真听你讲解。一开始可以让他重复你刚刚说过的话，确认他在认真听讲。
- 如果你采用了记录表打卡法或代币法，提前备好表格或代币。每当孩子在游戏中顺利完成一个步骤，注意及时打钩或发放代币。
- 若孩子注意听讲、听从指令，打钩奖励；若孩子做不到，不予奖励。（"我不给你打钩，因为你刚才没有好好听我讲话。我们再来一次，好吗？"）
- 提前准备好奖品，方便孩子随时兑换。

第 14 章

生活独立：实用性学业技能

想象你身处异乡，那里的钟表、指示牌、价格标签、电话按键你全都看不懂。对你而言，它们只是一堆杂乱且无意义的图片。你当然会为此而感到迷茫，甚至感觉无力。还好，你是在自己的世界，看得懂时间，清楚各种标识和价格标签，也知道如何打电话。总之，你能利用这些信息资源，在社会中游刃有余地生活。倒是你的孩子，却很可能每天都处在那种想象的境地里。发展他利用这些信息资源的能力，对于提高他的独立性同样有着至关重要的作用。

本章将要讨论的，正是教孩子实用性学业技能的一般性策略，希望孩子在掌握这些技能之后，能更加独立地生存于社会之中。我们将重点谈论如何通过代币制促进技能的养成和运用。与此相关，我们在附录 E 中详细介绍了三大实用性学业技能的分步教学方案。

- 常用词认读
- 时间认读
- 金钱的使用

当然，除此以外，在生活中，孩子必备的类似技能还有很多，比如，使用遥控器、使用视频播放器、打电话、查看公交班次、使用电脑等。这些技能全都需要采用分步法进行教学。

一提起实用性学业技能，你也许就会联想到学校。毕竟，认字和使用钱币难道不是学校应该教的技能吗？对，话是没错。但实际上，很多孩子在经过多年的学校教育以后，在这些方面仍是一知半解。原因之一就在于他们在分组教学和集体教学中，得到的关注远远不足以让他们学会这些技能。他们需要接受更加系统化、个别化的教学。

与之前讲到的自我管理技能和居家管理技能不同，实用性学业技能的学习

通常需要在结构化的教学中才能达到最佳的效果。所以，我们建议你每周至少安排 3～4 天，每天 10～20 分钟的教学时间。当孩子通过你的课堂教学掌握某项技能的大部分内容后，你就可以开始将它融入孩子的生活常规，在日常生活中进行进一步的训练。

关于教学策略，本书已有颇多论述，让我们来简单复习一下。

确定教学目标

该选择哪一项实用性学业技能作为教学目标呢？首先，孩子有没有对哪项技能显示出特别的兴趣和尝试的意愿？留心观察（他可能已经有所尝试，也可能直接对你表达过想要学习的意愿），找到这样的技能。也可以看看，孩子在哪项技能上有更多发展进步的空间？哪项技能孩子至少已经学会了开始的几步？你可以将这些技能作为教学的首选目标，因为教授这些技能更容易取得成功。

在选择教学目标时，还有一点特别重要，那就是与孩子的老师保持沟通（详见第 19 章）。你可以听听老师的意见，以孩子目前的能力水平最适合学什么。这样做的另一个好处是保证家校的教学不存在相互抵触的情况。

将技能分解成小步骤

只是选择了恰当的技能，还不足以保证孩子一定能够学会。为了获得成功，你还必须将技能分解成多个独立的步骤，并按照合理的顺序教给孩子。不要要求孩子马上学会整项技能。

在附录 E 的教学方案中，我们对每一项技能都进行了步骤分解，但有些步骤可能还分得不够细致。如果你发现孩子在学习某个步骤时表现困难，那么记得要对它做进一步的分解。

为成功做好铺垫

要重视教学的各项准备工作，尤其要安排好教学时间、教学场所和教学材料。

在什么时候教？

提前计划好每天的教学时间，不要与其他孩子的时间相冲突，不要挤占孩子最爱的电视节目时间，尽量避开家人上学上班的高峰时间。总之，要保证教学尽可能地不受干扰。

在哪里教？

有些技能，平时在哪里用，就在哪里教（如打电话）；有些技能，需要先在家中最不受干扰的区域，以课堂形式展开训练，然后出门实践（如常用词认读、金钱的使用技能等）。

要用到哪些材料？

课前准备越充分，孩子的学习效果越好。每一项实用性学业技能都需要用到特定的教学材料，如词卡、钟表、硬币等。可以准备一个专门的箱子，将所有教学材料分门别类，整齐地收纳其中。

需要怎样的心态？

对特殊需要儿童/青少年的教育是一个缓慢而艰难的过程。如果你心态积极、目标现实，将会对教学产生很大的帮助。切忌好高骛远，否则不论成人还是孩子，都注定会失败。记得小步渐进，并随时准备接受不可避免的停滞和倒退。你的教学能否成功，在很大程度上取决于你能否迎难而上、持之以恒。当然，也不要期望过低，孩子每掌握一个新的步骤，就要鼓励他学以致用。

解说-示范-辅助

你已经选定了目标技能，将它分解成了小步骤，也做好了各种教学的准备。接着呢？如何切实展开教学？如何让孩子参与到你的宏伟蓝图之中？

事实上，孩子或许连眼前你想要他做什么都不太明白。所以，你要明确地告诉他要做什么（语言指导），并让他看到怎么做（步骤示范），或许还要给他手把手的引导（肢体引导）。

语言指导：解说

用尽量简单的语言让孩子知道，他必须做什么才能完成任务。为此，你需要使用他听得懂的词汇，给出尽量简单的指令。在给出指令前，要确保孩子在专心听你讲话。指令要始终保持一致，教学用语也要保持一致。

以身作则：示范

只是告诉孩子做什么也许还不够，你还要将动作慢慢地、夸张地示范给他看。当他能越来越独立地完成该步骤以后，又需要渐渐减少示范，回归到单纯的语言指导。

给予帮助：辅助

辅助是指给孩子一点暗示（如用手指、身体碰触或口头提醒），帮助他顺利完成任务。比如，教在以5为单位的钟面上数分钟数时，你可以用手指给他看从哪里开始，然后跟他一起数（"5、10、15……"）。与示范一样，辅助也要逐渐撤除，适可而止。

奖励：代币制

也许你还无法将在前面几章讲述的各种信息和教学策略整理出清晰的脉络，还不能将它们用于指导某项具体的技能教学，没关系，我们还有教学实例，让我们来看看哈里森家是如何进行时间认读教学的，又是怎样使用代币奖励的。

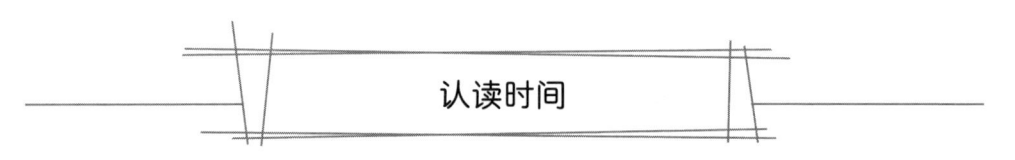

认读时间

终于等到这一天了！整整两周，布莱恩终于攒够了代币，可以去买那个豪华版的飞机模型了！哈里森先生不由得想起当初与布莱恩一起将这一心愿加入奖励清单时的情景，最初决定在家实行代币制好像还是不久前的事……

几周以前……

吃完晚饭，洗好碗盘，到了上时间认读课的时候了。哈里森先生像往常一样拿出教具——一个玩具钟、两张打卡表（每张表上都有八个空格）、一支笔。不过，今天有一点不同，他多拿了两个红色筹码币，只要在一张表上打满钩，布莱恩就可以得到一个筹码币，两张都打满，可以得到两个。一个代币可以兑换一份甜点或一杯果汁。

以孩子可以轻松解答的问题开始，最初的奖品设置尽量简单

"好的，布莱恩，看来你已经准备好了，我们开始上课吧。来看看你今天能不能让卡片打满钩。可以开始了吗？"

"耶！"

"好的，钟上是几点？"

"8点整。"

"好样的，儿子！给你今天的第一个钩！"

最初要及时把钩兑换成代币、代币兑换成奖品

哈里森先生在卡片的第一个空格里打了钩，又接连复习了好几个问题。如他所料，这些问题布莱恩全都能答出来。10分钟不到，第一张卡上已经打满了钩。

"相当不错，布莱恩！你回答得很认真，一张卡片已经满钩了。如果你给我卡片，我会给你一个代币。"布莱恩开始有些犹豫，所以爸爸给了他一点鼓励。

简单解释代币的意义

哈里森先生解释说："布莱恩，这是给你的代币。它就像钱一样，可以用来买好东西。你现在可以用它买一杯果汁，或者一份甜点。你要哪个？"

"都要，行吗？"

"还不行。你看，每样东西都要花一个代币，你现在还只能买一样。但如果你继续答题，再赚一个，就可以买另外一样了。"

"好吧，那我要果汁。"

"好的，布莱恩。给我代币，我会给你一杯果汁。"

他们完成了二次兑换。布莱恩开始享用他的果汁。哈里森先生则舒了一口气，庆幸他们实行代币制能有如此顺利的开局。

遵守定下的规矩

布莱恩喝完果汁，哈里森先生提醒他甜点的事，问他要不要再赚一个代币。两人决定继续。几分钟后，布莱恩答完几个比较难的题，赚到了第二个代币，成功兑换了一个巧克力布丁。

再次表扬儿童表现出色，能赚到代币

爸爸表扬他认真答题，还赚了两个代币。课程圆满结束，父子俩都很开心。

布莱恩对代币的热情鼓舞了哈里森先生，他认为可以将代币制推广到其他日常技能的训练中。他和哈里森太太及布莱恩一起，列出了布莱恩已经会做但还经常需要提醒才会去做的日常活动清单，并商定了每一项活动可以赚取的代币数量。还另外标明，假如布莱恩不用提醒就能独立完成某项技能，可以额外多得一个代币。

技能	可得代币数	
	需要提醒	不需要提醒
起床后整理床铺	2	3
吃完早餐后将餐具放到洗碗池里	1	2
拿取当天所需材料	1	2
晚餐前准备餐桌	2	3
晚课	2	3
合计	8	13

以上表内技能，哈里森夫妇确定布莱恩都可以完成。事实上，整理床铺和准备餐桌这两项，他们最近已经在慢慢撤除对他的帮助了，但他们还是就表上内容和布莱恩再次进行了仔细地确认，确保他清楚各项技能对应的代币值，也明白想要获得额外的代币应该如何努力（"你必须自己去做"）。沟通完毕，这张表格被贴到了布莱恩房间墙上醒目的位置上。

下一步就要准备另一个列表——奖励列表。与之前一样，全家人坐在一起讨论哪些东西和活动是布莱恩觉得棒极了的。经过一番友好的讨价还价（遗憾的是去看"超级碗"橄榄球赛还不能列入其中！），布莱恩的墙上多了这样一张表。

奖励	价格
半小时电子游戏	4
额外甜点	5
和爸爸玩接球游戏	8
去麦当劳吃午餐	25
打保龄球	30
看电影	50
豪华版飞机模型	70

哈里森家的代币制预先规定了哪些技能可以参与其中、各项技能分别可以赚得多少代币，并对用于兑换的奖品也都进行了"明码标价"，以免后期可能出现任何争议。奖品有大有小，有些当天就能轻松赚得，有些则需要几天甚至几周的努力才能攒够代币。

所有成功的代币制都离不开清晰而明确的规则，最终，赚不赚代币，在于孩子自己的选择。当然，代币制能否成功，还要看奖品是否具有足够的吸引力，所以，在做各种讨论的时候，记得要像哈里森家那样，让孩子参与。

在家中建立代币制是需要时间的，一开始也不一定能像哈里森家这样顺利，很难做到立竿见影。但是，只要长期坚持，一个设计良好的代币计划终将显示出它强大的作用力。

关于代币制的常见问题答疑

代币制已经在实行了，我还能改动吗？

可以！事实上，我们鼓励你和孩子经常检查代币制的有效性，至少每周一次。首先，检查孩子的进步情况，看他掌握了哪些新技能，或者可以自己主动完成哪些技能了。这些技能要逐渐从代币清单中移除。然后，你还可以看看哪些技能对孩子来说难度太大，需要降低难度要求（暂时先完成一小步）或提高"报酬"（可赚得更多代币）。你还可以看看是否要将其他技能添加到代币清单中。遇到特别的活动，如马戏团表演、在本地举行的运动赛事、特别的电视节目，你也完全可以将它们列入奖励清单。代币制应该灵活多变，密切贴合孩子不断变化的个人需要。但有一点也需要注意，在大家一致同意变动之前，你应该暂时保持原来的规则不变。

我可以将过去"免费"给孩子的东西变成"有价"的奖品吗？

当然可以。你要知道，代币制的一个重要特点，就是它完全受你掌控，规则由你来定。听一张最喜欢的 CD、看一会儿电视、去爸爸的工作间待一个小时、吃零食……所有这些活动都可以作为奖品纳入你的代币经济。事实上，它们中很多都可以成为最有效的日常奖励，所以，赶快用起来吧！

我该怎样给奖品"定价"呢？

没有统一的标准。有些人会把代币当钱来用，比如，1 个代币 =10 美分，但这样做不一定对所有孩子都有效。总的来说，就像哈里森家那样，你必须保持奖品的多样化、定价的多元化。易于交付的奖品应该相对好赚，而特别的奖励，如看电影，则要付出几天或几周的代价才能赚得。

如果孩子特别想要某个奖品，但还差一两个代币，我该怎么办？

这种情况的确让人为难，但答案很明显。奖品一旦标价，就要严格遵守。你要记住，始终如一、持之以恒是良好教育的关键。不过，如果你不得不做出让步，比如，你已经买好了演出的门票，那么，就设法给孩子一两个临时任务，让他真正通过自己的努力赚到需要的代币，以换取相应的特别奖励。

孩子似乎不太能理解代币兑换，我该怎么办？

代币制在前两节课的成功，会很自然地抬高你的期望，有时甚至会让你跃进式地推进代币制。但在初始阶段，代币制一定要保持简单。逐步推进是让孩子掌握代币制最有效的方式。一般来说，在代币制实行的最初几周里，你要将孩子的代币即时兑换成简单的奖品。随后，再慢慢引入奖品列表，丰富奖品选项。如果孩子对复杂化了的代币制感到茫然，失去兴趣，那么就要回到即时兑换模式，随时将代币兑换成零食等小奖品。

请问我该如何鼓励孩子积攒代币？

在使用代币制的过程中，一个主要目标是逐渐取消即时兑换，代之以在固定的时间（如每天晚上、每周一早上），集中兑换一天或一周所得全部代币。为了实行这样的"发薪日"制度，孩子需要学会积攒代币。掌握这一习惯是一个循序渐进的过程。一开始，在即时兑换时，你要让孩子每次留下1或2个代币作为"存款"，两三天后再进行集中兑换。接着，逐渐提高要求，让孩子每次留出更多"存款"、等待更长时间再进行兑换。另一个有用的方法是以涂格子的方式记录代币"存款"的不断增长。每次攒到新代币，就给相应数量的空格涂上颜色，这样，孩子可以直观地看到代币的不断增长以及与心爱的奖品之间的代币距离。

孩子要永远依赖代币制吗？

当然不！实行代币制的目的是鼓励孩子学习新技能并多多运用已经学会的技能。所以，一旦孩子掌握技能并能经常运用，你就可以逐渐取消代币制了。只是不要操之过急，要谨慎，要慢，就像当初它被逐渐建立起来一样。举例来说，当孩子掌握技能清单上的某项技能以后，你就要告诉他，只有他越来越独立地完成这项技能，才能得到同等数量的代币奖励。等到他完全掌握该项技能，你就可以将它从代币清单中彻底删除。从此以后，孩子要在日常生活中自觉运用该项技能并形成常规，而代币奖励也将被更多的"自然"奖励（表扬、成就感）所取代。

不过，我们也应该记得，有些活动对于儿童和青少年来说是没有乐趣可言的，比如，整理床铺、扔垃圾、洗碗，就算成人也无法乐在其中。很多孩子在承担这些家务的时候，是可以拿到零用钱的。也许，当你的孩子掌握了一定的自我管理技能和居家管理技能并学会用钱后，你也可以用定期发放零用钱的方式代替代币制。

学以致用

在开始教学之前,还有最后一点要提醒你,那就是你教给孩子的技能,如果对孩子毫无**实用性**可言,即不能在他的日常生活中得以实践和使用,教学就会失去意义,就算孩子学会了,也无法长久保持。所以,在集中训练之外,你要留心并抓住生活中的每一个机会,让他学以致用。比如,外出就餐时,让他去结账,和他一起清点找回的零钱;开车上路时,带他识别各种路面标识;不时地问他:"现在几点了?"

第三部分

问题行为管理

第 15 章

识别问题行为

当智力障碍遇上情绪或行为方面的问题，这种"双重诊断"（dual diagnosis）无论是对儿童本人、家庭还是教育服务机构来说都意味着更加严峻的考验。行为问题也因此成为特殊需要儿童家长的重要关切，甚至可能是最重要的关切。许多家长表示，这些问题给日常生活带来的压力，往往比智力障碍本身带来的压力还要大。

问题行为在发育迟缓的儿童中比较常见，即使是 3 岁的发育迟缓幼儿，出现具有临床意义的问题行为的概率，也是同龄普通儿童的三倍。即使在早期，问题行为也会限制儿童的发展和机会。如果放任不管，问题不仅会继续存在，还可能随年岁增长日益严重。

要改变儿童的问题行为绝非易事。各种基因性综合征往往会伴随特定的行为问题，这些问题不仅出现率高，而且极难改变。事实上，只要存在智力发育迟缓，儿童的任何学习都会变得困难，学习正确的行为方式当然也不例外。

是的，改变问题行为绝非易事。也许，和许多家长一样，你已经通过自己的尝试（无论成功与否），深刻体会了这一点。你甚至因此而犹豫是否要从头再来一遍。但你不妨调整策略，按照我们的方法，再试试看。许多家长的经验表明，这些方法可以有效地改变孩子的问题行为，虽然过程也很艰难，但他们最终都成功地减少了儿童的问题行为，相信你也可以。

与其他章节一样，本章介绍的方法也需要你根据孩子的实际情况灵活运用。我们绝不妄言能对所有问题行为都给出确切的解决方案，因为那是不可能的。我们给你的是看待和减少问题行为的一般方法，让你在教育过程中有路可循。

识别问题行为

你首先要做的是确认孩子到底有哪些问题行为。当然，这一任务听来简单，实则困难。有些问题行为比较明显，如打人、尖叫、跑开，因为这些问题显而易见，所以比较容易被定义为问题行为。但也有一些问题行为会比较微妙，比如，你一离开他就哭、漫无目的地四处游荡、拒绝听从指令等。我们来看看什么样的行为可以被定义为问题行为。

根据我们的经验，问题行为可以简单地归为三大类：影响学习的行为、影响现有技能发挥的行为和影响家人或危害儿童自身的行为。

影响学习的行为

"只要父母教她认识图片，艾琳就大呼小叫，将教具一股脑儿地推开。"

艾琳在遇到新的学习任务时，最容易出现这样的问题行为。她的叫喊和不配合使得教学几乎无法继续，学习进程一再被耽搁。这种不良行为是孩子对学习说"不"的一种方式，成人往往会因此而放弃教学。

当然，不仅这些特别引人注意的激烈行为会限制孩子的成长，摇晃身体、漫游闲逛、沉迷于某一物体而长时间呆坐等行为，也会让孩子错失许多学习的机会。

影响现有技能发挥的行为

"妈妈必须在旁边盯着、不停催赶着，萨拉才能自己穿上衣服。"

萨拉已经学会了穿衣服的所有步骤，但她总是拖拖拉拉，以至于大家总忍不住要帮她。她很享受来自家人的这种关注，但她妈妈特别恼火，因为穿衣服这件事她完全可以也应该自己完成了。

影响家人或危害儿童自身的行为

"每天临睡前,杰姬总是哭闹不止。"

这样的折腾让其他孩子无法入睡,父母则需要夜夜相陪,直到她睡着为止。所有人都不胜其烦,甚至害怕这一刻的到来。

问题行为常常会让家人做出妥协,放弃他们原本想要的生活。由于照料人或保姆无法应付孩子的问题行为,有些父母只能卸下一部分工作,甚至不得不辞职在家。因为孩子的不受控行为,很多家庭想睡个安稳觉、想全家人一起外出、想走亲访友、想保持怡人的家居环境而不得。因为孩子的强迫或冲动行为,有些家庭甚至不得不采取非常措施,如在院子围起栅栏、给冰箱上锁、供应特殊饮食等。为了迁就孩子的恐惧情绪,还有的家庭不得不保持卧室整夜通明、把小狗送走、取消和牙医的预约,或做出其他种种让步。

想必这些状况很多也会发生在你家,这三大类问题行为中,你的孩子多少会占上一两项。在讨论问题行为之前,我们想介绍一个管理问题行为的重要技能,那就是越过行为本身,考察行为发生的前后情境。

A-B-C 模式 ①

行为不是平白无故发生的,无论是可接受的行为,还是问题行为,都在一定的情境中发生。举个简单的例子,"她打翻了手指画颜料",这个短句很清楚地告诉了我们发生了什么,对吧?但也许未必。想知道究竟发生了什么,我们必须越过对行为的轻描淡写,考察行为发生的具体情境。

比如,行为发生的背景可以帮助我们理解该行为恰当与否。"她打翻了手指画颜料",是发生在游戏室的画桌上,还是在客厅的地毯上?情况不同,对行为的解读也会截然不同。

而行为带来的后果则有助于我们预测该行为再次发生的可能性。"她在画桌上打翻了手指画颜料",可能的后果是"妈妈告诉她不要让颜料滴到地板上",

---

① 译注:A-B-C 即 Antecedent-Behavior-Consequence,前提–行为–后果。

或"妈妈帮她将颜料涂到了纸上"。

如此完整地考察行为发生的前后情境，可以让我们对行为本身有更深刻的理解。事件的前提（事件发生的背景、之前发生过什么）和后果（事件伴随了怎样的结果）是全面理解一个行为必须考虑的因素。

这种综合前提、后果理解行为的方式，我们称之为 A-B-C 模式。理解了行为的前因和后果，我们就能更准确地预测出该行为继续发生的可能性。

关于行为后果，我们需要记住两条简单的规则。

1. 能带来愉快结果的行为，再次出现的可能性较大。

2. 不能带来愉快结果或会带来不愉快结果的行为，再次出现的可能性较小。

知道了行为的前提和后果及其对行为的共同影响，我们也能对行为做出更加系统有效的管理。这是行为管理的核心思想，也是我们判断某种方法是否可以为你所用时经常考量的因素。

在深入了解减少问题行为的方法之前，我们先在脑海里建立一个大概的印象，下面我们来读一下盖瑞的故事，看看他的家人是如何纠正他在就餐时的问题行为的。这个案例取材于真人真事，是根据孩子父母的口述提炼而来，但它完美体现了 A-B-C 的概念，也将引出后文谈到的几个观点。

盖瑞的故事

盖瑞妈妈说："每次吃饭，我们都很头疼。盖瑞每隔几分钟就会突然从椅子上站起来，钻到桌子底下，或者在厨房晃悠，把抽屉一个个打开，把里面的东西全都倒出来。如果我们强制他坐下，他就大哭大喊。总之，没有一顿饭是能让人安心享用的。"

为了更细致地了解盖瑞的问题，他的家人根据我们的要求，对他的行为进行了为期一周的记录。在这一周里，他们保持了原来的用餐习惯，但是会记下盖瑞每次站起来之前，在椅子上坐着的时间。一周以后，他们将每日记录到的分钟数相加除以 7，得出盖瑞每天坐着用餐的平均时长。不过，由于周一午餐时他们忘了记录，所以午餐用餐时长的最终平均结果是总数相加除以 6。下面是他们的记录明细。

盖瑞起身前的用餐分钟数

	周日	周一	周二	周三	周四	周五	周六	平均
早餐	18	15	10	13	12	14	16	14
午餐	19	—	11	13	16	16	15	15
晚餐	3	2	5	7	3	4	4	4

对于这个记录，盖瑞妈妈解释道："这是比较寻常的一周，但结果很让我吃惊。盖瑞在晚餐时没几分钟就站起来了，与早、午餐形成鲜明的对比，他基本能坐着吃完早餐和午餐。这样的反差，我之前居然没有注意到！仔细想过之后，我才意识到，晚餐时我先生会回家吃饭，我们总是边吃边聊，而早餐和午餐时，我基本只关注他一个人。没错，每次他站起来时，都恰好是我和乔正在聊天的时候。"

当全家人的注意力不在他身上时，盖瑞就会出现问题行为。也就是说，盖瑞出现问题行为的前提是在晚餐时没有得到大家的关注。

盖瑞妈妈继续说："他一站起来，我们当然就跟着站起来，追着他跑，把他拉回椅子上。如果不是这样，他就吃不成任何东西了，还会把厨房搞得一团糟。"盖瑞的问题行为带来的后果是大家开始关注他。

"接下来那一周，我们全家人一起讨论对策。我女儿建议，晚餐时我们给盖瑞更多的关注，因为当他受关注时，往往能乖乖坐着。大家一致同意。我们还决定，在他站起来时，大家都视而不见。这样，他只有在餐桌上才能得到大家的关注，也许就不再乱走了。对于这个主意，我不太确定，很怕他一去不回，但我先生说：'他饿着肚子，应该不会坚持太久，也不会造成太大的破坏。'于是我们决定试试看。"

我们要求家长继续做好记录，但因为晚餐时问题比较突出，所以只记录晚餐的情况就好。一开始，盖瑞很快就站了起来，直到晚餐结束都没有回去。期间，他还一直想方设法吸引家人的注意。但几天以后，他开始坐得久一点了，而且站起来几分钟后，还会自己回到位子上。

"一开始，我差点就忍不住了。他翻箱倒柜，过来拉扯我的袖子，让我很难忽视他。好在大家都很努力，彼此相互照应。只要他一回来，我们就马上跟他说话，给他很多很多关注。

"记录显示，盖瑞起身前用餐的分钟数越来越久了。计划实施第一周，平均5分钟。第二周，平均13分钟，基本上晚餐大部分时间他都能坐着。再往后一周，平均16分钟，相当于他整顿饭都能坐着吃完！只有当甜点迟迟未上时，他才会站起来。我们决定把盖瑞的进步记录表贴到墙上，让所有人都看见。盖瑞的进步如此之大，我们决定出门好好吃一顿，算是给自己的奖励。现在，我们甚至可以带上他了！"

小结

没有两个孩子是完全相同的。做什么、不做什么，每个孩子都有差别。我们举的例子也不可能符合你家孩子的全部情况。但再与众不同的孩子，我们都可以用一些共通的方法去看待他、理解他，去改变他的问题行为。我们来简单总结一下盖瑞的家人做了哪些事。

考察行为

1. 明确具体的问题行为。在描述问题行为时，盖瑞的母亲没有采用笼统的表述方式，她没有说盖瑞"多动"或"毫无餐桌礼仪"，而是很具体地指出了希望盖瑞可以减少的行为（从椅子上站起来、在厨房乱晃）及希望其养成的行为（在椅子上坐定）。

2. 进行"事前"监测。同样地，她没有说盖瑞"很快"或"立刻"从椅子上站起来，而是每餐做好记录，具体到分钟。这种"事前"监测是开始行为干预的重要前提。

3. 厘清行为的前提和后果（A-B-C 模式）。家人发现，盖瑞之所以在晚餐时出现问题，是因为他们一开始没有把注意力放到他身上，当问题行为出现后，又给了他太多关注！通过综合考虑行为的前提和后果，盖瑞的父母找到了改变行为的对策。

开始实施干预计划

1. 让问题行为无法得到积极的结果。当盖瑞起身时，家人对他不予理睬。盖瑞很快就明白，起身离开几乎不会得到家人的关注。

2. 让良好的替代行为得到积极的结果。当盖瑞一直坐着，或起身后又回来坐好时，就会得到家人大量的关注，于是他又明白，得到关注的方法就是好好坐着。

3. 改变前提。为了尽量避免盖瑞起身离开餐桌，家人还对晚餐安排做了调整。他们会在食物全部上桌后才带他入座，将他的座位安排在相对不方便起身的角落里，就餐时给他很多关注。

4. 持续监测行为。通过持续地记录盖瑞坐定的时间，家人将实施干预计划之后的行为结果与"事前"监测到的行为结果两相对照后，可以轻松地判断出干预方法的有效性。

在接下来的第 16 章，我们将讨论考察和监测行为的方法。第 17、18 章则会讨论如何开始并持续推进你的行为管理计划。

第 16 章

考察行为

请用一分钟时间，闭上眼睛，想象一个多动的孩子。真的，把书放下，想象……

怎么样，他在做什么？满屋乱跑？爬上书架？在沙发上上蹿下跳？用勺敲碗？说个没完？到处追猫？

也许你想象的完全不是这样；也许你想象的与这些画面完全相同，甚至还有更多！不管怎样，我们可以肯定，你不会想到孩子正在睡觉或安静坐着的画面。所以，"多动"一词至少限定了你想象行为的范围，但它终究没有告诉你孩子有哪些具体的行为。

明确具体的行为

为了改变行为，你必须明确指出孩子具体做了什么。笼统的表述，如多动、有攻击性、胆怯、固执、不成熟，都没有具体指明存在什么样的问题行为，这些表述用于一般性的讨论还好，但如果出于改变行为的目的，是远远不够的，你需要将行为描述得更加具体。

请注意盖瑞的母亲（见第 15 章）是这样描述盖瑞的问题行为的：突然从椅子上站起来，钻到桌子底下。如果我们真的想要改变他的行为，就需要这样具体地将它表述出来，而不是简单归之于"多动"。你的描述要具体到可见可测的地步。

从下面的例子中，你可以看到**明确具体的行为**是一件多么重要的事。

态度恶劣？

詹妮弗在市中心一家大型百货公司当店员还没多久，有位同事评价她说："业务还好，就是态度有些恶劣。"

假如你是詹妮弗的上司，你会怎样端正她的态度呢？对她进行批评教育？在她态度改善时表扬她？以炒鱿鱼相威胁？给她一个书面警告？都有可能。但你具体要怎么跟她说呢？你肯定要告诉她你介意她哪些具体的行为，希望这些行为得到怎样的改善。而"态度恶劣"可以有多种解释，比如：

- 上班迟到
- 在员工会议上睡觉
- 抱怨工作或对同事出言不逊
- 待客时缺乏礼貌
- 带宠物狗上班

以上无论哪一种行为，都有相应的解决之道。因此，当同事说詹妮弗"态度恶劣"时，作为上司的你，需要听到更加详细的描述，才能判断出她的行为到底需不需要改正，如果需要，该如何改正。

同样地，为了减少问题行为，我们首先要知道具体存在哪些需要改变的行

为。下面是一些问题行为的例子，左边是笼统的描述，右边则更为具体。你会发现，只有具体的描述才能让你有处着手，有的放矢。

笼统描述　　　　　　　　**具体描述**

盖瑞比较多动。　　　　　　盖瑞晚餐时总是起身离开。

艾琳总是发脾气。　　　　　妈妈给艾琳上课时，她总是大喊大叫，把教具推到一边。

萨拉动作太慢。　　　　　　如果没人帮萨拉，她每天起床后要用一个半小时才能穿好衣服。

杰姬很不成熟。　　　　　　每天晚上，杰姬一上床就哭个不停。

现在轮到你来描述孩子的问题行为了，注意用词要具体。之前我们说过，问题行为分三种：影响学习的行为、影响已有技能发挥的行为、影响家人或对儿童自身有害的行为。你的孩子出现了其中的哪些行为？请在下面的横线上写出你想要改变的几个具体的问题行为。

_____

_____

_____

等等！你写了吗？尽可能写具体了吗？如果你已经做到了，很好，稍事休息！

如果还没有，请先写好，别只顾往下读。事实证明，认真填写的家长，往往更能有效地减少孩子的问题行为！

监测行为

明确了具体的问题行为后，你就可以开始监测它们的发生频率了。盖瑞在晚饭开始后"不久"就起身离开，或艾琳"经常"发脾气，如果像这样描述，我们从中获取的信息量其实很少。但如果这样描述：盖瑞在开饭后平均4分钟就会站起来、艾琳每天发两次脾气，我们就对问题行为清楚多了。用数字说话更方便前后对比，让你知道在一段时间之内行为是否得到了改变，而单纯的文字描述则很难做到这一点。

又要做记录了，想必很多家长又要紧张了，但一个好的行为管理计划离不开做记录的过程。而且坦白说，读完后面的内容，你会知道做记录其实并不难，不过是数数和看时间而已。

记录行为的方法

在很多情况下，记录行为仅仅意味着数出行为出现的**次数**，即记录行为发生的**频率**。比如：

- 艾琳今天大喊大叫并推开教学材料共 2 次。
- 布伦丹平均每天撕扯衣服 7 次。
- 鲍比在休息时打了另一个孩子 11 次。

在某些情况下，你需要记下每次行为发生后会持续**多久**，即记录行为持续的**时长**。比如：

- 萨拉每天早上穿衣服平均需要 90 分钟。
- 杰姬每天晚上上床后会哭 25 分钟。

最后，你可能还需要记下行为**发生前**酝酿的时间，即记录行为的**潜伏期**有多长，比如，吉尔拼拼图 45 秒后开始四处游荡。在上面盖瑞的例子中，他的父母记录的就是他第一次起身离开座位前坐着用餐的时间长度。

那么，你又该从哪一个维度进行记录呢？很简单，问问自己：从哪个维度可以看到我在接近目标？如在萨拉的例子中，你的目标是缩短她穿衣服的时长，你关心的是她穿了多久（时长），而不是她穿了多少次（频率）。所以，只需记录时长，你就能知道你是否正在实现目标。

但艾琳的例子就不同了，我们的目标是降低她叫喊和推开教材的次数。因此，如果你想考察她的问题行为是否得到改善，你应该记录的是这种行为发生的次数。当然，你可能也关心她叫喊了多久，所以也会监测行为的持续时长。

题外话

测量行为其实还有第四种方法,有时还非它不可,那就是测量行为的**强度**。有时你既不关心行为的频率,也不想知道它持续了多久,你更想知道它有多么强烈。比如,孩子讲话或唱歌的声音太大,你希望他说/唱得更柔和些,这时,你就需要对音量进行评级。也许你会这样分级:4=实在太大声,3=太大声,2=有点大声,1=正好。然后,你会以这个标准测量问题行为,检验教学成果。还有一些问题行为,在描述时也最好使用强度等级,比如,语速太快、动作太快/慢、书写潦草等。此外,还有一些情况,你需要同时记录频率(或时长)及强度(如歇斯底里地大笑、破坏性的脾气爆发等)。你能想到其他需要记录强度的问题行为吗?

"事前"监测

在选定了监测问题行为的方法后,你需要对该行为进行为期一周的"事前"监测。在此期间,你们应该对该行为保持一贯的正常反应,不做任何改变。这一周的任务是摸清问题的大致情况,为有针对性地实施干预打好基础。

在盖瑞的例子中,他的家人同样进行了一周的"事前"监测。每次用餐,他们会记下开饭后盖瑞坐在椅子上的时间长度。在那一周里,他们不做任何改变,平常怎么待他,现在还怎么待他。他们的记录很简单,只需稍微多留一点心,就能很好地记录盖瑞的问题行为。你应该还记得,一周结束时,他们的晚餐记录结果是这样的。

分钟数

	周日	周一	周二	周三	周四	周五	周六	平均
晚餐	3	2	5	7	3	4	4	4

在进行"事前"记录的时候,有时你会拿不准问题行为到底有没有发生。她刚刚算发脾气了吗?他真的起身离开餐桌了吗?抑或只是站起来又坐下了?

如果遇到了这样的不确定状况，那就说明你需要对问题行为做出更加精准的定义，描述得越细致越好，尤其是当一个以上的家庭成员共同记录行为时。有了更精准的定义，记录者就可以按图索骥，确保大家看到和测量到的是同一个行为。下面的例子是关于如何精准定义一个行为，以及如何进行"事前"监测的。监测的维度是行为发生的频率。

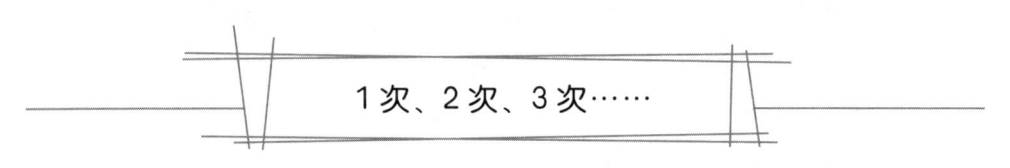

> 1次、2次、3次……

> 又是乔纳森！他把阿什莉精心搭起来的城堡推成了废墟！这小子有"麻烦"了，他又要挨批评了！但是不急，卢太太首先在记录表上打了一个钩。她正在对乔纳森的问题行为做"事前"监测。她曾经把这一行为称作"不好好玩游戏"，但仔细斟酌后，又修正为"扰乱阿什莉玩玩具"。在这一周里，当乔纳森出现"扰乱"行为时，她一如既往地予以批评。唯一不同的是，她会先在表上做好标记。昨天她只记录到一次，但今天已经是第三次了。

在上面的例子中，每次乔纳森扰乱阿什莉玩游戏，卢太太都会记录下来。像这样不经常发生（每天大约三次）的行为，易数又易记，所以，不论是计次数还是计时长，你都要有一次记一次。

像这样比较特殊、不经常发生、可以完整记录一天中出现的次数或时长的问题行为还有很多，比如：

- 跑开
- 脾气激烈爆发
- 破坏家具
- 撕扯衣物
- 打架
- 打人
- 尖叫

但是，还有很多问题行为会频繁发生，你不可能把一天中出现的次数全部记录下来（严格来说，也是可以记录的，但那样的话，你就什么事都别做了）。对于这些"几乎随时都在发生"的问题，你只需每天选几个特定的时间进行观察记录。

有些问题只在特定的时间或场合发生，如吃饭时、睡觉时、在公园里、洗澡时等，那么你的监测当然就要选在这些时候或场合进行。还有一些问题在一天里不定时发生，那就需要选择一个（或几个）特定的时间进行监测。尽量选择最可能发生该行为而你也比较方便的时间段，一般15～30分钟就够了。尽可能在每天的同一时段进行监测。比如，你可以在每天晚饭后用20分钟进行监测，但具体哪个时间，主要还是看你是否方便，以及问题行为是否比较容易出现。一旦定下时间，就要严格遵守，坚持一周。如果问题行为在预定时间之外发生（那是当然的），请你耐下性子，一笑而过。

那么，问题行为发生的频率要有多频繁才不用每次都记下，只需选择性地记录呢？大概的原则是，如果15分钟之内该行为出现一次以上，就可以在某个时间段进行选择性的记录，否则，就要完整记录一整天的全部次数。

你可以使用专门的计数器来记录次数，这样既方便又准确。但假如没有计数器，你又嫌记在纸上麻烦，不如就在手腕上绑一圈纸胶带、口袋里装一支笔吧，这样也可以随时记录。一天结束后，你还可以将胶带撕下，并把它贴到笔记本上留底保存。至于记录时长，则可以选择用手机、手表、挂钟、秒表等。

踢、打、推搡

鲍比经常对家里的兄弟们动手动脚，要么踢，要么打，要么胡乱推搡。现在，连学校老师都开始向父母告他的状了。显然，是时候做些什么控制一下他的行为了。家人一致认为，晚上6:00—6:30是进行监测的好时机，因为晚饭后的这段时间，正好是男孩们一起玩耍的时间。

周次 (写明日期)	每日记录							一周 平均
	周日	周一	周二	周三	周四	周五	周六	
第 1 周 3.21—3.27	×× ×× 4	××× ××× ×× 8	××× ××× 6	×× ×× 4	××× 3	不在家	××× ×× 5	5
第 2 周 3.28—4.3	××× ××× × 7	×× ×× 4	××× ×× 6	××× ×× 5	××× ××× × 7	××× 3	××× ××× ×× 8	6

在这半小时里，鲍比每踢、打或推一下其他孩子，爸爸就在表上打一个叉，并在记录结束时，清点当天所打的叉的总数。上表即为两周的"事前"记录。

第一天，这些行为总共出现了 4 次，第二天共 8 次……一周结束后，得出平均值。鲍比爸爸在求平均值的时候，做了四舍五入（你也可以写上精确值）。

记录概要

观察什么

1. 选择一个问题行为。

2. 详细描述这一行为，以便全家人可以一致判断该行为是否发生。

请将问题行为写在这里：＿＿＿＿＿＿＿＿＿＿＿＿＿＿＿＿＿＿

如何观察

1. 确定需要记录的是行为出现的次数还是时长，还是两者都要。可以先问问自己：记录行为次数可以让我看到行为改变的效果吗？那么，你最终是选择监测次数还是时长呢？请写下来：＿＿＿＿＿＿＿＿＿＿＿＿＿＿＿＿＿＿

何时观察

1. 如果行为不那么频繁发生，则全天观察。

2. 如果行为频繁发生或只在某个特定的情境中发生，则选择时间段观察。请写出你将全天观察，还是选时间段观察：_____

_____

如果选时间段观察，具体在什么时候？

_____

_____

填完以上内容，你就可以开始对儿童的行为进行为期一周的"事前"监测了。请在下文的《行为记录表》（见 P198）中填上基本信息，从明天开始记录吧。持续地做好记录，直到你做好改变问题行为的准备为止（读完本章后，差不多就可以了！）。

在往下阅读之前，请先完成上面"记录概要"的填写！

明确行为的前提和后果（A-B-C 模式）

在第 15 章中，我们谈到了行为的前提和后果，即 A-B-C 模式。一旦选中了某个问题行为并展开"事前"监测，你就需要明确该行为的 A-B-C 模式，为开始干预做准备了。还记得盖瑞的例子吗？

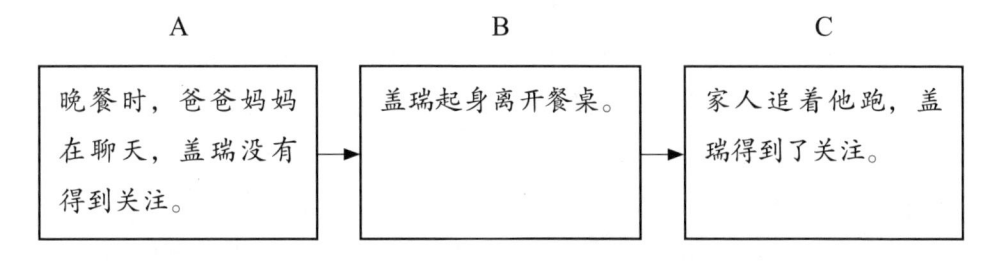

A	B	C
晚餐时，爸爸妈妈在聊天，盖瑞没有得到关注。	盖瑞起身离开餐桌。	家人追着他跑，盖瑞得到了关注。

从图示中我们可以看到，结合情境理解行为有多么重要。孩子出现问题行为，不应该只是孩子一个人的问题，而应该是孩子与环境彼此互动的结果。从这个角度来看，所谓"问题行为"，其实是孩子在试图从环境中获取他想要的某种东西或回避他不想要的某种东西，而你和其他家庭成员正是他环境中最重要的部分。

盖瑞从这样的模式中学到了什么呢？在晚餐时起身离开餐桌是吸引家人注意的好方法！只要这种因果模式反复出现，他的问题行为就会被不断强化。下一次，当他想得到家人的关注时，就更可能起身离开，因为以往的经验证明，那是最有效的途径。盖瑞的问题行为对他自己来说根本不是问题，而是获得关注的一种手段。记住我们之前提过的那条规则：能带来愉快结果的行为，更有可能再次出现。

你要从孩子的角度来思考 A-B-C 模式。追着他跑、批评他以及诸如此类的结果，在你看来也许并不愉悦，但对孩子来说，这些不同形式的关注，在某种意义上，都令他感觉愉快，因而都是对他的奖励。反过来说，如果你想知道某种行为结果对孩子是否具有奖励性质，只需观察这种行为的出现频率是否有所提高就可以了。

综合考虑各种后果

除了关注，孩子还有可能从问题行为中得到其他各种好处。所以，即使孩子的行为带来的最直观的后果是你开始关注他的行为，你的关注也不一定是该行为的真正动因。如果不管你是否关注，他的行为都照常发生，不增不减，那么你就要继续排查，看看到底是什么样的"奖励"在强化他的行为。打个比方，迈克尔抢走了妹妹的玩具，你立刻批评了他。你的批评固然是一种关注，但对迈克尔来说，抢玩具的乐趣也许在于看到妹妹生气，或自己可以玩那个玩具，与这种乐趣相比，挨批评带给他的不快简直微不足道。

找准 A-B-C 模式是件非常重要的事，我们再来看个例子。杰姬的家人认为杰姬爱哭是一个问题行为，于是开始仔细探究它的前提和后果。他们发现，她每天基本在两个时间段哭。第一次是下午妈妈给她上语言课的时候。因为她哭个不停，课很快就上不下去了。此时问题行为的 A-B-C 模式是这样的。

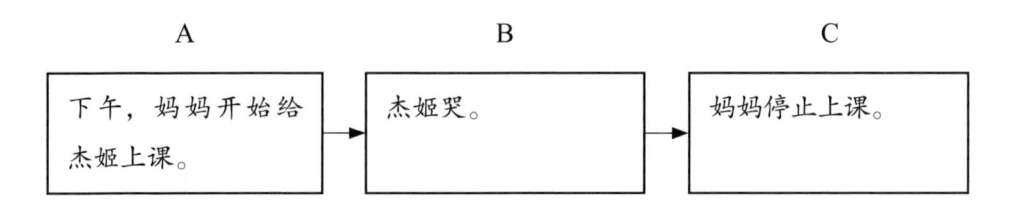

A	B	C
下午，妈妈开始给杰姬上课。	杰姬哭。	妈妈停止上课。

第二次是晚上睡觉前。原本开开心心的杰姬，一到上床时间就会哭，一直哭到妈妈让步，允许她下楼。此时问题行为的 A-B-C 模式是这样的。

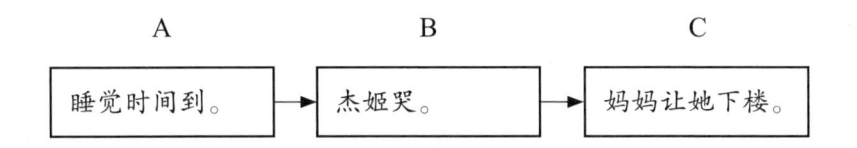

A	B	C
睡觉时间到。	杰姬哭。	妈妈让她下楼。

注意，这两次行为都是"杰姬哭"。上课的时候，她一哭，困难任务就"消失"了；睡觉的时候，她一哭，就不用睡了，还得到了家人的关注及其他好处，如看电视。

只有看到行为发生的不同情境，即同一行为不同的 A-B-C 模式，我们才能找出不同的解决方案。针对上课哭的情况，杰姬妈妈可以降低对她的要求，让她轻松地完成任务。即使杰姬哭，妈妈也要坚持上完课，并在她顺利完成任务后，及时奖励她。至于睡觉时哭，杰姬的家人应该改变行为的后果，对哭闹置之不理。所以说，即使是同一种行为，也要视情况的不同而采用不同的应对措施。

再来看你的孩子。你已经确定要改变的问题行为了吗？（是的，孩子很可能存在不止一个问题行为，但为了你和孩子能轻松上阵，暂且先选择其中一项吧。）你做好"事前"监测了吗？明确 A-B-C 模式了吗？如果这些都做好了，那么你心里应该已经有了一些想法，知道该如何开始你的行为管理计划了。事不宜迟，让我们进入第 17 章吧。

行为记录表

你准备观察哪一个具体的行为？_____

你准备在什么时候进行观察？（　）整天　（　）每天 ____ 分钟　从 ____ 到 ____

你准备记录（　）发生频次还是（　）持续时长？

周次 （写明日期）	每日记录							平均数
	周日	周一	周二	周三	周四	周五	周六	
第 1 周								
第 2 周								
第 3 周								
第 4 周								
第 5 周								

第 17 章

开启行为管理计划（一）：后果

到此为止，你已经确认了某个问题行为并对它进行了监测，也厘清了它的前提和后果，即 A-B-C 模式。本章，我们将聚焦 A-B-C 模式的"后果"部分，而"前提"部分则留到第 18 章再讲。从后果入手，可减少问题行为的发生；从前提入手，可鼓励替代行为的发生。两者合二为一，就是完整的行为管理。

明确行为的后果

我们在本书多次提到了具有奖励性质的后果以及它们对孩子行为的影响。是的，以往经验让孩子学会了两种基本的处事方法：做可能导向奖励的事，避免做可能导致不愉快的事。

也就是说，孩子的行为遵循的正是我们之前提过的两条行为规则。

1. 能带来愉快结果的行为，再次出现的可能性较大。
2. 不能带来愉快结果或会带来不愉快结果的行为，再次出现的可能性较小。

还记得第 15 章的盖瑞吗？对他来说关注是个愉快的结果，根据第 1 条行为规则，因为他起身离开餐桌的行为马上引起了家人对他的关注，所以我们可以肯定，他的这一问题行为将继续发生。

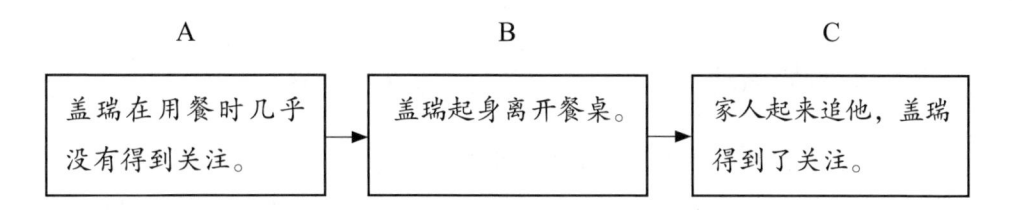

A	B	C
盖瑞在用餐时几乎没有得到关注。	盖瑞起身离开餐桌。	家人起来追他，盖瑞得到了关注。

孩子出现问题行为后，在他身上马上会发生什么，相信你已经仔细观察

过了。你觉得你和家人的哪些反应可能对他具有奖励作用，导致他不断出现问题行为？以我们的经验来看，对问题行为起鼓舞作用的后果大体可以分为这样三类：得到关注、得到期盼的某种活动、逃避或躲开某种不想要的事物。下面我们将分别就这三类后果进行举例说明，加深你对孩子问题行为产生的动因的理解。

得到关注

所有孩子都需要被关注。他们之所以在学校认真学习、在家帮妈妈洗碗、与同伴分享玩具，或多或少，都是因为这些行为可以获得他人的积极关注。他人的拥抱、微笑、兴趣和赞美鼓舞着他们，让他们表现出种种"好的"行为。但如果我们说，在大多数情况下，导致孩子不断出现问题行为的，往往也是他人的关注，你会不会有些意外？

就算紧接着问题行为而来的不是拥抱、微笑或表扬，而是指责、皱眉、厉喝，是循循善诱，是兄弟姐妹的伤心难过……从孩子的角度来看，这些也都是对他行为的关注。每一种反应都在对他说："因为你做了刚才的事，所以我在关注你。"

比如，萨拉虽然已经学会了穿衣服，但她总是磨磨蹭蹭，各种不配合，一大早就让她的妈妈为难。

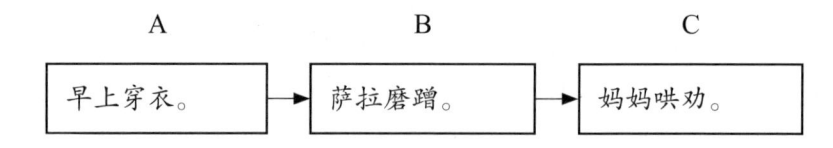

A	B	C
早上穿衣。	萨拉磨蹭。	妈妈哄劝。

仔细看这个情境的 A-B-C 模式，萨拉显然是找到了吸引妈妈关注的有效途径。因此，我们是不是可以预测，只要妈妈继续哄劝，她就会磨蹭不止？

得到期盼的活动

一听到婴儿啼哭，我们会马上想到他是不是饿了，或者哪里不舒服了。于是我们会给他喂奶、换尿布，唱歌给他听，玩游戏逗他开心。这些活动往往都能奏效，他不哭了。

随着婴儿渐渐长大,当他有任何需要时,他不再哭泣,而是直接告诉你,或者自己想办法满足。必要时,他也能接受延迟的满足。但是,有些孩子,无论是语言表达,还是行动能力和耐心,都发展得相对缓慢,发展程度也比较有限,所以,他们依然会直接用行为来表达需要和意愿,哭、喊、打人就是他们的语言。有时,家长也在无意中鼓励了问题行为的发生。比如,也许有人会用三块饼干轻松平息女儿的脾气,却没有意识到女儿由此学会了一件事,那就是只要尖叫和踢打,就可以得到饼干。同样地,吃东西、玩游戏、开车兜风、出门散步等活动也都可能是让孩子保持问题行为的绝佳"后果"。

下面是对问题行为的两种典型反应,它们会在无意中鼓励问题行为的不断发生。

1. "哎呀!吵死人了,还是让他看电视吧!"明明你已经对孩子说了不行,却因为禁不住他的吵嚷、尖叫、踢打、在房间乱跑,或看不得他伤心难过,便很快"缴械投降"。让你惊喜的是,你一让步,给了他想要的东西、允许他做想做的事,问题几乎立刻就解决了,他马上就安静了,也开心了!很多家庭就这样掉入"让步"的陷阱无法自拔,而孩子的问题行为也得到了一次又一次的奖励。以当时的结果来看,问题行为似乎得到了控制,这当然是你求之不得的事,但孩子从中学到了什么呢?下次再想一意孤行的时候,表现出问题行为就可以了。

2. "如果你马上停止尖叫,我就给你一块蛋糕。"家长往往会在孩子出现问题行为的那一刻,企图和孩子"做交易"。但也请你想一想,孩子会从中学到什么。如果停止问题行为可以得到奖励,那么想要得到奖励就必须先开始问题行为啊!每次得到蛋糕,都会让他觉得他的尖叫是无比正确的一件事。

逃避或躲开不想要的事物

当我们陷入某种特别不舒服的情境时,都会急于摆脱。这些情境可能是公交车上太挤、对话太无聊、亲戚拖家带口上门拜访……在这种情境下,你最想要的结果一定是远远躲开。

现在,想想孩子被你叫来学习却总是学不会时的心情吧。学校里常常会有上课故意捣乱的孩子,其实他巴不得老师把他送出教室,好让他躲开繁难的学习任务呢。老师的这一"惩罚"在无意之中鼓励了捣乱行为的发生。下一次，也许课还没开始，他就等不及要做点什么来逃避学习任务，最好完全不用上课，那才万事大吉呢。

在家里，很多问题行为也是被这种逃避或躲开的方式所鼓励。这种方式在某些特定的情境中尤其有效，比如，被要求学习新技能或做不喜欢的事（洗澡、上床睡觉等）时。孩子很快发现，适时的哭泣、尽情地撒泼可以拖延甚至阻止事情的发生。

还记得第 16 章中提到的艾琳吗？

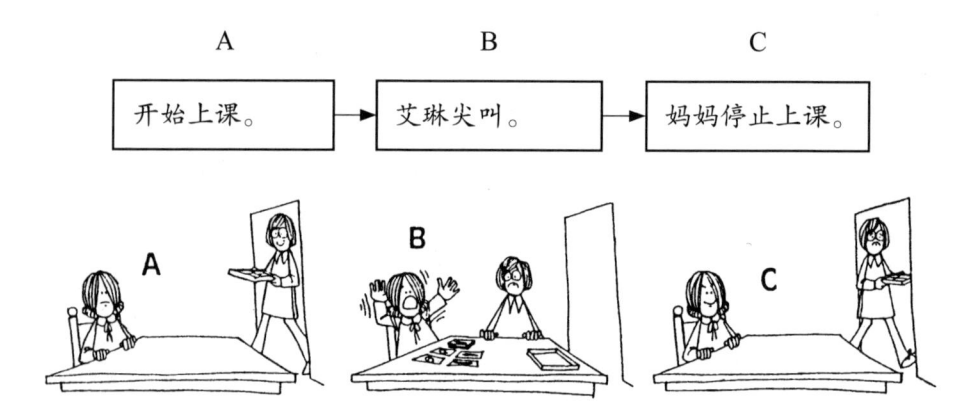

```
      A              B              C
┌──────────┐  ┌──────────┐  ┌──────────────┐
│ 开始上课。│→ │ 艾琳尖叫。│→ │ 妈妈停止上课。│
└──────────┘  └──────────┘  └──────────────┘
```

不用上课，对艾琳来说无疑就是一种奖励。妈妈这样做，实际上教给艾琳的行为是什么呢？

仔细想想你家孩子的问题行为吧！每次问题行为发生后，随即出现的是什么样的情况？你会不会骂他、哄他、安慰他，试图让他安静？你会不会跟他谈条件，许诺如果停止行为就给他喜欢的东西？你会不会扛不住他大声"喊"出"我不干"这一行为而做出让步？

孩子的问题行为得到了哪些后果，请把你能想到的后果写在下面的横线上。

问题行为 　　　　　　　　　　　　**奖励性后果**

_____　　_____

_____　　_____

_____　　_____

改变行为后果

当我们从行为后果的角度理解行为时，也就更加清楚了减少问题行为的方法。事实上，这个方法听起来特别简单，即要改变问题行为，就必须改变支持它继续存在的行为后果。让我们来看几个具体的操作方法。

忽视

要想让孩子知道他的问题行为不会得到任何奖励，最直截了当的做法就是忽视。忽视是最行之有效的一个方法，这是很多家长的经验之谈。

想必你对"忽视"一词没有疑义，但要有效地贯彻它却并非易事。甚至可以说，忽视是极难做到的一件事。

孩子几乎时刻都想得到你的关注。当你对他的某个问题行为不闻不问时，你是在告诉他，只要他做这件事，就永远别想得到你的关注。换句话说，如果他想得到一个愉快的结果，就必须做点别的，而不是问题行为。

你应该还记得在盖瑞的例子中，家人在发现他们的关注对他是一种奖励后，便开始忽视他在用餐时的离席行为了。

现在，我们来看另外一个例子。

忽视儿童的吵闹

每天早晨哥哥姐姐出门上学时，罗伯塔几乎都会发脾气。她会捶拳头、拉扯窗帘、大哭大闹。为了安抚她，妈妈会给她唱歌或陪她做游戏。这样做有时很管用，罗伯塔会安静下来。但第二天早上，她还是要闹上一场。

罗伯塔坚持吵闹的原因其实不难理解。

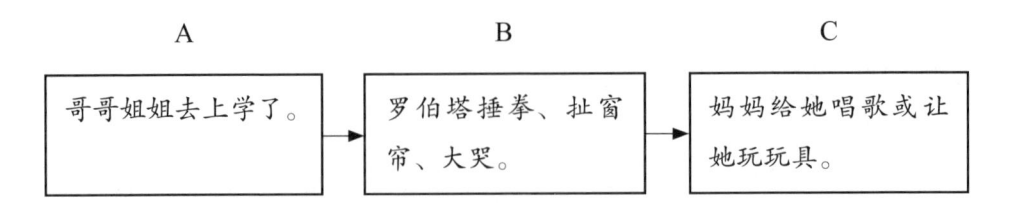

```
        A                          B                         C
┌──────────────────┐    ┌──────────────────┐    ┌──────────────────┐
│ 哥哥姐姐去上学了。│ →  │ 罗伯塔捶拳、扯窗 │ →  │ 妈妈给她唱歌或让 │
│                  │    │ 帘、大哭。       │    │ 她玩玩具。       │
└──────────────────┘    └──────────────────┘    └──────────────────┘
```

稍稍改变一下行为的结果，这个顽固的问题行为可能就会迎刃而解。之前，罗伯塔一闹，妈妈就给她想要的东西，吵闹行为相当于是被奖励的。妈妈如果采用下面的A-B-C模式来应对她的问题行为，应该会更加明智。

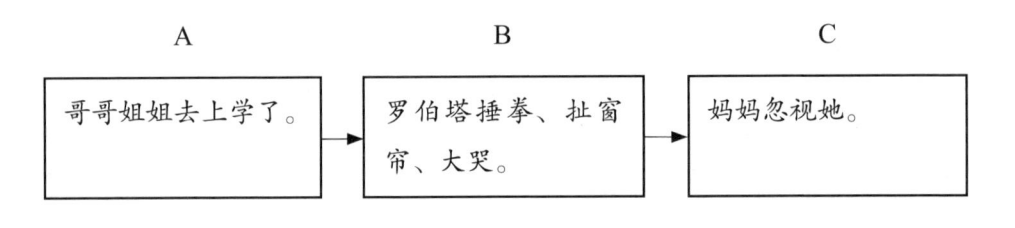

```
        A                          B                         C
┌──────────────────┐    ┌──────────────────┐    ┌──────────────────┐
│ 哥哥姐姐去上学了。│ →  │ 罗伯塔捶拳、扯窗 │ →  │ 妈妈忽视她。     │
│                  │    │ 帘、大哭。       │    │                  │
└──────────────────┘    └──────────────────┘    └──────────────────┘
```

当然，你要忽视的应该仅限于那些不会对孩子造成伤害的问题行为。这一点很重要。罗伯塔妈妈知道，就算任她吵闹，她也不会真的伤到自己（窗帘结实着呢！），所以才会安心地不管不顾。假如罗伯塔的问题行为是经常跑到大街上，那就要选择另外一种解决问题行为的方法，这个我们待会儿再讲。

我们先来简单看一下关于"忽视"这一策略，我们经常被问到的两个问题吧。

1. **哪一种忽视方式是最好的？** 真的没有一种最好的忽视方式。与其他家长一样，你需要自己耐心摸索出属于你的最佳方式。**之所以要忽视问题行为，是为了不奖励孩子的问题行为**，如果能时刻记住这一点，你的忽视方式应该都不成问题。你不看、不吼、不说教，甚至假装一无所知。你还可以告诉孩子，当他做某事时，你不会关注他。你必须用话语和行动对孩子明确表示：你的问题行为是行不通的！

当然，我们也理解，当孩子疯狂尖叫、上蹿下跳时，忽视几乎是一件不可能做到的事。这个时候你最好走开，去另一个房间，打开收音机，拿起杂志，做任何有助于分散你注意力的事。你要尽量避免一不小心又去关注它。

还有些时候，孩子寻求关注的方式可能是打断你与他人的对话，如爬到你的膝上、拉扯你的衣裳等。如果这些行为发生得太过频繁，甚至成了问题行为，你也可以试着忽视它们。这些情况你确实很难躲开，也大可不必躲开，你只需无视它们，继续做你的事，必要时，坚定地移开他的手。

2. 如果我无视问题行为，孩子会怎么做？ 从孩子的角度来看，过去的他从来都是要啥得啥，问题行为每次都能带给他想要的关注。现在他的撒手锏突然失灵了，他会怎么办？

大部分孩子的反应其实都不难预测。他们会更加使劲地吸引你的注意。第一次被无视时，他的想法可能是这样的：怎么回事，难道是我喊的声音不够大吗？平时妈妈应该早就过来安慰我了。要不我再哭一哭、踢几下，没准她就过来了。

所以，你要做好心理准备，孩子的问题行为在得到改善以前，很可能会经历一个变本加厉的过程。在受到教训之前，他很可能会对你的新策略发起挑战。所以这个时候，尤其是一开始，你自己要坚定。即使问题升级，你仍要坚持忽视。你要相信，这样的状况不会维持太久。

撤除奖励性活动

正如你撤除对问题行为的关注，甚至让自己置身事外，你也可以撤除那些对孩子具有奖励性质的活动。这样做也是为了避免问题行为给孩子带来愉快的结果。

撤除奖励性活动有时是情境所需，比如：

- 凯丽玩弄盘子里的食物，你将盘子拿开 1 分钟。
- 皮特吵个不停，你关掉电视，直到他安静坐好。
- 弗雷德用球砸小猫，你把球没收 5 分钟。

不过，当奖励活动被撤除后，你也必须保证孩子可以轻松地将它赢回来。在大多数情况下，这种撤除应该只是暂时的。请看下面的例子。

惩罚：你越界了

希拉不在纸上涂色，非要涂到桌上，妈妈拿走了她的蜡笔。1分钟后，妈妈把蜡笔还给她，并提醒她涂在纸上。

如果蜡笔对希拉来说是一种奖励，那么妈妈的做法应该可以减少她在桌上涂色的行为。虽然这一方法可能需要多次地重复和不断地提醒才会见效，但相信她很快就会明白，只有把颜色涂到纸上，蜡笔才不会被收走。

但也有可能，在蜡笔被收走以后，希拉会哭、会撕纸。这时又该怎么办？对于这种情绪失控的行为，希拉妈妈最好的应对方法就是我们之前说过的忽视。只有安静下来，希拉才能拿回蜡笔。

罚时出局（Time-Out）

如果问题行为的破坏性到了无法忽视的地步，或者忽视已经不起作用，同时也没有任何可以撤除的奖励性因素，那么，你就要考虑使用**罚时出局**了。**罚时出局**就是在一段固定的时间内（通常是5～10分钟），将孩子置于完全不可能得到奖励的环境之中。比如：

- 坐到角落的椅子里
- 坐在远离家人的地上
- 独自坐在走廊
- 独自待在房间

孩子被你从问题行为发生的地点，带到一个对他来说完全没意思的环境里。带他隔离的过程中，你应该不带情绪，也不给他过多的关注。而他也不用在那个环境待太久，并且应该事先和他说清楚具体要待多久。**罚时出局**起作用的关

键在于，你带他离开的那个环境必须是他喜欢的环境，是他比较愿意待着的地方。

值得注意的是，**罚时出局**是针对你认真选定的某个问题行为，事先设计好的应对策略，而不是心血来潮或怒火中烧的产物。任何孩子都不应该毫无预兆地被突然带去隔离。事实上，当孩子表现不佳时，很多家长都会让他们在房间或角落独自待着。但他们之所以这样做，往往是出于一时气愤或别无他法，想通过这种方式让问题消失。事实上，它也的确奏效了。然而这不是真正的**罚时出局**，用这种方式消除的问题行为，难保不会很快地再次出现。

五分钟！

吉米总是对人吐口水。为了解决这个问题行为，全家人开始运用5分钟罚时出局。一个人独自在房间待5分钟是吉米很不喜欢做的事。

有一天，吉米和姐姐们一起玩接球游戏，因为没接到球，他朝其中一人吐了口水。姐姐立刻把他送到房间，且尽量不给他任何关注。5分钟后，她去带他出来。可一打开房门，吉米又朝她吐了口水。这个时候，如果放他出来，等于对他刚刚的行为（吐口水）给予了奖励（结束隔离），这与她的本意完全相悖。

于是她对他说："不许吐口水！你再在这儿待5分钟吧！"她尽量不给他更多的关注，但也让他明白为什么还要待在这儿。等她再次回来时，他没有吐口水。于是她带他出来一起玩。不一会儿，吉米妈妈也过来助一臂之力，特意表扬了吉米可以和姐姐们友好地玩耍。

下面有几条关于在家运用罚时出局的建议，请仔细阅读，并与参与其中的家庭成员一起分享讨论。如果罚时出局实行近两周却不见效果，那么你有必要重新审视你们的做法。大家对问题行为的反应是否一致？孩子是不是在隔离过程中得到了某种满足？在他没有问题行为的时候，有没有得到你们足够的关注？

关于罚时出局的几点建议

1. 提前让孩子明白哪种行为会导致被隔离。这一点平时无须经常提醒，但需要在问题行为可能会发生时做出预警。你的解释应该简洁明了，让孩子知道以下内容：

（1）具体是哪一个问题行为导致被隔离（用他能听懂的词汇）。

（2）隔离场所在哪里（某张椅子、某个特定的地方）。

（3）隔离多久。依孩子年龄而定，一般是孩子有几岁就隔离几分钟。如果孩子在某方面需要特别监护，则应适当缩短时间。不要任意延长隔离时间。

2. 如果孩子确实已经知道什么是不该做的，那么在他做这件事的时候，你无须也不应该说太多。此时不是认错或争辩的时候，而是坚决行动的时刻，因为你有言在先："如果你对人吐口水，就去隔离。"任何讨价还价在此刻都会成为一种奖励。所以，忽视他的啼哭、认错和保证。这些都是孩子在隔离前的正常反应，毕竟没有人愿意被隔离。

3. 孩子几乎不会听从指令乖乖地去隔离。这时需要你带他去，你要坚决但不粗暴地握住他的手腕，静静地将他带到隔离区域。请忽视这个过程中他的各种哭闹行为。两眼要正视前方。

对孩子来说，隔离已然是一种陌生的体验，而你竟如此说一不二、不留余地，简直太让他意外和懊恼了，但这正是隔离发挥效力的关键所在。

4. 在最初几次隔离中，当你把孩子带到隔离区后，他是不可能乖乖坐着、静待 2～5 分钟的。他可能会尖叫、踢人、扔东西（如果你把东西留在他触手可及之处，那是理所当然的，这不能怪他）。但是，只要他坐着，你就任他发作，让他知道，你不会有任何反应，甚至都不会看他一眼。可如果他站起来，你就要做出反应。你要将他轻轻拉回座位，按住他，直到他愿意自己坐着（或隔离时间结束）为止。

5. 在隔离区附近准备一个计时器，实行定时隔离。如此，孩子很快就会明白，时间不到，他做什么都无济于事，而你也不会忘记准时结束隔离。计时器有助于促进罚时出局的持续贯彻，这是很多家长的共识。

6. 隔离结束后，直接告诉他："现在你可以回来了。"回到隔离前的环境或活动后，记得尽快发现并表扬和奖励他的良好行为。当然，他也可能对刚刚的隔离耿耿于怀，甚至拒绝离开隔离区。不要管他，这种状态不会持续太久。当他回来后，你同样要多多关注并赞美他的良好行为。

假以时日，你可以从隔离法中逐渐抽身，到最后，只要你让他去隔离，他就会自己前往隔离区。许多孩子甚至还会将隔离当成一种自我调节的手段，在他感到沮丧或愤怒的时候，无须旁人提醒，他就会主动找一个安静的角落调适身心。

体罚

"说到现在，你们对体罚只字未提。我觉得只要运用得当，适当的体罚还是有良好效果的。我错了吗？"

不，你没错。很多家长也深有同感。他们也发现，适时的体罚可以立竿见影地阻止一些非常讨厌或非常危险的问题行为。但即便如此，我们也没有将体罚作为一种策略纳入本书的讨论之中，因为我们希望，你能发展出一套系统的管理问题行为的方法。所谓"系统"，就是有计划的，而不是一时冲动的；是一以贯之的，而不是偶尔的；是长久的，而不是暂时的解决方案。偶尔打一下孩子的手腕，也许会有显而易见的效果，但这种做法难免有些随意和草率。如果你想建立一套更加稳定的应对方案，建议你还是选择我们推荐的方法。具体来说，我们不建议体罚，有以下几个原因。

首先，你对孩子的体罚行为无疑会成为打人行为的最佳范本，要知道孩子是会模仿的。虽然我们很难说清楚孩子的攻击性行为到底从何而来，但你的这种反应很可能会起到推波助澜的作用。

其次，动不动就体罚孩子的家长，会让孩子觉得危险和害怕。当孩子总是提心吊胆，随时防备你的时候，不要说有效的教学，就连日常的愉快相处都很难实现。

最后，正如我们之前所说，这种你以为的传统教育方法，对孩子来说，很可能是一种独特的关注方式。如果是这样，那么体罚不仅无助于减少问题行为，反而还会鼓励问题行为的持续发生。

基本上，相对于我们推荐的其他策略，体罚带给孩子的有效价值很小，负面的影响却很多。而且，体罚难免存在失控的风险，到那时它就会变成一种伤害。所以，为你和孩子的安全考虑，请多多选用其他策略，尽量避免使用体罚。

认知应对（Cognitive Coping）

"说得倒容易！忽视，不体罚，你来试试！有时我是真的要被他气死了！"

这样的想法，我们可以理解。这样的感受，也不止你一个人有。其实，管理孩子的问题行为最困难的部分，正在于管理你自己的情绪。

这样的场景你应该不会陌生。孩子做了某件事（扔掉食物、睡觉哭闹、在公共场所发脾气、说谎等），你越来越恼火，终于忍无可忍，做出了反应，但完全不是我们之前说过的你应有的样子，你的反应既不沉着，也无章法可言。事后，你又后悔怎么竟会为了他的行为失态至此。

你的情绪性反应，一部分的确是因孩子的行为而起，而另一部分，却来源于你内心对该行为的解释，这种观点也许会让你感到意外。通常，你给自己的解释，即你的"自我对话"，是相当极端的，是容易让你沮丧或愤怒的。假设孩子在睡前哭闹，你会很生气。但如果他是 6 个月大的宝宝，你应该不会生气。同样是哭，你为什么不生气呢？因为你会给自己一个完全不同的解释。对于小婴儿，你的自我对话可能是这样的："小宝宝嘛，还什么都不懂。他在白天还很开心，等他长大一点就好了。"

而当他不再是小宝宝时，你的自我对话又可能是这样的："他已经这么大了，怎么还不懂事呢！真是一刻都不消停！他怎么有这么多的问题！他怎么总是这样！"你告诉自己，他是不应该哭的，所以你才会愤怒。你还会从他哭的行为牵扯到其他行为，从眼前牵扯到未来，这样无节制的消极情绪最终让你陷入沮丧。

你对孩子的行为做什么样的解释，就会产生什么样的情绪反应。所以，改变解释，改变你的自我对话，就可以减轻甚至完全避免这些消极情绪。问题是，大部分人都意识不到自我对话的存在。"他一哭我就生气了，哪会想那么多？"但自我对话是在一瞬间发生的，你可以停下来琢磨一下是不是这样。当孩子再次出现问题行为的时候，记得特别留心一下，你应该可以觉察到自己在那一瞬间的想法，那就是我们所说的自我对话。

我们认识一位妈妈，她有一个 4 岁的儿子。每次儿子不听话，她都特别生气。连她自己都觉得不至于如此，可就是无法控制。在我们的提醒下，她仔细觉察了她的自我对话，才发现儿子的行为让她产生了诸如"将来就跟他爸爸一样"的想法。他的爸爸似乎是个混混，几年前离家，现在在监狱服刑。意识到这一想法后，这位妈妈开始用更加理性的方式看待她的孩子的行为，"4 岁的孩子，大多不会太听话。我可以按照书里的建议训练他一下"。结果，她真的不再那么生气了。

这种比较积极的自我对话有时被称作**认知应对**。因为在某种程度上，你是通过改变你对孩子的行为的想法，即你的认知，来应对孩子的问题行为的。你将原来的消极想法"改造"成中立的，甚至积极的想法。你不再认为他迟早会变成不良少年，而是告诉自己，他的确还需要学习管控自己的某些行为。成功的认知应对能让你变得更加平和，更愿意也更能够用建设性的方法处理问题。

制订行为改变计划并按照计划行事，有助于你更好地进行自我对话。现在，当问题行为发生时，你可以对自己说："现在有一个问题行为，我应该这样做（按照你的计划）。我还要把它记录下来。"与其消极地纠结孩子的问题行为，不如积极地思考改进的方法。这样做的另一个好处是让你的心情变得更加舒畅。

那么，请静下来想一想，或者跟自己聊聊，还可以跟你的另一半、孩子的老师或咨询师谈谈，相信你一定会从中受益。

第 18 章

开启行为管理计划（二）：前提及替代行为

现在为止，你应该已经明白，我们所谓的"问题行为"，从孩子的角度来看，实际上是制胜的法宝。对他来说，这些行为一点也不坏，更不是麻烦，相反，它们从来都是让他受益的。

但现在，你决心不再让他从中受益。过去可能会被你批评的行为，现在得不到你的一丝反响；过去让你追着他跑的行为，现在导致他被隔离。你开始有策略地应对他的问题行为了，但孩子却没有意识到！他只知道，现在跟以前不同了，一向屡试不爽的方法不管用了。很快，他就会发现，要想得到你的关注，就必须找到新的方法。

你要抓住这个机会，给他最有效的引导，让他学会通过恰当的行为实现自己的心愿。

你要通过语言和行动让孩子明白，很多替代行为一样可以给他带来满意的结果。

回到第 15 章中盖瑞的例子，我们会看到，改变问题行为的结果（无视盖瑞起身离开餐桌的行为），只是盖瑞家人应对策略的一部分。除此以外，他们还在他能好好坐着的时候，给他特别的关注，跟他多说话，教他用餐礼仪，让他更多地参与家人的互动。总之，他们还注意奖励盖瑞"坐着用餐"的行为。

如果你想成功改变孩子的问题行为，那么，你也必须让孩子知道，什么样的行为是受欢迎的行为，是可以得到奖励的。我们知道，这件事听起来很简单，但真正做起来时，难免会"画蛇添足"。但如果你总是只"忽视"而不加以引导，孩子很快就会换另一种方式折腾，就像盖瑞那样，让你无法忽视。

如果你不能确定应该鼓励哪些行为，那么不妨从问题行为的对立面考虑。

以盖瑞为例，让他不在房间乱跑的对立面就是让他好好坐着。如果"好好坐着"得到强化，那么"乱跑"必然会被弱化。要有效地减少他的问题行为，必须同时动用两种 A-B-C 模式。

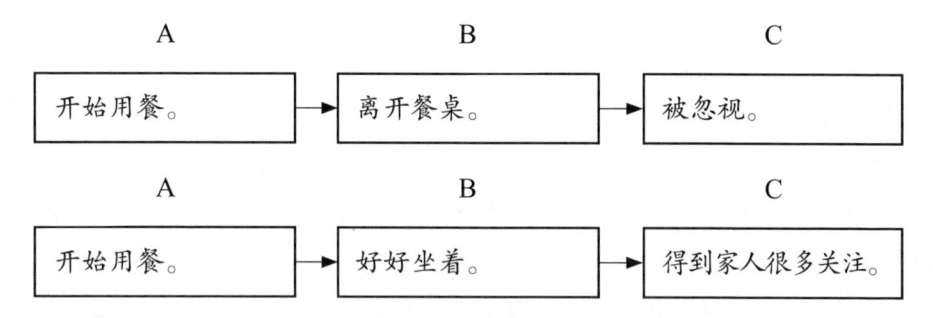

A	B	C
开始用餐。	离开餐桌。	被忽视。

A	B	C
开始用餐。	好好坐着。	得到家人很多关注。

也就是说，到目前为止，关于改变问题行为，我们只讨论了一半的对策。例如，第17章中的罗伯塔，当哥哥姐姐去上学的时候，她会出现捶拳、扯窗帘、哭闹的行为。虽然她在一开始可能真的是因为心里难受才会有这样的行为，但妈妈给她的关注和玩具又在无意中强化了这样的行为，使之反复上演，成为一种日常状态。

你应该还记得，我们给罗伯塔妈妈的建议是忽视她的哭闹行为。不过，现在看来，这一策略还不够完整，她的妈妈还需要奖励与哭闹对立的行为。当罗伯塔停止哭闹、放下窗帘、静静地玩游戏，或好好说话的时候，妈妈应该随时给予关注并用玩具奖励她。

任何行为改变计划都应该包含两部分内容：克服问题行为并鼓励替代行为（尽可能与问题行为对立的行为）。

为你打算克服的那个问题行为找一个对立行为，作为你未来要鼓励的替代行为，写在下面的横线上。

_____

_____

合约

通过奖励激发孩子的良好行为，是贯穿本书的一个主题。我们讨论过如何与孩子做简单的约定或达成协议。你要说明你希望孩子做的事（坐在这里）以及你会为此给予的"报酬"（让他玩玩具）。合约可以是临时的口头约定，也可以是比较复杂的书面协议（在第13章讨论居家管理技能时我们谈到过）。

就算是简单的约定，也可以既阻止问题行为的发生，又鼓励替代行为。比如，为了让詹妮弗少哭，詹妮弗妈妈可以这样和她约定："詹妮弗，我会数出你今天哭的次数。如果不多于3次，那么爸爸回来后，你可以和他玩接传球游戏。"

这一约定的基础是詹妮弗妈妈知道詹妮弗喜欢和爸爸玩接传球游戏。为了让这个约定更加清楚明白，詹妮弗妈妈最好能将记录表贴到冰箱上，每次詹妮弗哭的时候做好记录。如果这一约定有作用，妈妈可以逐渐降低允许哭泣的次数，3次变2次，2次变1次，直至变为0次。当然，偶尔正当的哭泣是被允许的。为了防止詹妮弗很快玩腻接传球游戏，妈妈还应该适当变换奖励物。

对于萨拉穿衣磨蹭的行为，萨拉妈妈可以鼓励与之对立的行为——快速穿衣。她可以和萨拉约定："萨拉，我现在定时45分钟。如果你能在铃响前穿好衣服，今天晚上我们可以一起做点特别的事。"

这个简单的约定既说明了希望她出现的行为，也说明了对该行为的奖励。在以后的日子里，萨拉妈妈可以逐渐缩短时间，直到她可以在合理的时间内穿好衣服。萨拉还可以一起参与奖励物的选择。"特别的事"可以是和她进行20分钟的游戏，具体玩什么，可以让她来决定。

对于若泽的打人行为，若泽的父母也可以通过简单的约定鼓励替代行为。他们可以和他约定："若泽，如果晚饭之前你能和妹妹一起好好玩（分享玩具、不打人等），我会额外给你一个甜点。"与萨拉一样，若泽也可以参与奖励物的选择。

你会发现，这些约定要么鼓励孩子减少问题行为，要么鼓励孩子增加替代行为，要么两者兼而有之。想办法和你的孩子做简单的约定，如果他减少了问题行为，奖励他，如果他增加了积极的替代行为，也奖励他。在约定什么样的行为能得到奖励以及能得到什么样的奖励时，尽可能让孩子一起参与决定。这是一个轻松有趣的过程，孩子可以从中学着做判断、做决定，向独立迈出新的步伐。不过你要记住，一旦孩子履行了他的承诺，你也必须兑现你的承诺。

改变前提

至此，我们主要讨论的是行为的后果，也就是 A-B-C 模式中的 B-C 部分。但其实，你还可以通过关注行为的前提，即 A-B 部分，来改变孩子的问题行为。

你也许还记得，前提是指**问题行为发生之前**的状况。有些前提似乎是导致问题行为的直接原因。比如，孩子疲劳时更爱哭、被忽视时更容易捣乱、难以完成任务时更容易尖叫、家里只有一个玩具时更容易跟妹妹争抢……导致孩子问题行为的状况实在太多了。

看看孩子的行为，追究一下它的前提，问问自己，问题出现在什么时候？什么地点？当时正在做什么？有谁在场？他当时的感受怎样？我的感受又如何？这里的关键在于，你要理解孩子出现问题行为时的环境背景，从而回答一个最重要的问题，即这一行为为什么会发生？

理解了前提，往往也就有了改变前提从而改变行为的方向。那么，如何调整孩子周围的世界、引导他形成良好的行为呢？下面是我们的几种方法。

教孩子一些新技能

除了鼓励替代行为，你可以也应该同时教孩子更多的技能。毕竟，如果他整天忙着学习、运用各种技能，留给问题行为的时间也会相对减少。比如，盖瑞的父母除了忽视盖瑞起身离开餐桌的行为，也应该教了他不少新的用餐技能，如用餐刀切分食物、倒水和饮料、端饭菜等。

奖励其他孩子，给孩子树立榜样

通过奖励其他孩子，给孩子示范你希望他出现的良好行为，让他看到这些行为是能带来好处的。你可以和家人一起，有计划地实施这一策略。其他孩子负责展示良好行为，你负责奖励。奖励时，你可以故意夸张以引起他的注意，也可以表现得自然。

比如，当马克拒绝洗手时，妈妈可以说："爸爸，快来看吉米，他洗手洗得可认真了！"这种奖励他人的做法，不仅有助于你忽视孩子的问题行为，也是在鼓励良好的替代行为。所以，先不要理会问题行为，多多赞美其他人的良好行为吧！

充分准备，减少教学中的问题行为

即使你试着教了很多新技能，也示范了希望孩子出现的行为，问题行为还是会频繁出现在你的教学过程中。此时，忽视或罚时出局往往都不再奏效，因为孩子需要的其实不是你的关注，而是逃避令他讨厌的学习任务。为了让孩子好好上课，你要保证你的任务难度与他当前的能力水平相当，同时，也要时刻留意他的反应，比如，他是不是眼神游离、坐立不安、哭哭啼啼，以此判断现有任务是否需要进一步简化。

在之前几章关于技能教学的探讨中，我们强调要为教学的成功做好铺垫，其实这本质上就是调整前提，让孩子可以轻松完成任务。我们说过，你要根据孩子的能力水平确定任务要求，并在此基础上，逐渐提高任务难度。我们也说过，你要选择方便孩子使用的教学材料，下达孩子听得懂的指令，减少干扰因素等。所有这些，其实都是在调整行为的前提。

充分准备，减少生活中的问题行为

在日常生活中，只需稍做调整，就可以避免很多问题行为，如让孩子做喜欢做的事，移开易碎物品，多备一份玩具，提供一些帮助……

想想你们的日常，为了让孩子顺利完成各项活动，你肯定做了不少调整。比如，因为他饿得早，所以你提前了开饭的时间；为了他够得到牙刷，你放低了牙刷座的位置；吃饭时，你提前帮他将肉切成了小块……其实，通过改变前提而减少问题行为的方法还有很多。

你了解你的孩子，知道他在某些场合一定会烦躁，或者惹你烦躁；知道有些活动会让他害怕，如去医院、看牙医，甚至去理发；知道有些活动会让他难为情，如参加生日派对；知道有些时候他会变得很难缠，如去玩具店时；知道有些时候他会很吵闹，如在教堂或寺庙时；知道有些时候他又太好动，如去外面吃饭时……

当你预知孩子可能会产生某种不好的感受或行为时，你应该提前向他透露活动的情况，给他打好预防针。假如该活动可能会让他害怕，那就将每一步会发生什么如实讲给他听。也就是说，如果打针会疼，就不要对他说一点都不疼。同时，你也可以教孩子说一些鼓励自己的话，比如："小孩都会看医生的，没关系，有妈妈陪着我呢。"你们还可以商量，做完那件吓人的事之后，去做点什么别的开心事。

至于在社交场合容易害羞的问题，你要提前告诉他谁会在那里、他需要做什么。你可以和他一起回想之前在派对上遇到过的趣事，还可以提前到场熟悉环境并找好同伴。

当你预见他可能会出现问题行为时，要做好预警，如在离开派对之前，你务必提前打好招呼，告诉他马上要发生什么，希望他怎么做；去超市购物时，为了避免可能出现的纠缠不休，你也需要和他提前做好约定，"我们要去超市，但我们只买清单上的东西。你可以帮我把东西放进购物篮，但不要让我买其他东西，因为我们不需要那些。明白吗？"

当然，具体怎么组织语言，还要看孩子的理解水平和你自己的沟通方式。不管怎样，做好预警是可以防止后患的。

一点警告

改变前提时，注意不要用力过猛，不要影响到家庭生活的其他方面。饭菜做成孩子爱吃的口味，说不定真能将他留在餐桌上，但其他人的口味你就不管了吗？考虑调整前提时，一定要兼顾家里其他人的需要。如果这种改变会引起大家的不适，就应该尽快调回正常的状态。

永远记住，你改变孩子的世界是为了方便他学习，千万不要因此而颠倒自己的世界。

持续监测行为

我们在前面的章节介绍过,在行为管理计划开始实行之前,应该如何进行为期一周左右的问题行为记录。其实,在计划开始实行后,同样需要做好记录。这些"事后"记录可以让你看到你的计划是否行之有效。

"事后"监测应该从行为改变计划实施的第一天开始,记录方法与"事前"监测相同,每天的记录时间也相同。鲍比的爸爸还留着当初的"事前"记录表(见第 16 章)。

周次 (写明日期)	每日记录							平均 (次)
	周日	周一	周二	周三	周四	周五	周六	
第 1 周 3.21—3.27	×× ×× 4	××× ××× ×× 8	×× ×× × 6	×× ×× 4	××× 3	不在家	××× ×× 5	5
第 2 周 3.28—4.3	××× ××× × 7	×× ×× 4	××× ××× 6	××× ×× 5	××× ××× × 7	×× × 3	××× ××× ×× 8	6

而他的"事后"记录则是这样的。

第 3 周	××× ××× ×× 8	××× ××× ××× 9	××× ××× ×× 8	××× ××× 6	×× ×× 4	××× 3	×× ×× 4	6
第 4 周	不在家	××× ×× 5	×× 2	× 1	×× 2	××× 3	××× 3	3
第 5 周	× 1	0	×× 2	×× 2	0	不在家	× 1	1

鲍比每周踢人、打人或推搡行为的平均次数如下。

计划开始实施**之前**：

第 1 周：平均 5 次 / 天

第 2 周：平均 6 次 / 天

计划开始实施**之后**：

第 3 周：平均 6 次 / 天

第 4 周：平均 3 次 / 天

第 5 周：平均 1 次 / 天

通过对比平均值，你可以轻松地掌握孩子每周的进步情况。我们看到，计划实施三周之后，鲍比的问题行为得到了极大的改善。

在开始实施行为改变计划并持续记录行为的过程中，别忘了，问题行为在得到改善之前可能会经历一个强势反弹的过程。在这关键性的早期阶段，你要坚持住，你要相信很快就会有转机。只要你觉得计划合理，无论如何请你坚持几周，让它慢慢发挥效力，不要轻言放弃。

小结

现在你可以开始实施你的行为改变计划了，记住下面的 6 个步骤。

1. 明确具体的行为
2. 监测行为（事前）
3. 明确行为的前提和后果（A-B-C 模式）
4. 改变后果
   （1）找到更好的结果
   （2）鼓励替代行为
5. 改变前提
6. 持续监测行为（事后）

问题行为管理是教学中最难打的一场硬仗。因此，在计划实施的最初阶段，建议你不时地回来重读这部分各章节的内容。当然，你还可以和家人一起讨论你的对策，必要时，还可以向孩子的老师或治疗师请教。一旦找到了你觉得合理可行的方法，记得要坚持。最后，祝你好运！

回顾：戴维的故事

"妈妈！戴维又爬上去了！"

就算朱迪不叫她，麦凯太太也听到了书本落地的声音。她当然知道发生了什么，客厅里的那一幕她实在太熟悉了，所以她第一时间跑了过来。只见戴维爬到了书柜顶上，一边爬，一边还淘气地把挡在面前的东西统统推到地上。他爬得太开心了，好像完全没有注意到自己制造了怎样的混乱局面。

"马上给我下来！"不等戴维反应，她直接上前把他拽了下来，"不是告诉你不许爬了吗？"可戴维只是对她笑笑，便走出了客厅。显然，他已经在准备下一次的冒险了。

那天晚上，戴维睡着后，麦凯夫妇和朱迪开始商量，怎样解决戴维爬高的问题。"我看他越爬越起劲了，"麦凯太太说，"根本不听我的话，爬上书柜，碰到什么砸什么……真的让我很苦恼！还好你们两个平时不在家。可怜我，一天到晚，受这样的折磨！我甚至觉得他是在故意气我（我确实很生气！），不过，有时我也对自己说，不关我的事，他不过就是好动吧。这样想着，我居然不那么生气了。但这个问题必须得到解决！"

"你是说他爬高，对吧？"麦凯先生问，"好，那我们先不管他听不听话，就来说爬高。你告诉我，他爬过几次书柜？"

"我那天晚上照看他的时候数了一下，一共6次，"朱迪抢着说，"他真的很喜欢爬上去，玩得不亦乐乎。"

"确实如此，"麦凯太太附和道，"有时你一转身，他就爬上去了。他一天至少要爬10次吧。"

"那么，好吧。为了明确这一点，不如我们先来做个记录吧，就像朱迪那天晚上一样，只要他爬上去，我们就记下来。这个应该不会太难，因为他根本不怕我们发现他做的'好事'。他爬高的时候，我们还像平常一样反应，只不过要先给他记上一笔。"麦凯先生于是制作了"事前"记录表。

整整一周，麦凯一家如实记录了戴维爬高的次数，结果如下。

周次	每日记录							平均
	周日	周一	周二	周三	周四	周五	周六	（次）
第1周	5	9	6	8	7	4	不在家	6.5

"你们说得没错，"麦凯先生说，"事实上，记录显示，戴维这一周总共爬了39次，周六去奶奶家不算，39除以6，平均每天6.5次。他果然很能爬！"

"现在怎么办？"朱迪问，"他下次爬高的时候，我们惩罚他吗，还是另想办法？"

"我觉得戴维之所以喜欢爬高，可能是想让我们去抓他，"麦凯太太回答说，"对，他就是为了吸引我们的注意，并且以此为乐。"

"很有道理，"麦凯先生说，"那么，假如我们对这件事不再大惊小怪，他应该很快就不爬了。"

于是，麦凯一家决定，对戴维的爬高的行为采取忽视的策略。"听你们的，我会挪走柜子上的大部分东西。但是我确信，想要做到不追他、不抓他是很难的。我只能说，但愿这个方法管用！到底会怎样，等着瞧吧。"

一点都不错。有时，要忽视这个行为几乎是不可能的，尤其是朱迪，弟弟的冒险活动简直牵动着她的每一根神经。

但他们坚持了下来。计划实施两周，他们的"事后"记录如下。

	周日	周一	周二	周三	周四	周五	周六	平均
第1周	6	4	4	7	—	5	4	5
第2周	6	7	7	4	7	3	5	5

"怎么样？这两周我们可算是尽力了，他爬高的时候，大家都忍着不去关注他。结果怎样？几乎跟从前一样！而且，就因为我们不管他，他反而在上面待得更久了。"麦凯太太的语气显露出她似乎是要放弃，"说实话，我从来不觉得

这个方法会有用。我很高兴，至少我们用记录证明了这一点。"

"证明了什么，妈妈？"朱迪问。

"嗯……证明有些事是戴维这样的孩子天生爱做的，改不了。至少，我们无法纠正他。我们已经尽力了呀！"

"不对，是我们搞错了，"麦凯先生说，"先别急着放弃。来捋一下思路，我们觉得戴维爬高是想吸引我们的注意，所以我们就忽视他，结果他依然爬得起劲。这就说明我们搞错了！他总是爬高一定是另有原因！"

"我觉得他就是喜欢爬高，"朱迪说，"我说过，每次爬上去，他都乐得不行。"

"照你这么说，怎么才能让他觉得不好玩呢？"麦凯太太问。

他们继续讨论了很久。最后，麦凯太太回答了自己的问题："每次我们抓到他爬书柜，就强制他一个人去房间待5分钟，这样可以吗？"

"听起来不错，"麦凯先生表示同意，"另外，我们也在外面给他准备一个可以爬高的地方。"

麦凯一家终于找对了方法。不过他们还是忽略了一个事实——戴维完全不介意一个人待在房间里。事实上，第一次隔离结束，麦凯先生带他出来的时候发现他正美滋滋地玩着他的战士玩偶。"他压根儿就不想出来。如果我们想让他因为爬高吃点'苦头'，还真得换个地方隔离才行，不能让他那么开心。"

几经周折，麦凯一家最终找到了成功减少戴维爬高行为的方案。当然，他们为此花费的时间远远不止最初计划的2周。但假如现在你去他们家，你会发现麦凯太太的烛台已经重新回到了书柜顶上。他们为此做了诸多调整，不断重新规划方案，团结一致，最终取得了成功。果然功夫不负有心人！

至于戴维，他可能还是会不时地冒出这样那样的新问题，但哪个孩子不是这样呢？如果你现在去看他，很可能会发现他正在后院的攀爬架上玩耍，那是他爸爸亲手为他搭建起来的。

第四部分

支持独立的其他途径

第 19 章

与孩子的其他老师保持合作

你是孩子的老师,是他最重要的、任期最长的老师。除了你,他当然还有其他老师。学校的老师自然不必说了。此外,他还可能参加了各种治疗或训练项目,如作业治疗、语言治疗、适应性体育训练、行为治疗,另外,还有各种才艺兴趣班,如足球、钢琴……这些活动会让他接触到各式各样的老师。可以肯定,未来还会有更多老师出现在他的身边。如果你能和这些老师保持良好的合作关系,会对他的成长产生巨大的推动作用。

在本书的开始,我们就指出,当你在教学上越来越有经验、越来越有主见时,你会很自然地成为一个更好的教育合作者。而且,由于你比其他任何人都更加了解你的孩子,知道他如何才能取得最佳的学习效果,所以在维护他的权益时,你会比其他人更加坚定有力、更加精准高效。那么,本章我们就来谈谈如何成为孩子教学团队的有效一员吧。

孩子的学校

很幸运,现在的特殊需要儿童可以在多种多样的教育环境中进行有效的学习,从配备了特殊支持和服务的普通教室,到资源教室,再到特殊教室,甚至是特殊教育学校。20 世纪 70 年代中期以来,融合概念一直广受重视。大家普遍认为，特殊需要儿童不应该被孤立于普通教育之外，而应该成为普通教育的一部分。1977 年颁布的《残疾人教育法》(The Individuals with Disabilities Education Act，IDEA)，即 105-17 公法规定，特殊需要儿童应在最少受限制的环境中接受教育，这种环境往往是指普通教育学校的教室。事实上，如今有一半左右的障碍儿童正是在这样的教室中学习。但总体而言，无论是对特殊需要儿童还是对从事融合教育的老师来说，普通教育学校中各种必要的资源配备（如师资的培训及后续指导）都还不够充分。

当前特殊教育的重点是，让儿童在能最大限度地发展其社交能力和学业能力的环境中接受教育，因为这两种能力可以最大限度地保证他们在社会中独立生活。你的孩子需要的是什么样的教育呢？这是由你和个别化教育计划小组共同决定的。

即使抛开个别化教育计划不谈，学校给儿童提供的很多学习机会也是家庭很难给予的，其中最重要的，当属同伴交往。正因如此，下面两个条件是儿童能否成功融入普通教育课堂的重要指标。

1. 有良好的社交技能
2. 无不适应行为

学校既能给儿童提供大量与人相处的机会，训练他们的社交技能，也会暴露他们在家不容易显露的问题和困难。

参与孩子教育的三种方式

孩子能否成功融入学校教育环境，其中一个关键因素就是你。具体来说，你可以通过以下三种方式参与其中。

参与制订 IEP

不久以前，家长参与学校事务通常还只意味着给孩子的生日庆祝会送蛋糕，除此以外的其他职责全由老师一力承担。但如今，你却有很多机会真正参与到孩子的学校教育之中，其中最重要的，是积极参与制订孩子的个别化教育计划。

如你所知，20世纪后半叶，美国联邦法律规定，所有障碍儿童都要接受免费的、恰当的公立教育。《残疾人教育法》[①]也规定，每年至少针对每个儿童召开一次专门的IEP制订会议。在这些会议上，与会人员会给孩子定下具体的教育目标和教育计划，而对孩子有着独一无二的深刻了解的你，当然应该在其中发挥重要的作用。

一般来说，学校会先制订出IEP的初稿，再针对IEP的各方面内容开会讨论并达成共识。遗憾的是，通常你是在进入会议室的那一刻才拿到IEP的文件材料。你几乎没有时间仔细研究它，没机会和配偶或家人一起讨论其中的内容，也没机会准备你的意见和建议。这种做法实际上是在敷衍你和你的孩子，它完全无视了你作为家长能为制订IEP提供的特别经验和重要观点。毕竟，还有谁会比你更了解你的孩子呢？

你要当仁不让地承担起制订你家孩子的IEP的责任。为了保证过程顺利，你通常需要做到以下几点。

1. 审阅IEP初稿。提前获取IEP初稿，仔细阅读，确定你对哪些内容有疑问。如果你对哪里有异议，或觉得需要增补，就做好标记。此外，你也要表示你参与制订IEP的诚意，毕竟，你和其他人同属一个团队，你们有共同的工作目标。所以，你一定要记得肯定计划中好的部分，感谢他们对你孩子的了解。

2. 参加会议。这就不必多说了吧！

3. 表达你的观点。此时不是怯懦退缩的时候，不要被任何人吓住，也不要被行话、套话迷惑。不要只是出席会议，要积极主动地参与其中，要坚定自己的主张，与其他人分享你对自己孩子的全部认知，并且尽量有说服力。记住，你之所以与桌

[①] 译注：2004年，《残疾人教育改善法案》（The Individuals with Disabilities Education Improvement Act of 2004）颁布，这部法案正是在1997年颁布的《残疾人教育法》的基础上，进一步修订而来。

上的其他人聚到一起，不是为社交聚会，而是商谈正事，所谓正事，当然就是你的孩子的未来。

除了以上三点，你还可以带上某位亲戚或朋友一起参加会议，也可以邀请儿童的治疗师或权益保护者赴会。第三者的从旁助威，有助于你更充分地表达你和孩子的诉求，争取大家的支持。而且，你也能和他/她在会后彼此确认对会议内容的理解，沟通感想，商谈下一步的行动计划。

做志愿服务

你当然很忙，但哪怕只能挤出一丁点儿时间，我们也建议你去孩子的教室做志愿服务。去学校当志愿者益处多多。最大的益处，当然是孩子会特别愿意在学校看到你，只这一点就足以让你欣然前往了吧。不仅如此，你和老师还会建立更加友好的合作关系，你也将切身体会到老师日常教学的辛劳。你还可以在课堂这一完全不同的社交环境中观察自己的孩子，对他产生新的理解和领悟，由此反思你的家庭教学并做出调整。此外，在近距离观察老师的教学内容和教学方法后，你还能学以致用，丰富你的家庭教学。你还有机会观察孩子参与其他各种治疗或活动，可以和这些活动的指导老师们聊聊训练目标和训练方法，从而增进沟通，促进协调，保持家校一致性。

家校合作

斯泰茜·赫勒（Stacy Heller）是一个热爱挑战的人，虽然从事特殊教育已经 12 年了，但依旧能决心满满地微笑着迎接每一天的工作。她尤其喜欢这一届学生的家长，因为他们每个人都很关心孩子的教育，不，不只是关心，他们每个人都很热心地参与到了孩子的教育中。她想：每周二上课前，和家长们的半小时咖啡早会时间，真是沟通的好机会。最近的合作相当不错……

胡安的妈妈正在和她一起教胡安认读时间。每天早晨，妈妈会把前一天晚上在家学习的记录放到胡安的午餐盒里带给她，而每天放学时，她又会把当天胡安在学校认读时间的学习报告放到午餐盒里由胡安带回家。按照这个节奏，胡安这周末应该就能赚到他心爱的手表了。

大家都在担心贝基课间打人、推人的行为。不过，自从她和贝基爸爸协商一致，采用"红绿灯"计划后，短短4天教学就效果惊人。每天放学，贝基会带回家一个涂了颜色的小圆片，红色表示当天打人超过1次，黄色表示1次，绿色表示没有。这些小圆片可以在家兑换相应的奖励，红色意味着当天没有甜点，这对贝基而言无疑是个悲剧；黄色意味着不罚也不赏；绿色则表示可以和爸爸一起玩15分钟。

亚当的妈妈今天下午送来一张填好的《生活自理技能检核表》，那是她从《学会自理》的配套电子资源网站上下载打印出来的……

沟通

许多家长告诉我们，如果要在书里谈论家校合作，一定要把最重要的事强调三遍：沟通、沟通、沟通。无论是参加IEP会议，还是在教室做志愿服务，或是参加学校活动，你都有很多与校方交流沟通的机会。而孩子天然就是家长和老师的共同话题。这些年我们接触的老师实在很多，他们全都表示非常乐意与家长沟通信息、想法和问题。既然如此，家长为什么不把握机会呢？听老师夸夸孩子最新的美术作品有多棒，听她讲讲孩子在学校的趣事，你也顺便透露一下孩子在家的情况。当她热情地拿出孩子的学习进步记录，你也可以给她看看你在家做的各种记录，比如，你在这本书里学到、用到的教学计划。如果你们不方便碰面，还可以通过电话、邮件、社交平台等方式联络沟通。

既然沟通可以如此自然而富有成效，为什么有时候却无法实现呢？很简单，因为在沟通中难免会出现一方不喜欢另一方，不尊重甚至贬低另一方的情况，使沟通走向消极方向，最终一无所得。

如果你和孩子的老师正处于无法沟通的状态，请你想办法解决，不要将就或忍耐。要知道，你们本来就不是为了交朋友而走到一起的，你们甚至不必相互喜欢，但你们有共同的利益，为了孩子，你们必须找到合作的途径。这一点有时还真不容易做到，但如果你们能求同存异，就事论事，起码的沟通还是可以做到的。

如果你们的关系实在太僵，难以回转，那么你需要寻求上级部门的介入。你要将你们之间沟通不良的状况和盘托出，并表达你希望打开死结的迫切愿望，让有权威的第三方从中斡旋，让沟通不至于停滞。注意态度坚决地表达你的意愿，但也要有礼有节，尊重对方。要始终记得你与老师分享信息、保持沟通的初衷。

孤独症谱系障碍

如果你的孩子被诊断为孤独症或孤独症谱系障碍中的任何一种（广泛性发育障碍、高功能孤独症、阿斯伯格综合征等），那你就要尤其重视与老师的合作了。关于孤独症，我们知道的有以下几点。

第一，对于孤独症这一疑难障碍的干预由来已久，但困难重重，鲜有成功的先例。所以，你要擦亮眼睛，选择那些疗效确切的干预方法，警惕各种夸大其词、流行一时的神奇疗法。以我们掌握的文献资料来看，在对孤独症谱系障碍儿童的干预中，应用行为分析是目前为止被证明最为有效的一个方法（基本上也是本书所倡导的方法）。

第二，一对一教学是一种特别有效的教学形式。这种形式通常运用在儿童入学前，一般在家中进行，教学方法与本书介绍的类似。抓住生活中自然出现的机会，对儿童进行随机教学固然重要，但一对一的、系统化的固定课程也是必不可少的。

第三，从被确诊到儿童5～7岁，儿童接受密集型教学的机会其实相当有限。很多家长会选择把儿童交给行为治疗师，让一位或多位治疗师到家中授课。理论上说，通过这样的密集教学，儿童在一年左右就能有较大的进步，可以进入融合式的学前课堂，但还需要相应的支持性服务，比如，配备专门的助教（至少在入学的最初阶段）。也有家长会及早将儿童送到早教班，接受密集而系统的一对一教学。

保持一致性

对于有学习困难的孩子来说，教学保持稳定一致是一件特别重要的事。保持**一致性**，也是我们在本书中反复强调的观点。在稳定的环境中，各种活动均按照预期的次第有序展开，孩子会比较容易知道下一步做什么、什么时候做。你可以想象，在教授如何握笔、穿外套或认读时间时，如果家里和学校教的方法不一样，甚至完全相反，孩子会感觉多么混乱、多么无所适从。

也许你已经发现，泛化（generalization）是特殊需要儿童的一大难题。他们很难将从一个地方学到的东西运用到另一个地方。明明他在家已经会穿衣服了，但到了学校却还需要老师帮忙。语言治疗师激动地告诉你，他能说三个词的短句了，可你在家却从来没有听到他说过。

学会了一项技能却不能将它推广运用，那么它的价值也相当有限。智力落后儿童很难将此时此地学到的东西迁移到彼时彼地，其中的原因多种多样，但教学缺乏一致性无疑是相当重要的一个原因。

所以，你要注意平时的讲解和指令的一致性，同时与家人沟通，让大家统一认知、步调一致。你甚至可以要求奶奶不要在孩子哭闹时给他饼干（当然别指望她真的可以做到）。这些是基本的要求。此外，你还可以就教学目标、课程内容、辅助程度、奖励发放等内容，与孩子的老师保持良好的沟通，在更高层次上保证教学的一致性。与其他老师建立真正的合作关系，有利于创造积极向上的学习氛围，推动孩子学习的进步。

附录 A

准备技能

附录 A 是关于准备技能的教学建议。我们首先就正文第 8 章论及的注意技能给出了教学建议，然后又进一步讲到与注意相关但更加高阶的准备技能，主要包括：辨识物体、听从指令、模仿。当孩子知道什么是球、什么是篮筐（辨识物体），能"站在这条线上"（听从指令），"像这样投出去"（模仿简单动作）时，差不多就可以开始学习游戏和其他技能了。

附录 A 的第二、三部分，分别是关于粗大运动技能及精细运动技能的教学建议。这两类技能是生活自理技能及游戏技能的必备基础，但这里我们只示范性地列出了几项，如果你还打算教授更多，可向孩子的老师或治疗师请教。

教授准备技能时，你要耐下性子，慢慢来，不要着急。一堂课的时间不宜太长，一般为 5 分钟左右。虽然你的教学过程会特别辛苦，可孩子一旦掌握了这些技能，也就打开了学习全部技能的大门。

基本注意技能

被叫到名字时看过来

准备

两张椅子，让孩子与你相向而坐，尽量靠近，几乎膝盖碰着膝盖。如果孩子无法坐定，试试让椅子背靠角落。

当孩子顺利完成动作时，热情地表扬他，语言要简洁而具体（比如："很好，你坐下来了！"）。每个教学步骤都需要反复练习，等孩子顺利完成 4 或 5 遍后，才能进入下一个步骤。记住，节奏不要太快。

教学

1. 一手握住奖品，举在你面前，一手引导他将头朝向你，对他说："丹尼，看我。"表扬他，给他奖励，说："很好，丹尼看妈妈了！"

2. 将奖品举在你面前，说："丹尼，看我。"同样引导他将头朝向你，只是引导程度比上一步略低。表扬他，给他奖励。

3. 将奖品举在你面前，说："丹尼，看我。"同时轻轻碰一下他的下巴。表扬他，给他奖励。

4. 将奖品举在你面前，说："丹尼，看我。"这一次，不给他任何肢体辅助。

5. 先不拿出奖品，直接说："丹尼，看我。"等他持续注意你几秒后，表扬他，给他奖励。

被叫到名字时走过来

开始训练前，你必须保证孩子已经能够独立行走。

准备

让孩子站在角落，你站在他对面一两步之外。每次当孩子向你走来时，给他热情的表扬和奖励。以下步骤均需重复练习，孩子连续4或5次顺利完成后，才能进入下一个步骤。

教学

1. 将手搭在他的肩头，顺势将他拉向你，说："尼克，过来。"
2. 轻轻碰触他的肩头，说："尼克，过来。"
3. 用手示意他，说："尼克，过来。"
4. 直接说："尼克，过来。"

当孩子能在两步之外听从指令走过来后，开始逐渐拉开与他的距离，从1米到1.5米，再到3米，然后到门口（3～5米）。每次当你退远一些，叫他过来的时候，记得先示意。等他顺利过来5次之后，不再示意，直接喊他过来。

孩子对这一技能的掌握有快有慢。关键要看他多久才能明白，只有听从指令过来，才能得到奖励。

如果你的教学一直很顺利，却在某一天忽然卡壳，不要泄气，这也许只意味着你的步子快了一些，或者需要换个奖品了。为了让孩子体验成功的乐趣，你可以先退回他擅长的那一步，再逐步继续，但记得步子要比原来慢一些。为了让孩子保持学习的积极性，奖品也要经常变换。记住，每次上课都要以孩子的成功体验收尾。

辨识物体：认识玩具

辨识物体（或说出物体名称），如衣物、身体部位、玩具，有助于孩子更轻松地听懂指令。我们在这里主要介绍如何教孩子说出玩具以及身体各部位的名称。当然，你也可以用同样的方法教孩子辨识衣物、生活用品等。

材料

开始时，要选择简单的玩具，最好是孩子在今后的游戏中会用到的玩具，如球、洋娃娃、书、泰迪熊、积木、套环等。

准备

与孩子面对面坐在桌子两边，桌上除了你想让他辨识的玩具之外，别无他物。如果孩子平时不乱跑，也可以和他席地而坐。开始时，一次只认识一个玩具。比如，下面这个认识泰迪熊的示例。

教学

1. 举起泰迪熊，让孩子看到；清楚地对他说："熊。看这只熊。"

2. 然后，把熊放到桌上，说："把熊给我。"如果他没有反应，抓起他的双手，握紧熊身，引导他把熊拿起来递给你。

3. 表扬他，让他吃一口最爱的零食。

注意：如果孩子没有反应，你也可以让其他人拿起熊递给你，多次反复示范。要保证孩子一直注意看着这一过程，也要让他看到别人因为听从指令而得到了你的奖励。

你要将"把熊给我"的意思清楚地展示给孩子看。做到以下几点，会让辨识过程更加简单。

- 选择常用物品

- 桌上只有这个物品
- 清楚地告诉他做什么
- 让他看到怎么做
- 手把手引导他
- 奖励他的进步

后续步骤

当孩子可以在你的帮助下将泰迪熊递到你面前后，逐渐减少手把手的引导。最终，他将完全不需要任何肢体引导，自己把它递给你。然后，你可以用同样的方法，教他认识其他玩具。不过，这个新玩具看起来应该与前一个玩具明显不同，它的名字听起来也应完全不同。如果前一个玩具是泰迪熊，那么后一个玩具可以是陀螺或套环等。

当孩子无须帮助就能将第二个玩具递给你后，你就可以将两个玩具同时摆到桌上，并要求他给你其中一个。一开始，这一步骤可能会有难度。如果孩子出现任何受挫迹象，你要随时准备简化任务，返回到单一物体的辨识。你也可以打乱两个玩具的出场顺序，随机拿出一个，交替练习。记得给孩子必要的帮助，并及时给予奖励。

注意：你基本上可以用相同的方法，教孩子认识身体各部位的名称。

随机教学

你还可以将这种技能训练拓展到生活中。当然，你对孩子的要求或提示同样应该简明扼要，给出的反馈也要清晰而具体。比如，丹尼爸爸注意到丹尼有了眼神接触，他说："很好！丹尼看冰激凌了！"尼克和姐姐一起走向餐桌，准备吃晚饭，妈妈说："好棒！尼克来餐桌了！"克林顿的哥哥拿过一张纸巾，说："来，擦一下你的鼻子。"要知道，这样的互动，也是在鼓励孩子理解并使用语言。

听从简单的指令

"看这架飞机""把这件毛衣放进抽屉""把洋娃娃拿给爸爸"……如果孩子能听从各种简单的指令，不论是对你还是对他自己，都是好事。

孩子学习认识玩具、衣物及其他各种物体时，也在为听懂各种相关的指令做准备。

你可以先教他理解几个简单的指令，并了解其中的区别。这些指令大抵应该是简单的动作，如放、给、拿、坐、取、站、捡、看、扔等。

教孩子听从指令的方法同上，相信你应该很熟悉了。

1. 选择一个简单的指令。
2. 选用孩子熟悉的、叫得出名字的物品（如小熊、积木、衬衫）。
3. 一开始，手把手引导他完成指令动作。
4. 逐渐减少肢体引导，并过渡到用手势提醒。这样，孩子在听到指令后，还能看到相关的提示，视、听信息双管齐下，更有助于他明白你要他做的事。

学会理解并听从简单的指令后，孩子就可以开始学习区分不同的指令了。一开始应该先学习区分两个指令，掌握后再加入第三个，以此类推。

当孩子学会区分多个不同的指令后，可以将这些指令列成清单，让他按顺序逐个完成。比如：

- "看这个球。"
- "把球给我。"
- "把球扔给我。"
- "碰一下球。"
- "把球给爸爸。"

将球换成不同的物品，以同样的方式反复练习。孩子会很乐于玩这样的游戏。最后，你可以将不同物品与指令搭配起来，比如：

- "看这本书。"
- "把衬衫给我。"
- "把球扔给我。"

模仿：拍手

一旦孩子学会了模仿，就比较容易通过观察他人来学习新游戏、参与新活动。

准备

和孩子面对面坐在地板或椅子上，两人几乎保持同一高度。

教学

1. 说："格雷，拍拍手。"并拍手示范。
2. 握起他的双手做拍手动作。
3. 说："拍得很好！"奖励他一小块爱吃的零食。（他实际上什么也没做，只是让你拍了他的手，但在他看来，拍手让他获得了零食。）反复练习这个步骤，直到他明白其中的含义，开始自己完成拍手动作。

后续步骤

1. 说："格雷，拍拍手。"并拍手示范。
2. 减少给他的帮助，只碰一下他的双手，提醒他拍手。及时表扬他（"好孩子！"），并给他奖励。

这次的任务难度提高了。为了得到零食奖励，格雷必须自己承担更多的拍手动作。最终，你要完全撤除对他的帮助。当他能连续 3 或 4 次模仿你做出拍手动作后，你就可以用同样的方法教他模仿其他比较简单的动作了，比如：

- 起立
- 双脚跳
- 摸头
- 敲桌子（单次）
- 在头顶拍手
- 双手放到桌上
- 摸脚趾

可以尝试的其他活动

当孩子学会辨识物体和身体各个部位、能听从指令、可以模仿若干简单的动作后，就可以开始玩动作模仿类游戏了。这种游戏类似于"西蒙说"（Simon Says），但比它更简单。我们可以称之为"爸爸说""妈妈

说""姐姐说"或者其他任何人"说"。孩子熟练掌握这个游戏后，甚至可以作为游戏领导者，喊口令带大家一起做动作。

你应该将孩子已经学会模仿的所有动作融入游戏之中，并保证过程有趣好玩，还会提供各种奖励，尤其是要制造许多的欢声笑语、奉上大量的热情表扬。

"爸爸说：'拍拍手。'"

"爸爸说：'摸摸头。'"

"爸爸说：'跳起来。'"

"爸爸说：'坐下。'"

基本粗大运动技能

坐下

当孩子的身体发育到一定程度，他靠着外力支撑能坐会站的时候，你就可以开始教他自己坐下，并对"坐下"这一指令做出反应了。

材料

一把大小合适的椅子，保证他坐下时双脚能够着地。椅子紧挨桌子，方便他用桌子支撑身体。（低矮的茶几、结实的箱子，或其他任何高度适宜、能起支撑作用的物体均可。）

教学

此项训练可安排在孩子平时需要落座的时候进行，如用餐、吃零食、游戏时。

1. 把孩子带到椅子边，将椅子凑近他的双腿，紧贴膝盖后侧。
2. 站到椅子后面，引导孩子将左手放到桌面上。
3. 一手扶住椅子靠背，稳住椅子，一手放在孩子的肩头。
4. 说："洋子，坐下。"同时轻轻按下肩头，协助孩子坐下。
5. 给孩子热情的表扬（"很好，洋子，你坐下了！"），并立即发放奖励。

逐渐减少给孩子的肢体协助，从轻按肩头，到碰一下肩膀，说："洋子，坐下。"最后，你只需将孩子带到椅子边，孩子就会自己坐下去。

起立

当孩子能够自己站立以后，就可以学习起立了，即当你要求他"起立"时，他不需要帮助就能从椅子上站起来。

材料

一把合适的椅子，坐着时可以双脚着地。

教学

1. 站在椅子后，一手扶住他的手臂，一手扶住他的后背，引导他站起来。

2. 孩子一站起来，立即予以表扬（"好的！你站起来了！"）和奖励。连续在几节课上重复以上步骤，直到孩子开始明白"站起来"的意思，并能在你引导其起立又中途放手的情况下自己站定。

3. 逐渐减少对他的帮助，让他在听到指令后越来越多地靠自己站起来。

请按以下步骤逐渐减少给孩子的肢体辅助。

1. 椅子靠墙放置，以免移动，让孩子坐到椅子上，你站在他面前。

2. 伸出双臂，做出向上的动作，但不去扶他，对他说："迭戈，站起来。"

3. 当他站起来时，立即给予表扬和奖励。

最终，无须示意，你只要说"迭戈，站起来"，他就会立刻做出反应。完成这个新任务的他，又向独立前进了一步。

行走

当孩子能够自己站立并在单手搀扶下行走以后，就可以开始学习独立行走了。

材料

孩子最爱的玩具、零食，或者一个拥抱。

教学

1. 让孩子在角落与你相向而立，你拿着他最爱的玩具或零食站在一步以外的位置。

2. 示意他过来，给他玩具或零食，热情表扬他的勇敢尝试。

3. 让孩子倚靠爸爸或哥哥站立，你蹲坐在一步以外的地方。

4. 示意他过来，表扬他，同时奖励他零食或玩具。

5. 逐渐拉开你与孩子的距离，让他自己迈出更多步子。

上下楼梯

在学习上下楼梯之前，孩子必须已经能够独自站立和行走。

教学

1. 从爬单阶楼梯开始。扶住孩子并让他抓牢你，以便他安心抬步。将他的一条腿抬起来，落在楼梯的一个台阶上，并让他的另一条腿随之上去。帮助他保持身体平衡，在那一阶楼梯上站稳、站定。

2. 用几节课的时间重复练习这一步骤，直到孩子能自己保持平衡。

3. 逐渐减少对他抬步的辅助，让他不得不更多地靠自己抬起脚步。

4. 当他学会自己抬步以后，开始让他学习扶栏杆支撑身体。你站在他身后，帮助他保持平衡。开始时，只要他爬上一阶楼梯，就给他热情的表扬和奖励。

5. 逐渐增加爬楼梯的阶数，并且只有在他完成任务后才给他奖励。逐渐减少你对他的支撑，直到他完全依靠栏杆或墙壁保持平衡。注意，孩子一开始只会单脚迈步，双脚落在同一台阶后，才能迈出下一步，不要急着要求他交替迈步。

下楼梯

当孩子可以自己往上爬一两阶楼梯后，就可以开始学习下楼梯了。从楼梯底端最后一阶开始练习。注意随时给他需要的支持和帮助，以后再逐渐撤除。

孩子在下楼梯时会比较犹豫，因为下楼梯的难度更大，需要更好的平衡能力，也要格外小心谨慎。

记住，无论是上楼还是下楼，孩子都需要相当长的时间才能熟练完成。再怎么教子心切，你都要耐下心来，放低要求，小步渐进。只有这样，孩子才有可能成功！

基本精细运动技能及活动

推、拉、握、转

在生活自理活动和游戏活动中，孩子会用到无数种基本的运动技能。你可以通过玩玩具的方式教孩子这些技能。比如，你可以在地板上推着玩具车、玩具飞机到处跑，让孩子明白"推"是怎么回事；有趣的拖绳玩具则是教动作"拉"的绝佳材料（比你家小猫小狗的尾巴更好玩哦！），它们的材质或是塑料，或是木质，它们的造型有的是小动物，一摇一摆或蹦蹦跳跳的；有的是小车子，有活动的车轮，拉住细绳就能在地上拖行。当然，你也可以给家里带轮子的玩具系上绳子或细线，制成拖绳玩具。

还有一个教"拉"的有趣方法，那就是用细绳系住孩子最喜欢的毛绒玩具，和孩子坐在桌前，拉住细绳，将毛绒玩具从桌子的另一边垂下去，然后用力一拉，让玩具突然冒出来。将细绳放到孩子触手可及的地方，看他会不会自己伸手去拉，如果他没有反应，你要给他一些引导。

抓握是孩子需要学习的另一个基本动作技能。一开始，可选用孩子比较喜欢又容易抓握的玩具或物品，先给孩子做出示范，然后手把手引导他。有些孩子可能对玩具缺乏足够的兴趣，不太愿意抓握，所以当他最初试着这样做的时候，一定要给他奖励。

"转"手腕这项基本运动技能，同样可以利用家中现成的玩具或物品进行训练。涉及这一动作的常见玩具有"小丑跳跳盒"（Jack-in-the-box）和"忙碌百宝箱"（busy-box）。给孩子示范如何转动手腕给"小丑跳跳盒"拧发条。一开始，你要帮他完成大部分拧转动作，直到小丑差不多快跳出来的时候再停下，让他自己拧到底，然后看着小丑跳出来。几次以后，即使你不帮忙，他也会拧得不亦乐乎，完全停不下来！至于"忙碌百宝箱"，你可以把它靠墙放置或直接摆在桌上或地上。虽然种类、形态各异，但大部分"忙碌百宝箱"都有几个可以转动的旋钮或把手（也有可以推、拉的，所以这种玩具非常适合用来训练基本运动技能）。你还可以利用厨房工具（如手握打蛋器）或家里的门锁，来训练"转"手动作。

下面，我们推荐几个有助于发展动作协调能力的小活动，它们在难度上是逐级递增的。当孩子在活动中顺利完成动作时，记得给予热情的表扬和奖励，并在需要时提供必要的引导。当他在你的帮助下顺利完成任务 4 或 5 次之后，你可以开始逐渐减少对他的肢体辅助，直到他可以独立地完成任务。

抓握并放开物品

材料

空鞋盒 1 个，小物品若干。

教学

1. 一开始应选用又小又轻、容易抓握的物品，如泡沫软球、布艺球、浴用圆海绵等。

2. 将物品放到孩子手里，引导他将手移动到盒子上方并放开手，让物体落入盒子。

3. 当他不需要帮助，能自己握住这些轻质物品并放入盒中后，逐渐引入不同形状、不同硬度的物品，如积木、玩具车、晾衣夹等，但记得一次只能添加一种。

4. 当孩子学会抓握并放开物品（在你将物品放到他手里后，他能将物品放进盒中）后，开始练习从桌上抓起某个物品，依然从容易抓握的物品开始。在手把手引导他拿起物品后，让他自己完成接下来的动作（他已经学会），将物品放到盒子里。

5. 当孩子掌握拿起 – 握住 – 放开这一整套动作以后，开始教他从盒子里取出物品。

玩水

玩水是个有趣的活动，能锻炼专注力和协调性，也能为将来学习倒水、倒饮料打下良好的基础。

材料

塑料盆、塑料杯、旧报纸、漏斗、量杯、矿泉水瓶等。

教学

1. 将塑料盆放在椅子或桌子上（主要取决于孩子的身高），下面垫上旧报纸。

2. 将两个杯子放进盆里，一个空杯，一个装有半杯水（可在水中添加一些食用色素）。

3. 协助孩子（必要的话）将一个杯子里的水倒进另一个杯子。

4. 逐渐减少协助，同时增加水量。你还可以变换各种容器来玩这个游戏。

将物品放入开口的盒子

材料

鞋盒1个（盒盖上开3个边长为7～8厘米的方孔），各种小物品若干（晾衣夹、大纽扣、小积木块、绕线轴等）。

教学

让孩子将物品从孔眼放进盒子。必要的话，手把手引导他。比起之前握住物品后放手，任其自行落入盒子，这个活动需要更高的手部控制能力。

捏取物品

材料

花生酱、果酱、蜂蜜、干麦片、饼干碎块等。

教学

1. 将花生酱、果酱或蜂蜜涂到孩子的拇指和食指上。

2. 将拇指、食指捏到一起，重复多次后，让孩子将上面的食物舔干净。反复练习这一动作，让孩子习惯拇指和食指的协同运动。

3. 在正式用餐前，估计孩子肚子要饿了的时候，将一口大小的零食放到他的拇指、食指之间，让他吃掉。必要的话，在他往嘴里送食物时，帮他捏紧食物。最初只给他两三块这样的食物，待孩子掌握这些动作后再逐渐增加块数。

4. 当孩子能握住你递来的食物并送到嘴里后，开始训练他自己拿起食物。将一小块食物放进儿童餐椅的托盘或普通盘子里，也可以直接放到桌上，让他自己拿起来。给他必要的帮助。这个动作正是孩子拿起纽扣、钥匙、蜡笔、硬币等小件物品时需要用到的动作。

附录 B

生活自理技能步骤清单

附录 B 将针对第 9 章中《生活自理技能检核表》列出的 30 项技能，按照掌握程度——进行步骤分解，方便你准确判断孩子当前各项技能的掌握情况，进而为他量身定制适宜的教学计划[①]。

你当然可以一口气读完所有内容，但也可以只关注马上要教的某项或某几项技能，等以后准备教其他技能时再回来仔细阅读相关篇幅，这样做会更加方便。在每项技能的步骤清单中圈出符合孩子最高水平的步骤项，也就是说，被圈出的这个步骤及该步骤以上的所有步骤孩子都可以自己完成。比如，如果孩子可以做到步骤 1、2 和步骤 4，但不能做到步骤 3，那么你应该圈出步骤 2。而且，这些步骤必须是孩子可以完全独立完成的。此外，我们将在附录 C 中分别就这 30 项技能给出具体的教学建议。

注意： 除了这 30 项生活自理技能，第 12 章中的《自我管理技能评估表》和第 13 章中的《居家管理技能评估表》中还涉及了其他的技能。

用杯子喝水

0. 完全握不住杯子。
1. 在你手把手的协助下，握住杯子喝水。
2. 在你的协助下喝完水后，将杯子放回桌上（你协助他将杯子往下送至半程，他自己送完余下半程）。
3. 在你的协助下喝完水后将杯子放回桌上。

---

① 译注：附录 B 中所列生活自理技能步骤清单均依据当地生活习惯，读者在参考取用时可依据自家习惯做调整。

4. 在你的协助下将杯子举到半途后,自己送至嘴边,喝完水将杯子放回桌上。

5. 在你的协助下拿起杯子后,自己举起杯子喝水,喝完将杯子放回桌上。

6. 完全自己用杯子喝水。

7. 完全自己用各种杯子喝水。

用勺子吃饭

0. 完全不会用勺子吃饭。

1. 在你手把手的协助下,能将勺子送到嘴里。

2. 在你的协助下舀起食物并送至半途后,他能独自将勺子送到嘴里。

3. 在你的协助下舀起食物并送至半途后,他能独自将勺子送到嘴里,再放回食物中。

4. 在你的协助下舀起食物后,他能独自将勺子送到嘴里,再放回食物中。

5. 在你的协助下舀起食物后,他能自己完成其余所有动作。

6. 独立用勺子吃半固体食物(土豆泥、南瓜、麦片粥等)。

7. 独立用勺子喝汤。

用叉子吃饭

0. 完全不会用叉子吃饭。

1. 把叉子当勺子用(即用叉子挖舀食物)。

2. 在你手把手的引导下,用叉子叉食物。

3. 在你的语言指导下,用叉子叉食物。

4. 完全自己用叉子吃软性食物。

5. 完全自己用叉子吃各种食物。

用餐刀涂抹果酱

0. 完全不会用餐刀涂抹果酱。

1. 在你手把手的协助下,局部涂抹面包片。

2. 在你手把手的协助下,涂满整片面包。

3. 在你的语言指导下，局部涂抹面包片。

4. 在你将果酱挖到面包上以后，按指令涂满整片面包。

5. 在你的帮助下，将果酱挖到面包上，再自己抹开。

6. 在你的监督指导下，自己将果酱挖到面包上并抹开。

7. 无须监督指导，自己拿果酱和面包，自己涂抹。

用餐刀切分食物

0. 完全不会用餐刀切分食物。

1. 在你起刀切开部分食物后，能在你的帮助下切断剩余部分。

2. 在你的帮助下，将食物完全切开。

3. 在你起刀切开部分食物后，自己将食物完全切开。

4. 自己将食物完全切开（你用叉子帮他固定住食物）。

5. 自己切开食物时，自己用叉子固定住食物（你将叉子叉到食物上）。

6. 在你的提醒下，完全自己将叉子叉到食物上，然后切开食物。

7. 无须提醒，完全独立地用餐刀切开食物。

脱裤子（不包括解裤扣）

0. 完全不会脱裤子。

1. 在你帮他脱掉一个裤腿后，自己将另一个裤腿脱下来。

2. 坐着，将褪到脚踝的两个裤腿脱下来。

3. 坐着，将褪到膝盖以下的裤子脱下来。

4. 将裤子从膝盖上方褪下，再坐下脱掉。

5. 将裤子从大腿中段褪下，再脱掉。

6. 将裤子从臀部褪下，再脱掉。

7. 在你的监督下脱掉裤子。

8. 自己独立脱掉裤子。

穿裤子（不包括扣裤扣）

0. 完全不会穿裤子。

1. 在你将裤子提到臀部后，他能继续往上提到腰部。
2. 在你将裤子提到大腿中段后，他能继续往上提到腰部。
3. 在你将裤子穿过双脚并帮助他站起来后，他能将裤子提到腰部。
4. 在你将裤子穿过双脚后，他能站起身将裤子提到腰部。
5. 当你帮他穿好一个裤腿后，他能自己穿好另一个裤腿，并将裤子提到腰部。
6. 当你把裤子递给他后，他能自己穿好两个裤腿，并将裤子提到腰部。
7. 完全独立地穿上裤子。

穿袜子

0. 完全不会穿袜子。
1. 将袜子从脚踝往上提。
2. 将袜子从脚跟往上提。
3. 将袜子从脚趾后往上提。
4. 完全自己穿袜子，并调整脚后跟的位置。

穿套头衫

0. 完全不会穿套头衫。
1. 当你将衣服套在他头上后，他能自己往下拉，钻出头来。
2. 自己钻出头来，在你帮他穿好袖子后，他能将衣身往下拉到腰部。
3. 自己钻出头来，穿好一只袖子。
4. 自己钻出头来，穿好两只袖子。
5. 接过你递来的衣服，自己穿上。
6. 自己拿起衣服穿上。

穿前襟带扣的衬衫或外套（不包括扣衣扣）

0. 完全不会穿前襟带扣的衣服。
1. 在你帮他穿好袖子后，他能抓起左右衣襟，往中间合拢。
2. 在你帮他穿好一个袖子后，他能穿好另一个袖子。
3. 在你拿住衣服的前提下，他能自己穿好袖子。

4. 在你将衣服摆正后，他能拿起衣服并穿好一个袖子。

5. 在你将衣服摆正后，他能拿起衣服并穿好两个袖子。

6. 在你将衣服摆正后，他能自己穿好衣服。

7. 自己从抽屉里或衣架上拿出衣服穿好。

穿鞋（不包括系鞋带）

0. 完全不会穿鞋。

1. 在你帮他提起鞋后跟后，他能踩下去穿好鞋。

2. 在你将鞋套上他的脚趾后，他能提起鞋后跟穿好鞋。

3. 在你将鞋摆正位置放到他手里后，他能把脚伸进鞋子并穿好。

4. 在你把鞋子递给他后，他能自己穿上鞋。

5. 自己拿起鞋并穿好。

6. 自己分清左右，穿好鞋。

7. 自己穿好鞋并拉紧。

穿皮带

0. 不会穿皮带。

1. 在你将皮带穿进一个裤袢后，他能将整条皮带拉过去。

2. 将皮带穿进 1 或 2 个裤袢并拉过去。

3. 在穿裤子前将皮带穿过所有裤袢并拉好。

4. 在穿裤子后将皮带穿过所有裤袢并拉好。

扣皮带 ①

0. 完全不会扣皮带。

1. 在皮带穿好后，将皮带尾插入皮带头。

2. 将皮带扣齿扣进皮带孔。

3. 扣好皮带并将皮带尾插入裤袢收好。

---

① 编注：扣皮带步骤清单中提到的皮带各部位名称及图示详见 P271。

拉拉链

0. 完全不会拉拉链。

1. 在你将上衣拉链拉到胸口位置后，他能继续上拉至顶端（需要你拽住拉链下端）。

2. 在你拉好拉链头后，他能一直把拉链上拉至顶端（需要你拽住拉链下端）。

3. 在你拉好拉链头后，他能一手拽住拉链下端，一手把拉链上拉至顶端（"拉拉链头"的步骤会在下面另讲）。

扣纽扣

0. 完全不会扣纽扣。

1. 在你将半颗纽扣塞过扣眼后，他能单手拉出整颗纽扣。

2. 在你撑开扣眼后，他能将纽扣塞进扣眼。

3. 双手合力，独自将半颗纽扣塞过扣眼并整颗拉出。

4. 扣大颗纽扣。

5. 扣小颗纽扣。

6. 在你的语言指导下扣好整件衣服的纽扣。

7. 完全独立地扣好整件衣服的纽扣。

拉拉链头 ①

0. 完全不会拉拉链头。

1. 在你捏住拉头后，他能将插销插入其中。

2. 在你的指导下捏住拉头，并将插销插入其中。

3. 在你的指导下将插销插入拉头，稳住底部，向上拉起。

4. 独立拉好拉链头。

---

① 编注：拉拉链头步骤清单中提到的拉链各部位名称及图示详见 P275。

系鞋带 ①

0. 完全不会系鞋带。
1. 将鞋带两端拉紧。
2. 打底结。
3. 打出蝴蝶结的第一个圈。
4. 打出蝴蝶结的第二个圈。
5. 完全系好鞋带。
6. 穿好鞋带并系好鞋带。

挂衣服

0. 完全不会挂衣服。
1. 一手拿起并握住衣架,一手握住较轻薄的外套。
2. 在你的引导下,将外套两肩挂上衣架。
3. 在你的引导下,将外套一肩挂上衣架,再独立地将另一肩挂上衣架。
4. 在你的语言提示下,将外套挂上衣架。
5. 独立将外套挂上衣架。
6. 悬挂其他各类衣物(衬衫、裤子、裙子等)。
7. 无须提醒,在需要时,自己将各种衣物全部挂好。

擦干手

0. 完全不会擦干手。
1. 在你帮他拿好毛巾的前提下,自己擦手心。
2. 在你帮他拿好毛巾的前提下,自己擦手背。
3. 自己拿好毛巾擦手心。
4. 自己拿好毛巾擦手背。
5. 自己擦干双手。

---

① 编注:系鞋带步骤清单中的"打底结"这一步的图示详见 P276。

洗手

0. 完全不会洗手。
1. 冲净手上的肥皂沫。
2. 在你的帮助下,涂抹肥皂。
3. 自己涂抹肥皂。
4. 打开水龙头。
5. 关上水龙头。
6. 自己洗手。

刷牙

0. 完全不会刷牙。
1. 在你手把手的引导下刷牙。
2. 刷牙齿正面。
3. 刷牙齿背面。
4. 拿起挤好牙膏的牙刷,自己刷牙。
5. 完全自己刷牙(自己挤牙膏)。

洗脸

0. 完全不会洗脸。
1. 在你手把手的引导下,洗整张脸。
2. 在你的指点或要求下,洗脸的某个部位。
3. 自己洗整张脸。
4. 自己洗脸并冲洗干净。

洗澡(擦干)

0. 完全不会在洗澡后擦干身体。
1. 在你手把手的引导下,擦干上半身。
2. 在你手把手的引导下,擦干下半身及后背。

3. 在你的语言指导下，擦干上半身。

4. 在你的语言指导下，擦干下半身及后背。

5. 自己擦干上半身。

6. 自己擦干全身。

洗澡（清洗）

0. 完全不会清洗身体。

1. 在你手把手的引导下，冲掉浴液。

2. 自己冲掉浴液。

3. 在你手把手的引导下，清洗上半身。

4. 在你手把手的引导下，清洗下半身及后背。

5. 在你的语言指导下，清洗上半身。

6. 在你的语言指导下，清洗下半身及后背。

7. 自己清洗上半身。

8. 自己清洗下半身。

梳头

0. 完全不会梳头。

1. 在你手把手的引导下梳头。

2. 在你的语言指导下梳头。

3. 自己梳头。

洗头

0. 完全不会洗头。

1. 在你的帮助下，擦干头发。

2. 在你的帮助下，打湿和擦干头发。

3. 在你的帮助下，冲洗头发。

4. 在你的帮助下，搓洗头发。

5. 自己冲洗头发。

6. 自己搓洗头发。

7. 自己将洗发水挤到手心并抹到头发上。

8. 自己擦干头发。

9. 完全自己洗头。

整理床铺

0. 完全不会整理床铺。

1. 在你帮他完成几乎所有步骤后，他能将床罩拉好、盖住枕头。

2. 将拉平的床单和毯子一起向后翻折，放好枕头，再将床罩拉好、盖住枕头。

3. 在你拉平上层床单后，将毯子拉平并完成后面所有步骤。

4. 拉平上层床单并完成后面所有步骤。

5. 无须提醒，自己整理床铺并养成每日整理的习惯。

准备餐桌

0. 完全不会准备餐桌。

1. 当餐桌上其他东西都准备好后，他能在你的指导下将杯子放到桌上。

2. 当餐桌上其他东西都准备好后，他能自己将杯子放到桌上。

3. 当餐桌上其他东西都准备好后，他能在你的指导下将勺子放到桌上，再自己将杯子放到桌上。

4. 自己将勺子和杯子放到桌上。

5. 在你的指导下将刀叉放到桌上，然后自己将勺子和杯子放到桌上。

6. 自己将刀、叉、勺、杯子放到桌上。

7. 在你的指导下将盘子放到桌上后，自己将刀、叉、勺、杯子放到桌上。

8. 自己将盘子、刀、叉、勺、杯子放到桌上。

9. 在你的指导下将餐巾放到盘子旁，并自己将刀、叉、勺、杯子放到桌上。

10. 完全自己准备餐桌。

更换床品

0. 完全不会更换床品。

1. 在你换好其他床品后，他能将床罩铺到床上。

2. 在你手把手的引导下，将上层床单和毯子的床尾部分掖好。

3. 自己将上层床单和毯子的床尾部分掖好。

4. 在你的指导下，铺好毯子。

5. 自己铺好毯子。

6. 在你的指导下，铺好上层床单。

7. 自己铺好上层床单。

8. 在你的指导下铺好底层床单并掖好四边。

9. 自己铺好底层床单并掖好。

10. 自己更换整套床品。

11. 完全自己更换整套床品，知道何时应该更换并主动更换。

扫地

0. 完全不会扫地。

1. 在你的引导下，拿住扫帚，做出扫地动作。

2. 自己拿住扫帚，做出扫地动作。

3. 在你的引导下，清扫显眼的垃圾（大块食物残渣、纸张等）。

4. 自己清扫显眼的垃圾。

5. 按照你的指点清扫地面并将所有垃圾扫到一起。

6. 在你拿住簸箕的情况下，他能将垃圾扫入簸箕。

7. 自己清扫地面并将所有垃圾扫到一起。

8. 自己拿住簸箕，将垃圾扫入簸箕。

9. 完全自己清扫并将垃圾扫入簸箕。

10. 完成第 9 步，而且知道何时应该清扫。

11. 完成第 10 步，并且能判断清扫得是否足够干净，必要时返工，直到干净为止。

下面是《进步记录表》的空白页（表格详情见第 9 章），你可以将你准备教授的某项技能的步骤按顺序填入其中。

进步记录表

课程内容：_____

步骤顺序表	日期	步骤	尝试次数													备注
			1	2	3	4	5	6	7	8	9	10	11	12	

附录 C

生活自理技能教学方案

附录 C 是与第 9 章的《生活自理技能检核表》和附录 B 的《生活自理技能步骤清单》中各项生活自理技能相对应的教学方案。[1] 在落实这些教学方案之前，请选好你将采用的奖励方式，并做好必要的准备。请写出几种你的奖励方式：

_____

_____

注意：这些方案大多数都不涉及左利手、右利手问题，但如果孩子恰好是左撇子，在有些情况下需要注意转换方向。

用杯子喝水

教授这一技能前，应保证孩子已经能在你拿着杯子的情况下喝水。

准备

方便孩子拿捏的塑料小口杯 1 个（不带把手），将孩子最爱喝的饮料倒入其中（四分之一满）。

一开始的教学应选在孩子口渴，你也不那么匆忙的时候，两餐之间为佳。当你和孩子都适应教学流程后，只要孩子想喝水，就可以随时展开教学。

让孩子在桌边坐下，椅子要足够高，保证孩子能用比较舒适的姿势喝水。也可以将普通椅子垫高（如垫上电话本）。

---

[1] 译注：附录 C 的教学方案与附录 B 的《生活自理技能步骤清单》均以当地生活习惯为基础，读者在参考取用时可依据自家习惯做调整。

注意：饮料本身要对孩子有足够的吸引力，要有奖励性质。当然，你也不能忘记表扬。

教学：第一环节

站到孩子身后，让他用双手握住杯子，整节课你都手把手地引导他完成动作，具体步骤如下。

1. 把杯子送到他嘴边。
2. 倾斜杯子，让他喝一口。
3. 将杯子放回桌面。
4. 放开你的手，让孩子也松手。对他说："很好！你用杯子喝水了！"

重复以上步骤，直到他把杯中饮料全部喝完。

连续 4 或 5 节课，反复练习这些动作，直到你觉得孩子习惯了你手把手的引导。

在引导时，尽量轻轻地用力，让孩子自己出一部分力。在进入第二环节之前，你必须保证他已经能自己握紧杯子。

当孩子明白了喝水的完整动作序列之后，进入教学第二环节。

教学：第二环节

当孩子掌握其中一步，并能连续 4 或 5 节课在脱离你的肢体协助的情况下顺利完成该动作以后，就可以进行下一个步骤的学习了。别忘了提前备好奖品。

1. 继续手把手地引导孩子完成第一环节的步骤，但在杯子马上要回到桌面时松开你的手，让孩子顺势将它放回桌面，完成任务。这是孩子实现独立喝水的第一步！
2. 把杯子放回桌面时，在动作运行至四分之三处松开你的手。
3. 把杯子放回桌面时，在动作运行至二分之一处松开你的手。
4. 把杯子放回桌面时，在动作运行至四分之一处松开你的手。
5. 在他喝完一口后，松开你的手，让他自己将杯子放回桌面。至此，孩子掌握了用杯子喝水的后半程！该开始训练前半程（将杯子送到嘴边）了，记得逐渐减少你对他的协助！

6. 协助孩子将杯子送到嘴边，松开你的手。让他自己倾斜杯子，喝一口。接下来，他已经不需要协助，能自己将杯子放回桌面。

7. 协助孩子将杯子送往嘴边，在杯子几乎碰到嘴边的时候，松开你的手，让他自己送到嘴边，喝一口。当然，他已经能将杯子放回桌面了。

8. 继续减少你的协助，直到孩子掌握整套动作。

用勺子吃饭

准备

塑料碗 1 个、吸力碗垫或厨房湿纸巾 1 块（防止碗滑动）。

一日三餐中那些方便用勺舀起的食物（土豆泥、南瓜、一口大小的肉饼、热麦片粥、浓稠的炖菜、苹果泥等）。

足够高的餐椅 1 把，保证孩子能用舒服的姿势用餐，也可以将普通餐椅垫高。

教学：第一环节

站在孩子身后，让孩子一手拿住勺子，一手扶住碗身。整个用餐过程，你都要把着他的双手完成动作。

1. 从右往左（如果孩子是左利手，则从左往右）舀起食物。
2. 将勺子送到嘴里，让他吃下食物，说："很好！你用勺子吃饭了！"
3. 将勺子送回碗里，等他咽下食物。
4. 吃完 4 或 5 勺后，将勺子放到桌上，休息一会儿。
5. 重复以上环节，直到用餐完毕。如此连续重复 4 或 5 顿饭，直到你觉得孩子已经习惯了你手把手的引导。等他明白用勺吃饭的完整动作序列以后，进入教学第二环节。

注意：第二环节的教学包括三项动作技能，即将勺子送到嘴里、将勺子送回碗里、舀起食物。每个动作都可以采用逆向串链进行教学。

教学：第二环节

当孩子掌握其中一步，并能连续 4 或 5 节课在脱离你的肢体协助的情况下顺利完成该动作以后，就可以进行下一个步骤的学习了。别忘了提前备好奖品。

1. 手把手地引导他将勺子送到嘴里，松开你的手，让他吃下勺中食物，并把勺子从嘴里拿出来。重新把住他的双手，引导他将勺子放回碗里，说："很好！你用勺子吃饭了！"

2. 手把手地引导他将勺子送到嘴里，在他几乎把勺子送到嘴边的时候，松开你的手。让他自己将勺子送到嘴里、吃下食物、将勺子放回一小段距离。重新把住他的手，将勺子放回碗里，说："很好！你用勺子吃饭了！"

3. 手把手地引导他将勺子送到嘴里，在他把勺子送至半程的时候，松开你的手。让他自己将勺子送到嘴里、吃下食物、将勺子往下送回半程。重新把住他的手，将勺子放回碗里，说："很好！你用勺子吃饭了！"

4. 手把手地引导他用勺子舀起食物，然后松开你的手。让孩子自己将食物送到嘴里、吃下食物、将勺子放回碗里。重新把住他的手，引导他舀起食物，说："很好！你用勺子吃饭了！"

至此，除了将食物舀进勺子，孩子已经掌握了用勺子吃饭的所有动作。舀起食物是最难掌握的一步。不要一下子完全放开你的手，要逐渐减轻你握住他的手的力量，直到辅助似有若无，再逐渐改为扶手腕、扶手肘或其他更简单的引导。最终，你当然还是要松开手，把任务交给他自己！

注意：当你进展到通过扶手腕引导孩子后，你就不用再站在他身后了，直接坐在他身边即可。

用叉子吃饭

教孩子用叉子吃饭之前，应确保他已经学会用勺子吃饭。

准备

为方便叉住食物，请用塑料碗，不要用盘子。准备吸力碗垫或厨房湿纸巾 1 块，垫在碗下防滑。

选择容易叉住的大块食物（鸡块、胡萝卜、华夫饼等），避免容易叉碎的食物（炖土豆、汉堡等）。

足够高的餐椅 1 把，保证孩子能用舒服的姿势用餐，也可以将普通餐椅垫高。

教学：第一环节

站到孩子身后，将叉子放到他手里（正确姿势见插图）。如果孩子不会或不习惯这种姿势，也可以采用其他姿势。将孩子的另一只手放到碗上，扶住碗身。

1. 手把手地引导他用叉子叉住一块食物。
2. 松开你的手，让他将叉子送到嘴里。
3. 当他将叉子放回碗里后，重新把住他的手，再叉住一块食物，说："很好！你用叉子吃饭了！"

如此重复动作，直到一顿饭全部吃完。

当孩子能在你的引导下叉住食物后，逐渐撤除你的帮助，并进入第二环节。

教学：第二环节

当孩子掌握其中一步，并能连续 4 或 5 节课在无须额外肢体辅助的情况下顺利完成该动作以后，就可以进展到下一个步骤了。别忘了提前备好奖品。

1. 扶住孩子的手腕，引导他叉住食物。
2. 扶住孩子的前臂，引导他叉住食物。
3. 扶住孩子的肘部，引导他叉住食物。
4. 完全放开手，只在他需要的时候提供帮助，直到他学会自己用叉子。然后，把全部任务交给他自己！

当孩子学会叉起碗里的食物后，就可以将碗换成盘子，并在他需要的时候提供些许的帮助。

用餐刀涂抹果酱

用餐时间或点心时间都是教学的好时机。

准备

准备孩子喜欢吃又方便涂抹的食物（黄油、果酱比较适合涂抹吐司面包，番茄酱、蛋黄酱、芥末酱等比较适合涂抹一般面包）。具体的选择取决于孩子的喜好。

我们的教学方案是在吐司上涂抹果酱。用勺子舀一勺足以涂抹整片吐司的果酱，放到吐司上端一角（针对右利手的孩子放到吐司右上角；针对左利手的孩子放到吐司左上角）。准备一把便于抓握的、不锋利的硬质餐刀。

教学

当孩子掌握其中一步，并能连续 4 或 5 节课在无须额外肢体辅助的情况下顺利完成该动作以后，就可以进行下一个步骤的学习了。别忘了提前备好奖品。

1. 让孩子看着你一手拿起餐刀并握住，一手拿稳吐司片，沿对角线一气呵成地均匀涂抹果酱。你涂抹三分之二（两下）后，让孩子来涂。协助他一手握住餐刀，一手拿稳吐司片。轻轻引导他的手，直到涂好整片吐司，说："很好！你会抹果酱了！"

2. 在你涂抹完三分之一片吐司（一下）后，把餐刀递给孩子，引导他涂抹第二下。然后松开手，让他自己涂完最后一下，说："很好！你会抹果酱了！"

3. 在你将果酱放到吐司上以后，协助他涂好第一下，剩下的他已经可以自己完成。记得表扬他。

4. 在你将果酱放到吐司上以后，让他自己涂抹开，适当帮他稳住吐司片，说："很好！你会抹果酱了！"

5. 逐渐减少帮助，让他自己拿稳吐司片。

当孩子学会涂抹果酱后，开始引导他用勺子或餐刀挖舀果酱。然后，将果酱换成花生酱等其他酱料。最后，将吐司片换成普通的面包。

用餐刀切分食物

在学习这一技能之前，应确保孩子已经学会用叉子叉食肉类、用餐刀涂抹食物。

准备

用餐时间即最佳的教学时机。让孩子在进食前将所有食物都切分完毕。一开始应采用容易切开的食物，如松饼、肉饼、西葫芦、鱼、火腿片、香肠片等。

餐刀要便于抓握。

餐盘底下垫一张橡胶餐垫或厨房湿纸巾防滑。

餐椅要足够高，保证孩子能用舒服的姿势用餐，也可以将普通餐椅垫高。

注意：孩子完成任务后，可以给他打钩。用餐完毕后，再将钩兑换成他喜欢的甜点或玩具。

教学

当孩子掌握其中一步，并能连续 3 或 4 节课在无须额外肢体辅助的情况下顺利完成该动作以后，就可以进行下一个步骤的学习了。别忘了提前备好奖品。

1. 站在孩子身后，将刀叉分别放到他的两手上，餐刀要放到他平时最常用也最善于使用的手（优势手）里。手把手带他切开几乎整块的食物，松开手，说："你来切。"让他将剩余的一小部分全部切开。记得表扬他说："很好！你切好了！"

注意：暂时先松开孩子握刀的手，继续把住握叉的手。

2. 重复步骤 1，但这一次要早一点松开手，将更多的切割任务留给他自己完成。当他切开食物后，记得表扬他。

3. 将刀叉分别放到他的两手上，松开你的手，告诉他："你来切。"用语言指导他完成切割。表扬他说："很好！你切好了！"

4. 用语言提示他"拿起刀叉"。必要的话，适当帮他握住刀叉，准备开始切割。

注意：在切完一小块食物后，孩子可能需要调整握姿，再切下一块。

当孩子可以在你的语言指导下完成食物的切分后，开始逐渐减少语言指导，直到他能完全靠自己完成任务。之后，当切分难度显著提升（切分各种肉排、排骨）时，你需要在某些步骤酌情给予帮助。

脱裤子（不包括解裤扣）

准备

开始时，为便于穿脱，可采用带松紧带裤腰的短裤或内裤。

一开始也不要穿鞋。

如果裤子有纽扣、按扣或拉链，提前帮他解开。

先练习站着脱（站着比较好脱），再练习坐下脱（坐在地板上、床上、椅子上都可以，看孩子更习惯坐哪里）。

教学

当孩子掌握其中一步并能连续 4 或 5 节课在无须额外肢体辅助的情况下顺利完成该动作以后，就可以进行下一个步骤的学习。别忘了提前备好奖品。

1. 让孩子站着，将他的裤子往下拉到脚踝。再让他坐下，将一个裤腿从他脚上褪下来，说："脱掉裤子。"让他把住另一个裤腿，在你手把手的引导下将它从脚上褪下来。让他将裤子递给你。对他说："很好！你脱掉了裤子！"给他奖励。

注意：记住，一开始应保证每次都先脱下同一条裤腿，这样的常规有助于降低学习的难度。

2. 让孩子站着，将他的裤子往下拉到脚踝。再让他坐下，对他说："脱掉裤子。"让他把住其中一个裤腿，在你手把手的引导下把它脱下来。让他将另一个裤腿也脱下来，再把裤子递给你。对他说："很好！你脱掉了裤子！"给他奖励。

3. 让孩子站着，将他的裤子往下拉到膝盖。让他双手分别抓住裤腰两侧（拇指卡进裤腰内侧），对他说："脱掉裤子。"手把手地引导他将裤子褪到脚踝。让他坐下，自己脱掉裤子，递给你。对他说："很好！你脱掉了裤子！"给他奖励。

4. 当孩子即使没有你的肢体引导也能将褪到膝盖的裤子脱掉以后，开始逐渐提高任务难度。让他从大腿中部、臀部，最终从腰部开始往下脱。给他必要的帮助。

5. 逐渐减少帮助，直到他能完全独立脱掉裤子（在已解开裤扣的前提下）。他会脱裤子啦！

穿裤子（不包括扣裤扣）

准备

开始时，为便于穿脱，可采用有松紧带裤腰的短裤或内裤。让他坐着将两脚伸进裤腿，再站起来拉上去。如果裤子带纽扣、按扣或拉链，帮他扣好、拉上。

教学

当孩子掌握其中一步，并能连续 4 或 5 节课在无须额外肢体辅助的情况下顺利完成该动作以后，就可以进行下一个步骤的学习了。别忘了提前备好奖品。

1. 让孩子坐着，将他的双脚穿进裤腿，再让他站起来，帮他将裤子提到臀部。将他的双手放到裤腰两侧，拇指卡住裤腰内侧，对他说："把裤子提上去。"手把手地引导他将裤子提到腰部，然后说："很好！你把裤子提好了！"给他奖励。

2. 帮孩子将裤子提到大腿中部。将他的双手放到裤腰两侧，拇指卡住裤腰内侧，对他说："把裤子提上去。"手把手地引导他将裤子提到臀部，再让他自己将裤子提到腰部，对他说："很好！你把裤子提好了！"给他奖励。

3. 同上，分别帮孩子将裤子提到膝盖、脚踝，让他自己将裤子提到腰部。逐渐减少你的协助，从而增加他自己需要完成的部分。给他必要的引导。

4. 坐在孩子身边，将他的一只脚穿进裤腿。将他的双手放到裤子上，把住他的手，说："穿上裤子。"引导他将另一只脚穿进裤腿。让他站起来，自己穿好裤子。表扬并奖励他。

5. 让孩子坐着，将他的双手放到裤子上，说："穿上裤子。"手把手地引导他将一只脚穿进裤腿，松开手。他已经可以自己完成余下的动作了。掌握这一步，也就意味着掌握了穿裤子的技能。从此以后，你只要将裤子递给他，他就能自己穿上了！

穿袜子

准备

选择宽松的袜子。

坐在孩子身边（床上、地板上、椅子上都可以，取决于孩子的习惯）。

每节课至少有一次穿上了整双袜子。

循序渐进，一点点减少对孩子的帮助，直到他能连续 4 或 5 节课在脱离你的肢体协助的情况下顺利完成一个步骤以后，再开始练习下一个步骤。

教学

当孩子掌握其中一步，并能连续 4 或 5 节课无须额外肢体辅助的情况下顺利完成该动作以后，就可以进行下一个步骤的学习了。别忘了提前备好奖品。

1. 让孩子坐着，帮他将袜子提到脚踝。再协助他将拇指伸进袜子，将袜子完全提好，在此过程中提供必要的帮助。对他说："很好！你穿好袜子了！"给他奖励。

2. 帮孩子将袜子提到脚跟，说："穿上袜子！"提供必要的帮助，然后说："很好！你穿好袜子了！"给他奖励。

3. 帮孩子将袜子套上脚趾，说："穿上袜子！"提供必要的帮助，然后说："很好！你穿好袜子了！"给他奖励。

4. 把袜子递给孩子，并将他的手移到脚边，说："穿上袜子！"提供必要的帮助。孩子穿好以后，说："很好！你穿好袜子了！"给他奖励。

记住，孩子的进步总是很慢的。一般来说，在逐渐减少肢体引导的过程中，你应该持续提供语言指导及表扬鼓励。

穿套头衫

准备

开始时可采用短袖 T 恤或无袖背心,便于穿脱。

如果是普通套头衫,开始时尽量选择宽松版、大一码的,便于穿脱。避免高领套头衫。

衣服正面朝下,将后背下摆往上卷至袖窿。

注意:这不是一般人最初练习穿衣服的方式,所以一开始你可能会有些不解。在开始教学前,不妨先自己或与家人一起试着做一下。如果孩子已经学会了穿套头衫的大部分步骤,就不必再用这种方式了。

循序渐进,逐渐减少对孩子的帮助,直到他连续 4 或 5 节课都不需要额外的肢体辅助就顺利完成一个步骤,再开始练习下一个步骤。

教学

当孩子掌握其中一步,并能连续 4 或 5 节课在无须额外肢体辅助的情况下顺利完成该动作以后,就可以进行下一个步骤的学习了。别忘了提前备好奖品。

1. 站在孩子面前,将他的双臂伸进衣身并穿过袖子。再将他的双臂举过头顶,将领口套到他头上。慢慢将手臂放到身体两侧,将领口自然往下拉过头部。对他说:"穿好衣服。"将他的双手放到衣服背后,拇指伸进卷着的衣服,引导他(如果需要)将下摆拉到腰部,说:"很好!你穿好衣服了!"给他奖励。

2. 将孩子的双臂穿过袖子,并举过头顶,说:"穿好衣服。"引导他(如果需要)将手臂放到身体两侧。用语言提醒他将衣服拉好。穿好后,说:"很好!你穿好衣服了!"给他奖励。

3. 将孩子的双臂穿过袖子,然后说:"穿好衣服。"引导他(如果需要)将双臂举过头顶。当他放下双臂并将衣服下摆拉到腰部后,对他说:"很好!你穿好衣服了!"给他奖励。

4. 将孩子的一只手臂穿过袖子。帮助他用已经穿过袖子的手抓住背部卷起的衣服，对他说："穿好衣服。"引导他（如果需要）穿好另一只袖子。等他自己穿好衣服以后，对他说："很好！你穿好衣服了！"给他奖励。

5. 将后背卷起的衣服递给孩子，帮助他抓住衣服的后背，将一只手臂穿过袖子，对他说："穿好衣服。"引导他（如果需要）将另一只手臂伸进袖子。等他自己穿好衣服以后，对他说："很好！你穿好衣服了！"给他奖励。

6. 将后背卷起的衣服递给孩子，帮助他抓住衣服的后背，说："穿好衣服。"引导他（如果需要）将一只手臂伸进袖子。再帮助他放开抓着衣服的手，改用穿过袖子的手抓住衣服。他已经能够完成后面的步骤了。对他说："很好！你穿好衣服了！"给他奖励。这一步是所有步骤中最难的，所以会比其他步骤消耗更多的时间。

7. 将衣服正面朝下放在床上，说："穿好衣服。"将他的手放到衣服的后背，引导他将衣服的后背上卷至袖窿。后面的步骤他已经能自己完成。对他说："很好！你穿好衣服了！"给他奖励。一旦掌握这一步骤，孩子也就学会了穿衣，你只要摆好衣服，他就能自己穿上了。

穿前襟带扣的衬衫或外套（不包括扣衣扣）

准备

一开始可选择短袖衬衫，便于操作，避免紧身衬衣。

引导孩子时，站在孩子的身后。

我们的方法与一般人穿衬衣的方法不太一样，所以，在训练前，请你和家人先自行熟悉一下。将衬衫放在床上，按我们的步骤一步步演练，你会发现，这个方法看似复杂，实则相当简单。

将衬衫正面朝上摆在床上（领子靠近身体、下摆远离身体），将左右衣襟打开并平摊。

准备好奖品。

最初开始训练的时候，你应该手把手带孩子完成整套连贯的穿衣步骤。4或5节课以后，或等你和孩子都习惯了这一方法以后，再开始分步练习。记得表扬并奖励他的认真配合。

教学

1. 让孩子面朝衣领站立，衣服如图所示摆在床上。一边引导孩子俯下身去，一边说："把手臂穿进袖子。"引导他将双臂伸进袖笼并穿好袖子，站直身体。

2. 孩子的双臂目前贴着衣服的后背，引导他用双手抓住背部的下摆。

3. 对他说："把衣服举过头顶。"手把手引导他抬起手臂并举过头顶。

4. 放开你的手，引导他将手臂从左右两边垂下，衣服会自然落到正确的位置。

5. 对他说："把后背拉下来。"引导孩子双手向后抓住衣服的后摆并往下拉。

6. 将孩子的双手分别放到左右前襟，协助他将两片前襟向中间拉拢。对他说："很好！你穿好了衣服！"给他奖励。帮他扣好衣服的纽扣。

当孩子掌握了某一步骤，并连续 4 或 5 节课在无须额外肢体辅助的情况下顺利完成该动作以后，就可以进行下一个步骤的学习了。别忘了提前备好奖品。

一开始，你要手把手引导他完成步骤 1—5，再放开手，协助他（如果需要）完成步骤 6，然后说："很好！你穿好了衣服！"，并给他奖励。

接着，你要手把手引导他完成步骤 1—4，再放开手，说："把后背拉下来。"协助他（如果需要）完成步骤 5（把衣服后背拉下来）。在他自己将左右前襟向中间拉拢后，表扬并奖励他。

如此这般，孩子每掌握一个步骤，就逐渐减少对下一个步骤的辅助，直到他能自己完成所有步骤（前提是你在床上摆好衣服）。

最后，协助孩子（如果需要）将衣服在床上摆好。表扬并奖励他。

如果孩子已经用其他方法学会了部分穿衣步骤，那就按原来的方法继续练习。但你需要预先想好各个步骤并按顺序写下来。

穿鞋（不包括系鞋带）

准备

一开始，最好采用平底便鞋或浅口鞋进行教学（运动鞋包裹太紧，初学时不易操作）。

如果是系带鞋，确保鞋带已经整齐地解开，鞋舌也向后拉好。

坐到孩子身边（床上、地板上、椅子上都可以，取决于孩子的习惯）。

在每节课上至少要有一次穿上整双鞋子。

准备好奖品。

教学：第一环节

手把手引导孩子完成以下所有步骤。

1. 鞋底朝下，将鞋子放到孩子手里（左脚的鞋，放右手；右脚的鞋，放左手），对他说："穿上鞋。"
2. 将鞋头套上他的脚趾。
3. 将他另一只手（如果穿左脚的鞋，即左手）的食指伸进鞋子后跟，拉住后跟，将脚完全伸进鞋里。
4. 将他的脚放到地板上，协助他往下踩（也可以让他站起来），确保脚完全穿进鞋子。对他说："很好！你穿好鞋子了！"奖励他的认真配合。给他系好鞋带。

当孩子能在你的引导下穿上鞋子后，进入第二环节，开始分步练习。

教学：第二环节

首先，手把手引导他完成第一环节的步骤1—3。再放开手，让他独立完成步骤4（踩脚穿进鞋子），对他说："穿上鞋子。"并给他必要的指导。等他穿上鞋子后，说："很好！你穿好鞋子了！"奖励他。

当孩子连续4或5节课都能自己成功完成步骤4以后，手把手引导他完成步骤1—2。再放开手，让他独立完成步骤3（用食指提鞋后跟），在此过程中给予必要的指导。这一步难度最大，可能需要很多节课才能掌握并进行下一步骤。

如此这般，孩子每掌握一个步骤，就让他自己多完成一个步骤，逐渐减少手把手的引导，直到他能独立完成所有步骤。

至此，你仍需用语言提醒他完成各个步骤，对他说："穿上鞋子。"并在以后的教学过程中逐渐减少这样的提醒，让他自己完成所有的步骤。

穿皮带

准备

选择一根易于操作的皮带，对于手小的孩子，不要选太宽的；对于不擅长使用小物品的孩子，不要选太细的。

准备一条裤子，裤袢要够大，便于皮带穿过。可提前做好计划，利用日常穿裤子的机会进行教学训练。

在裤子上身前穿好皮带，比较方便儿童看清所有动作，也不需要他将手绕到背后去穿皮带。

提前备好奖品。

穿皮带与穿衣服不同，即使你把皮带穿上去又取下来，反反复复，也不会让孩子产生任何不自然的感觉。如果是幼儿，可以把它当成"火车钻隧道"或"大蛇进洞"等游戏来玩。每次训练结束后，让他穿上穿好皮带的裤子，再引导他完成扣皮带的各个动作，因为接下来你可能马上就会教他这一技能了。

教学

当孩子掌握某一步骤，并能连续 4 或 5 节课在无须额外肢体辅助的情况下顺利完成该动作后，就可以进行下一个步骤的学习了。别忘了提前备好奖品。

1. 帮孩子穿好整根皮带。告诉他你正在穿皮带。给他演示如何穿进去，又如何拉出来。

2. 帮孩子穿好几乎整根皮带，只留最后一个裤袢。将皮带尾端穿进裤袢，然后说："把它拉出来。"让他将皮带拉过裤袢。对他说："很好！你穿好了皮带！"并给他奖励。

3. 继续依照步骤2的方法，每次增加一个裤袢，直到他能将皮带拉过所有裤袢。当然，穿进裤袢的动作都是你帮他完成的。

4. 将皮带尾端逐一穿进裤袢，让他逐一拉出来，只留最后一个。对他说："穿进去。"让他将皮带尾端穿进最后一个裤袢，再拉出来。最初几次，可对穿裤袢的动作给予必要的引导。

5. 当孩子学会穿最后一个裤袢后，开始以同样的方法让他穿过最后两个裤袢、最后三个裤袢……直到他能自己穿好整根皮带。

当孩子只需语言指导就能穿好皮带以后，你就可以开始逐渐减少语言指导了。最后，你只需说"给裤子穿好皮带"，他就能独立地穿好皮带了。如果你希望在此基础上更进一步，让他先穿裤子再穿皮带，那么一开始在他穿后腰的裤袢时，要给予必要的手把手的引导。同样地，逐渐减少你的帮助，直到他能自己完成整个任务。

扣皮带

准备

在开始教授这一技能之前，应确保孩子已经学会穿皮带了。

皮带头的大小应该方便孩子拿捏，皮带长度则需保证皮带尾端能绕裤腰一整周并回到开头第一个裤袢处。

首先让孩子穿好皮带，穿好裤子。你自己也要系一根皮带，以便示范动作。站在他身边既方便示范又方便引导的位置。提前备好奖品。

按照下文方案中的顺序手把手地引导他完成扣皮带的所有步骤，并辅以口头指导，连续训练4或5节课。记得表扬并奖励他的认真配合。然后，逐渐减少对他的引导。

教学

1. 一手拿住皮带头，对他说："拿住皮带头。"
2. 另一手将皮带尾端插入皮带头，对他说："将皮带穿进皮带头。"

3. 一手拉动皮带尾，调节到舒适的宽松度，另一手将皮带头贴紧身体，并对他说："拉。"

4. 一手摁住皮带尾，另一手将皮带头的扣齿推入最近的皮带孔里，并对他说："扣进孔眼。"

5. 一手掰起皮带头另一端，另一手将皮带尾推过去，对他说："推过去。"（有些皮带不需要这一步。）

6. 一手将皮带尾端塞进皮带的皮圈里，对他说："穿进皮圈。"

7. 另一手将皮带尾端拉过皮圈，对他说："拉过皮圈。"

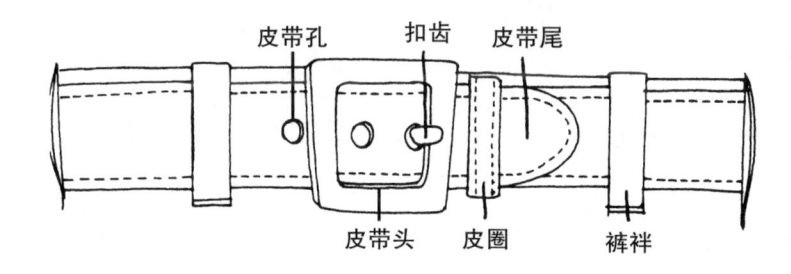

当孩子掌握其中一步，并能连续 4 或 5 节课在无须额外肢体辅助的情况下顺利完成该动作以后，就可以进行下一个步骤的学习了。

先带孩子完成步骤 1—6。然后，示范如何将皮带尾端拉过皮圈。对他说："将尾端拉过皮圈。"让他自己完成这一步骤，并给他必要的引导。表扬他说："很好！你扣好了皮带！"给他奖励。

带孩子完成步骤 1—5。示范步骤 6 的动作（将皮带尾端穿进皮圈）。然后对他说："穿进皮圈。"并给他必要的引导。让他自己完成步骤 7，皮带就这样扣好了。记得给他表扬和奖励。

如此这般继续往下教。每次教新步骤时，先示范动作，然后给予语言指导，必要时手把手引导孩子。他会自己完成越来越多的步骤，直到学会所有步骤。每次他掌握新步骤后，记得表扬他。

当他只需语言指导就能扣好皮带后，你就可以开始逐渐减少语言指导了。最后，你只需对他说"扣好皮带"，他就能自己独立地扣好皮带了。

拉拉链

准备

开始时宜采用前襟带拉链的夹克衫、毛衣等进行练习，这种前襟拉链比侧边拉链（如短裙的拉链）或其他不太方便够到的拉链（裤子、长裙等的拉链）更容易操作。

如果孩子还难以抓握拉链的拉片，可在拉头上用细线或钥匙圈缀个小挂件。

教学

当孩子掌握一个步骤，并能连续4或5节课在无须额外肢体辅助的情况下顺利完成该动作以后，就可以进行下一个步骤的学习了。记得提前备好奖品。

1. 拉好拉链头，并往上拉到孩子胸口的位置。让他左手拉住拉链底端，右手握住拉片，对他说："把拉链拉上去。"双手分别握住他的左右手，引导他将拉链拉到顶端，说："看！拉链拉好了！"给他奖励。

2. 将拉链拉到孩子胸口的位置，然后说："把拉链拉上去。"协助他用左手拉住拉链底端。放开你的右手，让他自己用右手把拉链往上拉，给予必要的引导。对他说："很好！你拉上去了！"并给他奖励。

3. 每当他能够拉一段距离的拉链，就让他比上次多拉几厘米，但继续协助他拉住拉链底端。每次他拉好拉链，都要及时表扬他。当他能自己从头到尾拉上整条拉链后，逐渐减少给他的帮助（即协助他拉住尾端，详见步骤4）。

4. 让孩子用右手拉好整条拉链，但在他即将拉到顶端的时候，放开你的左手，对他说："抓住。"让他自己固定底端并拉好拉链，表扬并奖励他。

5. 在孩子用右手往上拉拉链的时候，每次在比上一次提前几厘米处放开你的左手，让孩子自己固定底端，直到他能完全脱离辅助自己完成整个任务（前提是你帮他拉好拉链头）。现在，该让他自己完成这个新任务了！

当孩子可以轻松地拉好前襟的拉链后，开始学习拉裤子或短裙的拉链。短小的拉链操作起来会困难一些，因此，你们有可能要退回到步骤1，重新开始。无论如何，记得给孩子清晰的语言指导，多多表扬他，每当他掌握一个步骤都应该给他奖励！

扣纽扣

准备

纽扣越大越好扣，学起来也越轻松。帮孩子扣好所有纽扣，只留中间一颗，因为那是孩子最容易看到的一颗。教学就从这里开始。

我们的教学方案以女式衬衫为例。如果你的孩子是男孩，请注意将左右方向颠倒过来，因为男式衬衫的纽扣位置和女式衬衫左右相反[①]。为了便于孩子模仿动作，妈妈需要站到孩子的正对面，制造出镜像效果。所以，如果是妈妈教女儿，那么妈妈应该穿上爸爸的衬衣；如果是妈妈教儿子，则穿上自己的衬衣。当然，如果是爸爸教儿子，那么他穿上自己的衬衣站在孩子身边即可。[②]需要给孩子肢体引导时，教学者则要站到孩子的身后或身边。

提前穿上衬衫，方便教学时示范动作步骤。提前备好奖品。

扣纽扣主要有以下四个步骤。

1. 撑开扣眼
2. 插入纽扣
3. 捏住纽扣，拉过扣眼
4. 拉住扣眼所在门襟边缘，便于纽扣穿过扣眼

下面的教学采用的是逆向串链。

教学

当孩子掌握其中一步，并能连续4或5节课在无须额外肢体辅助的情况下顺利完成该动作后，就可以进行下一个步骤的学习了。请提前备好奖品。

[①] 译注：一般男式衬衫纽扣在右襟，女式衬衫纽扣在左襟。
[②] 编注：由于男女体型上的差异，一般情况下，爸爸很难穿上妈妈的女士衬衫。遇到这种情况，爸爸可以选择站在孩子身边进行教学。

1. 帮孩子将纽扣的一半塞过扣眼，捏住纽扣，对她说："扣上纽扣。"引导她用左手拇指和食指捏住扣眼所在门襟边缘并将纽扣完全拉过扣眼。对她说："很好！你扣好了纽扣！"给她奖励。

2. 帮孩子将纽扣的一半塞过扣眼，让她用右手拇指和食指捏住纽扣，再让她用左手拉住扣眼所在门襟边缘并将纽扣完全拉过扣眼。对她说："很好！你扣好了纽扣！"给她奖励。

3. 帮孩子撑开扣眼，同时引导她用左手拇指和食指捏住纽扣边缘，对她说："把它塞过去。"引导她将纽扣塞进扣眼。提醒她用右手捏住纽扣的另一端。现在，她已经会将纽扣拉过扣眼所在门襟边缘了。表扬并奖励她。

4. 协助孩子用右手拇指和食指抓紧扣眼，确保她的拇指指尖在扣眼里。在她用左手将纽扣塞进扣眼的时候，引导她移动右手食指，让右手的食指和拇指能及时抓住从扣眼中穿过来的纽扣。接下来的步骤，她已经能够自己完成了。表扬并奖励她。

注意：步骤4其实包含两个不同的新任务，即撑开扣眼、移动食指抓住纽扣。由于这两个动作我们平时几乎是一气呵成的，所以这里也合并在一起了。

5. 当孩子不需要你的帮助，能自己扣好中间的纽扣后，逐个增加扣纽扣的数量，并提供必要的帮助，直到她能够扣完所有的纽扣。

然后，你就可以开始让她扣小一点的纽扣和侧边的纽扣了。由于这些纽扣比较难扣，在教学过程中你很可能需要倒退几步重新开始。记得给她清晰的语言指导和大量的表扬与奖励。

拉拉链头

在学习拉拉链头之前，孩子必须已经熟练掌握了拉拉链的技能，并且不需要你的任何帮助。

准备

大拉链比较便于操作，所以一开始最好选择外套或厚毛衣的拉链进行练习，轻薄夹克的拉链则可留到后面使用。

为了便于演示（示范）教学中的每一步动作，你也需要穿上前襟带拉链的外套或毛衣。在引导孩子做动作时，请站在他的身后或身边。

教学

当孩子掌握其中一步，并能连续 4 或 5 节课在脱离你的肢体辅助的情况下顺利完成该动作以后，就可以进行下一个步骤的学习了。别忘了提前备好奖品。

1. 确保孩子看着拉链，将他的左手手指放到拉链底端的插销上，右手放在拉链拉头上。对他说："对准拉链头。"手把手引导他抬起插销并插入拉头，直至底座。对他说："很好！你对准了拉链头。"引导他用左手把住拉头底座。放开你的右手，让他自己用右手抓住拉片往上拉。

2. 手把手引导他将插销插入拉头，但只引导一半，对他说："对准拉链头。"放开你的左手，让他自己将插销插进底座。当他右手往上拉拉链的时候，协助他用左手固定住拉头底座。

3. 如上两步，协助他用右手握住拉头，然后说："对准拉链头。"让他自己将插销插入拉头，直至底座。对他说："很好！你对准了拉链头。"当他准备往上拉的时候，提醒他左手握住拉头底座。记得奖励他。一旦儿童学会用左手插插销，你就可以逐渐减少对他右手的协助了（握住拉头）。

4. 孩子每次插插销时，都要比上一次早一点放开你的右手（即逐渐减少对他握住拉头动作的协助），直到他不再需要这种帮助，自己完成整个任务。这一步难度较大，可能会比其他步骤多花些时间。

一旦孩子学会操作较大的拉链头，就可以开始教他拉小一点的拉链头了（比如轻薄的夹克衫上的拉链）。必要的话，给他帮助，甚至不惜回到步骤 1 重新开始。

系鞋带

准备

准备黑、白两副鞋带，将所有鞋带剪去四分之一，黑白两段系成一根，成为一副新鞋带。

在鞋上穿好鞋带，黑段在儿童左手边（他穿鞋的时候），白段在右手边。

选择一个让孩子感觉舒适的地点和姿势，比如，坐在椅子上或站着，将脚放在矮凳或椅子上穿，或者坐在椅子上，将脚放在地上，弯下腰穿。

既要抓住孩子平时穿鞋的教学机会，也要安排专门的训练课。在训练课上，可将鞋子摆到桌上，摆成平时穿在脚上的样子（鞋跟靠近身体、鞋头远离身体）。记得提前给孩子穿好黑白鞋带。系鞋带训练难度较高，所以，在开始教学前，请你和家人进行适当的练习，以熟悉教学流程。请提前备好奖品。

注意：考虑到任务的难度，除了平时上课的奖品，你应该给孩子额外准备一份特殊奖品（如他一直想要的玩具）。

教学

打底结

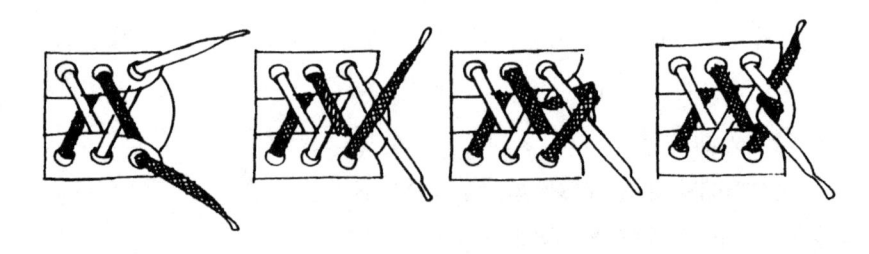

1. 食指、拇指拿起鞋带，左手拿黑色，右手拿白色。拉紧鞋带。放手。
2. 将白段翻折到对面（偏鞋跟方向），放手。黑段翻折，交叉于白段之上，放手。
3. 右手拿起黑段，将鞋带头从白段下方穿出，朝鞋头方向拉起，放手。
4. 左手拿起白段、右手拿起黑段，同时往上拉紧，放手。

当孩子掌握其中一步，并能连续 4 或 5 节课在无须额外肢体辅助的情况下顺利完成该动作后，就可以进行下一个步骤的学习了。

你先完成步骤 1—3，再引导他用左手拿起白段、右手拿起黑段，对他说："两边同时拉紧。"给他必要的帮助，然后说："很好！你打了一个结！"给他奖励。

你先完成步骤 1—2，再引导他用右手拿起黑段的鞋带头，从白段下方穿出来（朝鞋头方向）。用语言指导他把两边同时拉紧。当他打完结后，表扬并奖励他。

如此这般，孩子每学会一个步骤，就让他自己多完成一个步骤，直到他不需要肢体引导自己打完底结。接下来学习打蝴蝶结。

打蝴蝶结

1. 左手拇指、食指捏住黑段距底结三分之一处，右手拇指、食指捏住黑段距底结三分之二处并送至底结处，此时黑段形成一个圈。让儿童用右手拇指、食指顺势捏紧圈底，放开左手。将黑圈朝向鞋子左侧，贴于鞋面之上。

2. 右手拿起白段放到黑圈上，白段端头朝向鞋头。放手。

3. 左手拇指、食指捏住黑圈底部（靠近底结处）。

4. 右手食指放在白段距底结三分之一处（此时白段端头仍朝向鞋头），将白段往后跟方向推，从黑圈下绕过穿出，形成一个新的圆圈，移开手指。右手食指、拇指捏住白圈，左右手同时用力，将黑白圈拉紧。

当孩子掌握其中某个步骤，并能连续 4 或 5 节课在无须额外肢体辅助的情况下顺利完成该动作后，就可以进行下一个步骤的学习了。记得提前备好奖品。

教打蝴蝶结的方法与教打底结相同：

一开始，帮孩子完成除最后一步之外的所有步骤。在孩子学习自己完成步骤时，每一步都给予必要的指点和引导。注意指令要清晰明了，如"拉紧鞋带""捏紧黑圈""捏住这里""两圈同时拉紧"等。

孩子每掌握一个新步骤，记得表扬并奖励他，直到他完全自己完成这个新的高难度任务。

当孩子学会系黑白鞋带之后，再开始学系普通鞋带。别忘了给他必要的帮助。

挂衣服

在开始这一课程之前,孩子应该已学会扣扣子和拉拉链。

准备

准备一个大一点的木质衣架,放在床上。

准备一件便于操作的衣服,衬衫、薄外套均可,正面朝上放在床上,衣摆靠近身体。

如果孩子还够不到衣柜里的挂衣杆,准备一张小凳。记得备好奖品。

教学

1. 右手拿起衣架,说:"用这只手拿起衣架。"
2. 衣服平铺在床上,左手抓起左手边的衣肩,说:"抓起衣服的这里。"
3. 右手将衣架插进衣肩,说:"把衣架插进去。"放下衣架,松开双手。
4. 左手轻轻按住衣架,使之稳定,说:"按住衣架的这里。"
5. 右手抓起右手边的衣肩,说:"抓起衣服的这里。"
6. 将衣肩挂到外露的衣架一端,说:"把衣服挂到衣架上。"
7. 将衣服最上端的纽扣扣起或拉上拉链,说:"扣好纽扣/拉上拉链。"
8. 抓住衣架上靠近挂钩的位置提起衣服,挂进衣柜,说:"把衣服挂起来。"

注意:最后提起衣服时,不要直接抓握衣架上的挂钩,否则,挂衣服时还要再换一次手。

当孩子掌握其中一步,并能连续 4 或 5 节课在无须额外肢体辅助的情况下顺利完成该动作以后,就可以进行下一个步骤的学习了。记得备好奖品。

手把手引导孩子完成步骤 1—7,边做边告诉他你们正在做什么。放开你的手,说:"把衣服挂起来。"并给予必要的帮助。表扬他:"很好!你把衣服挂起来了!"给他奖励。

手把手引导孩子完成步骤 1—6,放开你的手,说:"扣好纽扣/拉好拉链。"给予必要的帮助,然后说:"把衣服挂起来。"这一步他现在已经能自己完成了。

如此这般继续教下去。孩子每掌握一步，就提前一步放开手，让他自己来，直到他不需要你的肢体引导，能自己完成所有步骤，顺利挂起衣服。

当孩子能依照你的语言指导挂起衣服后，开始逐渐减少对他的语言指导。从最后一个动作"把衣服挂起来"开始，每次少说一句，直到他完全不需要指导，能自己完成所有的步骤。

擦干手

准备

一块大毛巾，对折挂在毛巾架上，两边用夹子夹住，以免滑落。

毛巾架尽量调低，让孩子容易够到，若无法调整，准备一张宽一点的脚凳。

备好奖品。

教学：第一环节

手把手带孩子完成以下步骤。

1. 将一只手放到毛巾后。
2. 擦另一只手的手心。
3. 把手翻过来，擦手背。
4. 将擦干了的手放到毛巾后。
5. 擦另一只手的手心。
6. 把手翻过来，擦手背。对他说："很好！你擦干手了！"奖励他的认真配合。

当孩子能在你的肢体引导下顺利擦干双手后，开始逐渐撤除对他的引导，进入第二环节。

教学：第二环节

首先，手把手引导他完成第一环节的步骤1—5。然后放开你的手，让他自己完成步骤6。必要的话，可以用一只手把住他的手肘引导他。对他说："好孩子！你擦干手了！"奖励他成功完成任务。

当孩子连续 4 或 5 次顺利完成步骤 6 以后，引导他完成步骤 1—4，然后让他自己完成步骤 5—6，必要的话，给他一点引导。

如此这般继续往下教。孩子每掌握一步，就提前一步放开手，直到他能自己完成所有步骤。

洗手

开始这一课程之前，孩子应该已经学会擦干双手。

玩水

在正式教孩子洗手之前，不妨先带孩子玩玩水，让孩子习惯水流到手上的感觉。

准备一个塑料盆和几个小容器，在塑料盆里放些水。帮助孩子用容器舀水，再浇到手上。因为孩子将要学习用凉水洗手，所以这里的水也应该是凉水。

提前将肥皂切成便于孩子抓握的大小。将肥皂放进水里，和孩子一起从水里捞起肥皂，放进容器。这主要是训练孩子抓、握并放开湿滑的肥皂的技能。

有了这一游戏的铺垫，洗手的教与学都会变得更容易。

此外，为了降低教学难度，你还可以在正式开始教学之前的几周或几个月，按以下要求给孩子洗手。

准备

孩子日常的洗手时间就是最好的教学时间。

如果孩子还够不到水池，准备一张宽一点的脚凳。

将肥皂切成合适的大小，便于孩子抓握。一般来说，新肥皂比较不容易打滑。

准备一个皂盒或皂碟，防止肥皂滑落水池，也可以用湿毛巾或湿纸巾代替。

用亮色胶带或指甲油给凉水龙头做好标记。如果是冷热水龙头，请在课前调好水温。

提前备好奖品。

教学：第一环节

站在孩子身后，手把手带他完成以下步骤。

1. 打开凉水龙头。
2. 将他的双手伸进流水里，说："洗手了。"
3. 协助他拿起肥皂。（单手或双手都可以，主要看孩子方便。）
4. 双手手心搓肥皂。最好让他先一手抓住肥皂，另一手擦肥皂，然后左右交换。
5. 将肥皂放回水池上方。
6. 用擦过肥皂的手心揉搓另一手的手背。
7. 以同样的方式，反过来揉搓另一手的手背。
8. 双手伸进流水里，相互揉搓，直到冲净泡沫。

对他说："很好！你洗好手了！现在，关掉水龙头。"引导他关掉水龙头。

注意：在完成步骤4、6、7时，始终遵循相同的左右手顺序，建立这样的常规有助于降低学习难度。

对某些孩子来说，关水龙头是一件趣事，相当于给他的奖励。但如果孩子不能从中获得乐趣，就需要额外的奖励来强化这一行为。

如果孩子可以在手把手的引导下完成洗手任务，就可以进入第二环节的分步练习了。

教学：第二环节

当孩子掌握某一步骤，并能连续4或5节课在无须额外肢体辅助的情况下顺利完成该动作后，就可以往前退一步，开始新步骤的学习了（逆向串链）。

手把手引导孩子完成步骤1—7。放开手，让他自己完成步骤8，冲干净双手，同时给予必要的引导（双手扶住他的两肘，把他的手带到水龙头下）。然后说："很好！你洗好手了！"必要的话，协助他关掉水龙头。给他奖励。

当孩子掌握步骤8后，再次练习时，只带他完成步骤1—6，然后放开你的手，说："洗手。"让他自己完成步骤7，并给予必要的引导。接下来的步骤8，他已经可以自己完成。必要的话，协助他关掉水龙头。对他说："很好！你洗好手了！"给他奖励。

继续采用逆向串链，按顺序完成各个步骤的教学。

刷牙

准备

准备软毛儿童牙刷，如果刷毛太硬，可先用热水软化。选择专门的儿童牙膏，帮他挤好牙膏。

早上起床后、饭后、睡前都是教刷牙的好时机。站在孩子身后或身边引导他。准备一个宽一点的脚凳，方便他站着观察镜子中的动作。

记住一条刷牙规则：顺着牙齿生长的方向刷，即上排牙齿往下刷，下排牙齿往上刷。准备好奖品。

将牙刷放到孩子手里，手把手引导他按计划顺序完成所有步骤。记得表扬并奖励他的认真配合。4或5节课以后，开始进行分步教学。

注意：如果你准备教孩子使用电动牙刷，那么需要适当调整相应的动作指令。

教学

1. 对孩子说："露出牙齿。"让他看到镜子中你露出牙齿（牙齿合拢、嘴唇咧开）的样子。对他说："很好！看到你的牙齿了！"

2. 将牙刷放到前排牙齿上，上下刷动，说："上下刷。"然后伸进左侧，在牙齿正面上下刷动，再回到前排牙齿。

3. 拿出牙刷，转动手腕，让刷头转向口腔右侧。将牙刷伸进右侧，上下刷动。拿出牙刷，让他含水漱口，说："吐掉。"如果孩子听不懂指令，示范给他看。

4. 对孩子说："张大嘴巴。"让他看到镜子中你张大嘴巴的样子。来回刷动左侧上排牙齿的底面和背面，说："来回刷。"再用同样的方法刷右侧。拿出牙刷，让他含水漱口。

5. 对孩子说："再张大嘴巴。"刷下排牙齿的上面和背面，先刷左侧，后刷右侧，对他说："来回刷。"拿出牙刷，给他水漱口。表扬他，说："很好！你刷好牙了！"给他奖励。

手把手引导孩子完成步骤1—4，然后按下面的方法引导他完成步骤5。

1. 连续 4 或 5 节课，扶在他手腕上引导。
2. 连续 4 或 5 节课，扶在他前臂上引导。
3. 连续 4 或 5 节课，扶在他手肘上引导。
4. 放开手，改为用手指点及语言指导的方式，帮助他完成整个步骤。

手把手带孩子完成步骤 1—3，然后用上面的方法引导他完成步骤 4，而步骤 5 他已经可以依照指令自己完成了。

用这种方法一步步教下去，直到他能完全脱离肢体引导、按照你的口令自己刷好牙。

当孩子能听口令刷牙后，你就要逐渐撤除语言指导了，每次撤除一个口令，直到你对他说"刷牙"，他可以自己独立刷好牙。接着，你可以教他在刷牙前挤牙膏、在刷牙后清洁牙刷。

洗脸

准备

让孩子站在镜子前，既让他看清动作，又提高任务的趣味性，保持他的注意力。如果他还不够高，准备一张宽一些的脚凳。

一开始的教学时间最好选在用餐后。此时，孩子的脸会比较脏，容易显出洗脸的效果。等你和孩子都熟悉教学流程后，只要孩子需要洗脸，随时都可以展开教学。

一开始的教具仅限于湿毛巾。等孩子学会用湿毛巾洗脸后，再考虑增加香皂、洗面奶等材料。提前帮孩子打湿毛巾，并将毛巾折叠、披好，像无指手套一样覆在孩子手上。提前备好奖品。

教学：第一环节

站在孩子身后。手把手引导他完成下列所有步骤，每一步都给予语言指导。
1. 擦洗一边脸颊，说："洗脸蛋。"
2. 擦洗下巴，说："洗下巴。"
3. 擦洗另一边脸颊，说："洗脸蛋。"

4. 擦洗嘴巴及唇上部位，说："洗嘴巴。"

5. 擦洗鼻子，说："洗鼻子。"

6. 擦洗额头，说："洗额头。"

最后，说："很好，你洗好脸了。"给他奖励。

当孩子可以根据你的肢体引导洗好脸后，进入第二环节分步练习。

教学：第二环节

当孩子掌握某个步骤，并能连续 4 或 5 节课在无须额外肢体辅助的情况下顺利完成该动作以后，就可以进行下一个步骤的学习了。提前备好奖品。

1. 手把手引导孩子完成步骤 1—5，然后放开你的手，说："洗额头。"手指指向他的额头。给予必要的引导。你应该逐渐放开手，也就是说，你要从扶住手腕逐渐过渡到扶住手肘。当孩子洗完额头，对他说："很好，你洗好脸了。"给他奖励。

2. 手把手引导孩子完成步骤 1—4，然后放开你的手，说："洗鼻子。"手指指向他的鼻子。给予必要的引导。当他洗好鼻子后，指着他的额头，说："洗额头。"等他洗完，说："很好，你洗好脸了。"给他奖励。

3. 如此这般继续教下去。孩子每掌握一个步骤，你就提前一个步骤放开手，让他自己完成余下所有步骤，直到他完全不需要肢体辅助就能洗好脸。不过，你仍需要用语言提醒并用手指指出具体该洗的部位。

4. 逐渐减少帮助。先慢慢减少手指的指点，但语言上保持不变。等孩子仅靠语言指点就能完成任务，再开始逐渐减少语言上的指点，每次减少一条提醒，直到孩子可以完全独立地洗好脸。

洗澡（清洗并擦干）

准备

在浴缸内放一块橡胶垫或大浴巾防滑。

在触手可及的地方放上小块的香皂和浴巾。准备一块方便孩子使用的小毛巾。

在浴缸内放好温水，水深十几厘米即可。

洗澡过程应保持愉快。准备好浴用玩具，等孩子洗干净身体后，可以让他在浴缸里玩一小会儿。

洗澡的步骤

1. 进浴缸，坐下，洗脸

2. 洗耳朵

3. 洗脖子

4. 冲掉肥皂沫

5. 洗胸腹

6. 洗胳膊和肩膀

7. 洗后背

8. 冲掉肥皂沫

9. 洗腿

10. 洗脚

11. 换成蹲姿

12. 洗外阴（女孩）及臀部

13. 坐下

14. 洗净全身残留的肥皂沫

15. 出浴缸

你也可以选择淋浴。但从教学角度来看，淋浴比盆浴难度更大。淋浴教学，最好是妈妈教女儿，爸爸教儿子。给孩子示范每一个洗浴步骤，逐渐减少手把手的引导。请做好长期训练的准备。在孩子学会淋浴后，可以接着教他们洗头（后文会有介绍）。

擦干身体的步骤

1. 擦干脸

2. 擦干耳朵

3. 擦干脖子

4. 擦干胸腹

5. 擦干胳膊和肩膀

6. 擦干后背

7. 擦干腿部

8. 擦干双脚

9. 擦干外阴（女孩）及臀部

以上是清洗和擦干身体的所有步骤。这两套动作的教学应该同步进行。在按照以上步骤完成动作的过程中，记得对孩子说出相应身体部位的名称。

教学

使用逆向串链逐步教学。当儿童连续 3 或 4 节课不需要你的肢体引导，能自己完成某个步骤后，就可以进行下一个步骤的学习了。

无论是洗澡还是擦干身体，一开始你都要帮孩子完成前面所有步骤，只留最后一步，从最后一步开始反向教学。

不论学到哪一步，都应给予语言指导，必要时也应该手把手地引导他。

语言指导要清晰而明确，如"洗脚""洗胳膊""擦干脚""擦干手臂"等。

孩子每次完成任务后，记得表扬并奖励他。

注意：对大多数孩子来说，洗澡后在浴缸里玩耍是一种奖励。但别忘了，擦干身体之后也是需要给予奖励的。

当孩子只需口头提醒就能洗完澡并擦干身体以后，你就要逐渐撤除口头提醒了，直到他能自己洗澡并擦干身体。

你要试着逐渐离开浴室，让你的孩子独立完成更多的任务，直到他能在你给他放好洗澡水的情况下，自己进浴缸并独自洗澡。

梳头

准备

开始梳头前先帮孩子把头发分好缝。将梳子放到孩子手里，让她提前适应抓握。

在镜子前教学，既增添学习趣味，又方便孩子模仿动作。站在孩子身后，两人一起看着镜子。

尽量在头发打结不严重的情况下练习梳头（刚洗过的头发就不宜练习）。

提前备好奖品。

一开始应手把手带孩子一起梳头，用连续 4 或 5 节课的时间，按下面的顺序，从头到尾完成所有步骤。记得表扬并奖励她的认真配合（如看着镜子、安静站着）。然后，按文中描述的方法逐渐撤除对她的帮助。

教学

1. 如果孩子习惯用右手握梳子，那就先梳左侧头发。顺着头发轻轻往下梳，并对她说："往下梳。"在最初几次的引导中，动作一定要轻缓。尤其遇到打结处，不要生拉硬扯，不要让孩子因为不舒服而对梳头产生厌恶情绪。

2. 往下梳的时候，另一只手跟着往下捋头发，说："捋一下。"

3. 将梳子举过头顶，对她说："往下梳。"从头顶向后梳，一梳到底，梳三次。每梳一次，另一只手跟着轻捋头发，说："捋一下。"

4. 梳右侧并用另一只手捋平头发，每梳一次都对她说"往下梳""捋一下"。梳好，表扬她，说："好极了，你梳好头了！"称赞她整洁漂亮。对女孩来说，漂亮的蝴蝶结和发卡是一种特别的奖励。

要保证孩子已经对每一步都游刃有余，才进入下一步的学习。尽可能让孩子自己完成更多的动作。遵循五步法，逐渐撤除对她的帮助（每一步都按如下方法逐渐减少引导）。

1. 扶住手腕引导。

2. 扶住前臂引导。

3. 扶住肘部引导。

4. 放手，但保留语言指导。最初，你可能还需要用手指指出需要梳理的部位。

5. 把梳子递给她并对她说"梳头"，此外，不再给她任何提示或帮助。

记住，教学是一个缓慢渐进的过程，需要你逐渐减少对孩子的帮助（但表扬和奖励应继续存在）。

在孩子完全学会自己梳头后，继续表扬有助于建立每天梳头的常规。在她掌握用发刷梳头后，再以同样的方法引导她用梳子梳头。

如果头发打结，怎么办？让她学着抓住打结上端的头发慢慢往下梳，避免生拉硬扯，最好先用发刷梳顺，再用梳子梳。

洗头

在学习淋浴洗头之前，孩子应该已经习惯了淋浴。

准备

选用无泪配方的洗发水，但建议手边另备一条毛巾，以防万一。

既可以在淋浴时洗头，也可以在水池边洗头，哪个方便，选哪个。

如果选择在淋浴时洗头，应安排在淋浴的最后。如果你要在旁边帮助或指导，注意防水。

如果选择在水池洗头，最好准备一个水盆，方便打湿和漂洗头发。如果冷、热水龙头分离，水盆更是必不可少。

下面的教学建议，针对的是淋浴时洗头的情况，但在水池洗也基本采用相同的步骤。

注意：可以在洗头时给孩子一面小镜子，让他看到自己满头泡沫的样子，也看到冲洗干净后的样子。有些孩子会很喜欢这样的"奖励"。

教学

1. 彻底打湿头发。
2. 将洗发水挤到手心，再抹到头发上。
3. 揉搓头皮，直至起泡。
4. 在喷头下反复冲淋头部，用手揉搓头发，直到完全冲洗干净。
5. 用毛巾擦干头发。

当孩子掌握某个步骤，并能连续 3 或 4 节课在脱离你的肢体辅助的情况下顺利完成该动作以后，就可以进行下一个步骤的学习了。记得提前备好奖品。

帮孩子打湿头发,替他完成步骤 2—4,然后说:"擦干头发。"给予必要的引导。表扬他完成了任务。

帮孩子打湿头发,替他完成步骤 2、3,然后说:"冲干净头发。"手把手引导他,并告诉他怎样才算彻底干净。让他擦干头发并给他奖励。

帮孩子打湿头发,替他完成步骤 2,然后让他自己揉搓起泡,说:"揉搓头发,全部揉到。"逐渐撤除这种帮助,直到孩子最终能自己完成揉搓起泡的任务。接着,让他自己完成余下的步骤。记得表扬并奖励他。

帮孩子打湿头发,让他将洗发水挤到手心并抹到头发上。给予必要的引导。让他自己清洗头发并擦干。记得表扬他。

当孩子仅凭语言指导就能完成洗发任务后,逐渐撤除语言指导。从不说"擦干头发"开始,依次减少指令,直到他能不需要一切指令,自己洗头。

整理床铺

准备

将床单、毯子、床罩的床尾部分掖好固定。如果因为床的侧边靠墙而影响一侧的整理,建议把床拉开。整理前先移开枕头。提前备好奖品。

用连续 4 或 5 节课的时间,按下面的顺序,手把手引导孩子完成所有步骤。表扬并奖励他的认真配合。之后再进行分步练习。

教学

1. 将上层床单拉直拉平,说:"拉好床单。"
2. 将床单两侧掖好,说:"把床单掖进去。"
3. 将毯子拉直拉平,说:"拉好毯子。"
4. 将毯子两侧掖好,说:"把毯子掖进去。"
5. 将枕头放回去,说:"放好枕头。"
6. 将床罩拉直拉平,盖过枕头,说:"拉好床罩。"

如果床罩足够长,也可以用它覆盖住枕头,再掖到枕头下面。

当孩子掌握某个步骤，并能连续 3 或 4 节课在无须额外肢体辅助的情况下顺利完成该动作以后，就可以进行下一个步骤的学习了。请提前备好奖品。

手把手引导孩子完成步骤 1—5，然后说："将床罩拉过去盖住枕头。"表扬并奖励他。

孩子每掌握一个步骤，就撤除对该步骤的肢体引导，只保留语言指导，直到他依次学完所有步骤，能自己完成整个任务。记得表扬并奖励他。

当孩子仅凭语言指导就能完成整理床铺的任务后，就应该逐渐撤除语言指导了。同样地，正常给出前面所有步骤的指令，只撤除最后一步的指令（"将床罩拉过去盖住枕头"）。接着，撤除最后两步的指令……直到最后，只需一句"整理床铺"，孩子就能自己完成所有步骤。

为了提高独立性，你可以在每天起床后带孩子勤加练习，在整理前也让他自己先移开枕头。

准备餐桌

在开始教学前，确保孩子已经能明白你在指令中将提到的所有位置概念（如"挨着……""在……旁边"等），也知道将用到的所有餐具的名称。

准备

提前将餐具垫放到桌上，方便孩子明白餐具摆放的位置以及需要摆放的餐位数量。最理想的餐具垫是用大尺寸的纸或纸巾自制而成。这样，你可以预先将各种餐具的图形按照摆放位置画在纸上。

将餐椅拉开，便于孩子在桌边活动。

按照需要的份数拿出杯盘、刀叉、勺子，折好餐巾，放到桌上。（折餐巾以后再学。）

在用餐前进行教学，然后在孩子摆好的餐桌上用餐。如果在其他时间进行教学，摆好餐具后，也最好享用一份点心或"假装"用一次餐，这对孩子来说不失为一种有趣的奖励。备好奖品。

前两三次课，按照下面的步骤给孩子示范摆放餐具的方法。如果他能在一旁认真观看，给他奖励。然后进行分步练习。

教学

1. 将所有人的餐盘放到餐具垫上,说:"放盘子。"
2. 将所有人的餐巾放到餐具垫上,说:"放餐巾。"
3. 将所有人的餐叉放到餐巾上,说:"叉子放到餐巾上。"
4. 将餐刀放到餐具垫上,说:"放刀子。"
5. 将餐勺挨着餐刀放到餐具垫上,说:"放勺子。"
6. 将杯子放到餐具垫上,说:"放杯子。"

当孩子掌握某个步骤,并能连续 3 或 4 节课在无须额外肢体辅助的情况下顺利完成该动作以后,就可以进行下一个步骤的学习了。

先让孩子看你完成步骤 1—5,然后说:"你来放杯子。"指给他看餐具垫上画好的杯子位置,将杯子一个个递给他。表扬他:"很好!你帮我摆好了餐具。"

接着,在做课前准备时,在餐具垫上画上除杯子以外所有餐具的位置。让孩子看着你完成步骤 1—5,然后说:"你来放杯子。"你先放好一个,再将其余杯子递给他,放一个,递一个,直到全部放好。表扬他:"很好!你帮我摆好了餐具!"

让孩子看着你完成步骤 1—4,然后说:"你来放勺子。"指给他看餐具垫上画好的勺子位置,将勺子一个个递给他,并给予必要的引导。然后说:"很好!现在,把杯子放上去!"剩下的就可以交给他自己完成了。

然后，在做课前准备时，在餐具垫上画上除杯子和勺子以外所有餐具的位置。让他看着你完成步骤 1—4，然后说："你来放勺子。"你先帮他放好一个，再将其余的递给他，放一个，递一个。过程中给予必要的引导，然后说："很好！现在，把杯子放上去！"

如此这般继续教下去。孩子每掌握一步，你就让他自己多完成一个步骤，餐具垫上也少画一样餐具的位置。直到餐具垫上什么都不画，只需语言指导，他就能摆好所有的餐具。

当孩子可以依据指令摆好餐具后，逐渐撤除对他的语言指导。首先撤除最后一步（放杯子）的指令，改说："摆好餐具。"记得表扬他完成了任务。下一次，撤除最后两步（放勺子、放杯子）的指令……直到孩子听到"摆好餐具"就能自己完成整个任务。

然后，你可以让孩子学着帮忙取出餐具放到桌上，学着将椅子拉开并复位。

更换床品

学习更换床品之前，孩子应该已经学会整理床铺了。

准备

将床上用品全部撤掉，查看床单、毯子、床罩是否有商标、褶边或任何标记，可以清楚地区分横竖或头尾。如果没有，自己在头尾两端做好标记。

将床单、毯子、床罩按顺序放好，收到椅子上、桌子上或斗柜里，便于拿取。将枕套放到枕头上。

如有必要，把床从墙边移开，以便孩子操作。提前备好奖品。

更换床品的步骤

1. 铺底层床单
2. 掖好四边
3. 铺上层床单
4. 铺毯子

5. 将床尾部分的毯子和上层床单一起掖住

6. 放枕头

7. 铺床罩并拉直抚平

8. 将床罩盖住枕头

如果床罩足够长，可盖过枕头并掖进枕头下面。

注意：也许你家更换床品的方法与上面介绍的有所不同，比如，下层使用床笠，或你习惯将毯子四边全部折进床垫。没关系，你可以按照自己的方法和步骤有序推进。

教学

教学中有几步是孩子已经能做的，尽量让他自己完成，比如步骤 6 可以让他自己完成，而步骤 7 则需要给他一点帮助，之后的步骤 8 又可以让他自己完成。

逐步推进。每一个新步骤都要充分练习，逐渐撤除给他的帮助，直到他无须肢体引导，能够连续 3 或 4 节课顺利完成该步骤后，再进入下一个步骤。

一开始，对孩子说："我先来，你看着。"让孩子看你完成步骤 1—5，边做边告诉他："我在铺下层床单……看，我把四边都掖进床垫……现在，铺上层床单……铺毯子……将床尾的毯子和床单掖起来……"

然后对他说："好了，现在你来。"让他完成步骤 6 并表扬他。

对他说："我们来铺床罩。"适当引导他将床罩铺到床上，并抚平皱痕，说："很好！你铺好了床罩！"再让他将床罩盖过枕头完成任务。给他奖励。

让孩子看你完成步骤 1—4，依然边做边告诉他步骤，然后，适当引导他完成步骤 5，将床尾的床单和毯子掖起来。当他完成任务后，表扬他："很好！掖好了！"让他完成余下的步骤并给他奖励。

如此这般继续教下去。孩子每掌握一个步骤，就撤除对他的帮助，这样一步步推进，直到他只听指令就能更换好所有床品。记得示范时要给他解释你正在进行的步骤，练习新步骤时也要给予必要的引导，整个过程都要表扬和奖励他。

当孩子只凭口头指令就能完成更换床品的任务后，逐渐撤除给他的指令。

先对他说出前面较新步骤的指令，撤除最后一步（铺床罩）的指令，然后，撤除最后两步、最后三步……直到孩子听到"更换床品"就能自己完成整个任务。

扫地

这一教学包括多项动作技能，如抓握扫帚、清扫大块纸片、搬动家具等。也许有些动作孩子已经掌握，有些则不然。你可以先了解一下教学内容，看看孩子在哪些部分需要加强练习。

材料

旧报纸、防护胶带、簸箕、除尘刷、垃圾桶、称手的小扫帚。

准备

选一个没铺地毯也没有太多家具的小房间进行教学（厨房基本满足条件）。用防护胶带在地面中心隔出一个边长1.2m～1.5m的正方形。

提前备好奖品。

教学：第一环节

当孩子掌握某个步骤，并能连续3或4节课在无须额外肢体辅助的情况下顺利完成该步骤后，就可以开始学习下一个步骤了。提前备好奖品。

1. 教孩子握扫帚。你先示范动作，然后说："握住扫帚。"必要的话，引导他将手放到恰当的位置。用胶带在扫帚柄上做记号是个不错的方法。表扬他："很好！你拿好了扫帚！"

2. 将旧报纸揉成团，扔在离正方形不远的地方（撕开的一次性杯子也很好）。用夸张的慢动作示范如何将纸团扫进正方形。将纸团移出正方形，对他说："扫地。"

一开始，孩子可能需要你手把手教他扫地的动作。表扬他，说："很好！你在扫地呢！"给他奖励。

3. 每次增加1个纸团，让孩子扫进正方形，直到他能将6～12个纸团全部扫进去。

4. 逐渐拉开纸团与正方形的距离，最后将纸团扔到墙边的各个角落里。这是为了训练孩子将整个屋子地面上的垃圾全都扫到屋子中央。记得表扬并奖励他。

5. 逐渐缩小中央正方形的面积，最终缩小至边长 60cm 左右。这是为了训练孩子将垃圾（纸团）扫到地板中央并堆成小堆。

当孩子学会将四散的纸团扫到地板中央，就可以进入第二环节，学习清扫真正的垃圾了。

教学：第二环节

从清扫纸团到清扫真正的垃圾是一个很大的飞跃。所以一开始，你应该将报纸撕成小块揉成团，让他清扫。按照孩子的节奏，将报纸越撕越小，直到他能将特别小的纸屑扫进正方形里。

然后，正式切换到扫垃圾模式。这种切换对孩子来说可能跨度较大，所以你要在一开始给他做出示范。（要保证地上有足够多的垃圾，方便孩子能比较清楚地看到。建议在用餐后进行清扫。）

对孩子说："扫地。"让他将垃圾扫到正方形里。

在一旁确认他真的扫掉了大部分的垃圾。必要的话，帮他清扫某些部位的垃圾，再让他自己完成清扫。逐渐增加需要清扫的垃圾数量。表扬并奖励他的出色表现！

当孩子学会将地面垃圾扫进正方形后，就可以开始教他使用簸箕了。在他将垃圾扫成一堆后，帮他拿住簸箕，让他用除尘刷将垃圾扫进簸箕里。给他必要的帮助，并记得表扬他。对他说："把垃圾倒进垃圾桶。"给他奖励。

给孩子示范如何一边拿住簸箕，一边用除尘刷将垃圾扫进其中。然后，给他簸箕和除尘刷，让他自己来，给他必要的帮助。最后，让他"把垃圾倒进垃圾桶"，同时给他必要的帮助。对他说："做得好！"并给他奖励。

现在，孩子该学习搬开椅子，清扫家具底下的垃圾了。给他示范如何移开餐椅、清扫餐桌下的地面并将餐椅归回原位。让他自己来，给他必要的帮助。需要的话，可以用胶带标记每张椅子的正确位置。

附录 D

游戏技能教学方案

附录 D 是关于游戏技能（独自游戏和共同游戏）的教学建议。

独自游戏的技能

让孩子掌握独自游戏的技能，是为了让他离开你的陪伴，独自玩耍，自得其乐。这部分将简单介绍 4 种独自游戏的教学方法。

叠圆环是其中最简单的一种游戏，不仅好教，也很好学。穿珠子可以利用家中现成的材料，无须专门购置。拼拼图比较难，也需要你把控拼图材料的难度。图片配对则是更加高阶、更适于学校教学的一种游戏活动。

之所以选择这几种游戏，是因为几乎所有的幼儿都玩类似的游戏。如果孩子的年龄稍大，你也可以准备其他更加合宜的材料，但游戏方式及游戏所要锻炼的技能还是一样的。

这些游戏能让孩子学到哪些东西呢？首先，所有活动都需要坐定以及专注。其次，所有活动都需要手眼协同工作，从中锻炼出的手眼协调能力反过来又能促进孩子学习其他各种动作和活动，如抓握勺子、书写等。此外，掌握这些游戏技能后，孩子就能独自玩耍了，也会对自己的世界产生一定程度的掌控感。最后，毋庸置疑也很重要的一点，即游戏使人快乐。

叠圆环

材料

叠圆环套装：一个杆子、六个圆环

准备

开始只用最大的两个圆环,把其他的先收起来。教学时间要短(10分钟以内)。提前备好奖品。

教学:取走圆环

1. 将最大的两个圆环套到杆子上。
2. 一只手握住杆子底座,另一只手把住孩子的手,伸向最上面的圆环。
3. 将杆子斜向孩子的方向,对她说:"丽萨,取走圆环。"并给予必要的引导。
4. 随着时间的推移,逐渐撤除肢体辅助,直到她能依照你的口令及手势辅助取走第二个圆环。

教学:套上圆环

1. 还是选用最大的两个圆环,先套最大的那一个。
2. 一只手握住杆子底座,另一只手把住孩子的手,将圆环送往杆子顶部,对她说:"丽萨,把圆环套上去。"
3. 松开你们的手,让圆环自然落到杆子底部。
4. 逐渐撤除肢体辅助,直到她能依照你的口令及手势辅助将两个圆环都套上杆子。

后续步骤

逐渐增加圆环数量,且都放在孩子容易够到的地方。教她用一只手握住杆子底座(一开始需要手把手地协助她)。

进阶步骤

当孩子能把所有圆环都套到杆子上以后,就可以开始教她按正确的大小顺序堆叠圆环了。一开始,选择最大和最小的两个圆环,将它们放到孩子面前,指着大环说:"拿起大的。"掌握这一步之后,再选择第二大和第二小的两个圆环……依次练习。当她学会通过两两对比分辨圆环大小之后,逐渐增加圆环数量,一次增加一个,直到她能分辨出所有圆环的大小顺序。

终极步骤
引导她开始游戏，然后坐一边看她完成。给她尽可能少的辅助。渐渐拉开与她的距离。但记得经常回来看看，表扬并奖励她。

穿珠子

材料
短鞋带 1 根，大孔的木质或塑料珠子（或其他珠状物）若干。孩子们大多喜欢鲜艳的颜色，所以，假如你不怕麻烦，可以动员孩子的兄弟姐妹、爸爸、奶奶，提前给材料（空线轴、通心粉）涂上颜色。

准备
确保游戏周围的桌面或地面上只有教学用具，避免其他物品的干扰。在鞋带一端打个结，防止珠子滑落。提前备好奖品。

教学：拆珠子
提前将 5 或 6 个珠子或线轴穿到鞋带上。

1. 手把手地引导他将手伸向最后穿上的那个珠子，对他说："皮特，把这颗珠子拆下来。"

2. 需要的话，协助他一起拆下珠子。

3. 逐渐撤除肢体辅助，直到他能自己拆下所有珠子。

教学：穿珠子

1. 拿出鞋带，让孩子看着你往鞋带上穿第一颗珠子。

2. 穿起第二颗珠子，对他说："皮特，把这颗珠子穿起来。"一只手拿住鞋带头，另一只手把住孩子的手，将已经穿上的珠子顺着鞋带移动到打结的一头。如此反复，直到他学会自己移动珠子。

3. 再穿起一颗珠子，然后把鞋带交给他，让他自己握住鞋带头并移动珠子。过程中给他必要的引导。

后续步骤
1. 开始教他往鞋带头上穿珠子。一手握住鞋带头，一手递给他一颗珠子，说："皮特，把这颗珠子穿起来。"把着他的手，将珠子孔对准你手上的鞋带头并穿上去。

2. 逐渐撤除肢体辅助，让他自己将珠子穿到你拿着的鞋带头上。

3. 给他示范如何一手拿住鞋带头、一手拿珠子并穿上去，让他自己完成这一步骤。一开始可能要给他手把手的引导。

进阶步骤

一旦孩子学会自己穿珠子，你还可以利用这个游戏教他认识颜色。将几颗不同颜色的珠子（线轴或通心粉）放到他面前，要求他穿起某个颜色的珠子，说"把红色珠子穿起来"或"把蓝色珠子穿起来"，边说边将该颜色的珠子指给他看。一段时间后，逐渐撤除指点。你还可以让他将不同颜色的珠子交替混穿，从两个颜色开始（红-蓝-红-蓝），然后过渡到三个颜色（红-蓝-黄-红-蓝-黄），再拓展至更多的颜色。此外，你还可以通过大、小珠子混穿，教孩子分辨大小。

可以尝试的其他玩法

穿线卡是穿珠子游戏的一个变体。它同样能训练手眼协调能力，但难度更高，可以在孩子学会穿珠子或穿线轴后再加以尝试。

具体方法：让他在最喜欢的涂色本里选出一幅图画，涂上颜色。将图案剪下来，贴到硬纸板上。沿着图案边缘打一圈孔。把鞋带一端打上结。一开始你可能需要先将鞋带穿过第一个孔，并和他一起将鞋带拉到底。示范并引导他从一个孔穿到下一个孔。逐渐撤除对他的肢体辅助，一段时间后，他就可以自己穿完一整圈。

注意：在玩具店能买到各式各样物美价廉的穿线卡，最好选择比较结实、孔眼较大的卡片。

拼拼图

材料

推荐使用木制拼图，虽然木质拼图比纸板拼图贵，但它更适用于教学。开始可以选择块数较少的简单拼图，像插图中这样的就很适合初学者，因为它的每一块都对应有专门的孔位,所以很容易放进去。随着孩子拼图能力的提高,你可以相应地提升拼图的难度,市面上的木制拼图最多可以达到 20 块以上。

教学

从拼单块拼图开始,其他块预先拼好。提前备好奖品。

1. 将拼图块从原来的位置稍微挪出一点,说:"查尔斯,把它拼好。"如有必要,给他一点肢体上的引导。

2. 再将该拼图块挪出一半,说:"查尔斯,把它拼好。"并给予必要的引导。

3. 将拼图块递给他,指着正确的位置,对他说:"查尔斯,把它拼好。"(给予必要的引导,但不要急于提供帮助,让他自己先思考一下。)

4. 以同样的方法,换用其他几块拼图逐一练习,每次都只需拼一块。逐渐撤除肢体引导,直到你将一块拼图放到桌上,他可以自己拼回去。

后续步骤

拿出两块拼图。

1. 递给他一块并对他说:"查尔斯,把它拼好。"等他拼好后,将另一块递给他。

2. 将两块拼图放到桌上并对他说:"查尔斯,把它们拼好。"或说:"拼拼图。"

如果孩子遇到困难,并因此受到打击,请稍微降低难度,并给他一点肢体上的引导。

进阶步骤

最终,当你拿出所有拼图块后,孩子可以全部拼回去。但记住,要小步渐进才能达到这一目标。请提前做好计划吧。

终极步骤

让他开始拼拼图,然后你走开,并越走越远。等他学完多副拼图后,可以将所有拼图混到一起玩。一般来说,他会花很长时间才能将这些拼图块理清,再一副副拼回去。当然,这种复杂玩法只有在他掌握了每一副拼图的拼法后才可以实行。

可以尝试的其他玩法

不同拼图有不同难度,有的至简,有的至难。(有些拼图我们几年都拼不出来!)搭积木是你可以带孩子尝试的另一种游戏,虽然它的难度差异也很大。积木之所以得到幼儿的普遍喜爱,大概是因为它们的玩法多变。你可以往上越堆越高,堆高后全盘推倒又是另一种乐趣;还可以排成长龙;还能练习数数、搭配颜色、编排字母;还可以搭成城堡、隧道、车库甚至太空站。如果带孩子玩积木,记得与拼拼图一样,从他能够胜任的难度开始。

图片配对

材料

Lotto 配对套装(一般玩具店均有销售),包括一张大卡纸,纸上有不同的图片,还有一沓小卡片,一卡一图。一开始,用于配对的图片应该尽量简单、容易区分。

教学

先让孩子匹配单张图片。提前备好奖品。

1. 将大卡纸上的图片用白纸覆盖,只露出其中一张。
2. 将与这张图片相匹配的卡片递给孩子。
3. 对她说:"妮娜,找出这张图片。"
4. 示范配对,将卡片叠放在大卡纸的图片上。
5. 用不同图片重复以上步骤(不参与配对的图片均被覆盖)。

注意:如果以上步骤对你的孩子来说难度太大,那么你需要自制更加简单的配对卡,如以颜色或形状为主题的配对卡,并反复练习,直到孩子明白"配对"是怎么一回事。

后续步骤

1. 露出两张图片。先给她一张卡片,说:"妮娜,找出这张图片。"等她成功找出，再给她另一张。

2. 逐渐露出整张卡纸的全部图片，每次给她一张卡片，让她完成配对。

进阶步骤

当她明白了配对的基本概念后，你可以引入其他不同种类、更加复杂的配对游戏，也可以以数字或字母为主题自制游戏材料。

终极步骤

当孩子学会一张一张地匹配所有图片后，你就可以采取下面的步骤了。

1. 同时给出两张卡片，让她进行配对。告诉她，等她完成配对，你会检查结果。（如有必要，稍微给她一点提示。）

2. 逐渐增加需要配对的卡片数量。当她无须辅助就能完成整套卡片的配对后，你就可以在她配对过程中稍微离开一会儿。回去的时候，记得表扬并奖励她能自己玩耍。

可以尝试的其他玩法

当孩子学会穿珠子和卡片配对之后，你可以将这两个游戏合二为一，让她学习穿珠配对游戏。你先穿起一串珠子，珠子颜色各异，将这串珠子放到孩子面前，让她穿一串相同的珠子。与其他单独玩耍的游戏一样，你应该：

1. 以简单的任务开始（比如，穿三颗珠子）。

2. 逐渐加大任务难度。

3. 逐渐撤除帮助，直到她可以自己完成任务。

共同游戏的技能

这部分将简单介绍 4 种游戏的教学方法，这些游戏都是与他人一起玩的。其中，丢沙包和玩球比较偏活跃和运动，玩法也多变；对于美术创作我们推荐手工艺术活动，做手工相对安静，即使孩子的作品与其他人的不完全相同，也不妨碍他们在一起活动；戏剧性游戏的要求较高，需要孩子更多地发挥想象力。这些游戏适合与家人、邻里伙伴一起玩，好玩有趣，花费也不大。

与他人一起玩，可以让孩子学到什么呢？与独自游戏一样，与他人玩游戏可以提高注意能力、手眼协调能力和自信心。此外，孩子还能学习轮流、等待、遵守规则和合作分享，即学习更好地与人相处。

丢沙包

材料

购买或自制沙包。自制沙包，可以将大米和玉米或各类豆子混合装进袜子里。纸箱开好孔，作为投掷目标，也可以将沙包丢进篮筐，还可以找一个大纸箱，动员其他孩子或家人一起在上面画小丑脸，再将小丑的眼睛、鼻子和嘴巴抠掉，作为沙包投入孔。

准备

在室外找一块平地，室内也可以，但要保证周围没有杂物堆积，也没有易碎品。如果是室内，你还要和大家定好游戏规则（如"沙包要丢向目标，不要往金鱼缸里丢"）。提前备好奖品。

教学

1. 让孩子站在距离目标约 1 米处投掷沙包，说："丢沙包了。"把沙包递给他，和他一起丢出去。

2. 在儿童熟练掌握之后，逐渐减少对他的帮助，并渐渐拉开与目标的距离。

后续步骤

1. 标记多个目标距离。如果在室外，可以用粉笔在距目标 1、2、3 米的地方分别标出横线；如果在室内，可将防护胶带粘在地板或地毯上做标记。让孩子站在第一条线处开始投掷，每次成功后，往后退一条线。

2. 与其他孩子或家人一起玩。预先规定各个距离的得分数。分小组游戏，并记录得分。

可以尝试的其他玩法

你还可以加大游戏难度。比如，让孩子用不同的姿势投掷（跪蹲着、躺下、站在脚凳上等）。如果有四人以上参与游戏，还可以进行分组比赛，每一轮都可以采用不同的投掷姿势。

撞杯子游戏是丢沙包游戏的一个变体，即将3～6个塑料杯或纸杯堆叠在矮几或椅子上，让孩子将沙包（或小的橡胶球）丢过去，力争撞倒杯子。

你们还可以用塑料的保龄球瓶或冲洗干净的空饮料罐，玩保龄球游戏。

玩球

材料

轻质大球（篮球大小正好，只是篮球太重了）或橡胶小球，根据孩子体型大小决定。对于见球就躲的孩子，海绵软球是个不错的选择。

教学

先教孩子基础的扔球、接球动作，再开始玩接球游戏。

1. 站在儿童面前，将他的双手摆成接球姿势（双手前伸，窝成杯状）。将球用力放到他手里，说："接球。"

2. 接着，将你的手放到他的手的正下方，稍微保持一段距离。示意他放手，将球落到你的手里（如有必要，稍做引导），说："扔球。"无论接球、扔球，都不要忘记表扬、鼓励他："很好！你接到球了！""很好！你扔出球了！"重复练习这一简单的步骤，直到他无须帮助就能将球落到你的手中。

3. 现在，后退一小步，将他的双手摆成接球姿势，说："接球。"轻轻将球扔出，让球正好落到他手里，说："很好！你接到球了！"

4. 渐渐拉开你与他的距离。必要的话，每次都提醒他准备好，然后将球扔到他手里。

后续步骤

很多孩子都是先学接球、再学扔球的。你可以选下面任意一种方法教孩子扔球：

1. 你站在几步之外，请另一个人站到孩子身后，把着他的胳膊，引导他将球扔给你，让他感受正确的扔球动作。

2. 引导孩子将球扔向或扔进目标物。可以让他站在椅子上扔球，以便球能自然落进篮筐。

可以尝试的其他玩法

让孩子与其他三四个人一起玩接、扔球游戏。他现在应该可以玩很多简单的球类游戏了。

美术创作

孩子可以与家人或小伙伴一起玩的手工艺术活动种类繁多。我们将要提到的活动，其实孩子一个人也可以玩，但之所以将它们归为团体活动，是因为它们多少需要一些与人协作和分享的能力，同时又相对自由松散，即使一起玩，也不妨碍孩子"各干各的"，不用特别严格地遵守各种规则，无须轮流等待，所有参与其中的孩子都可以依据自己的能力水平、按照自己的节奏来完成各自的作品。

下面是我们对几种比较基础的美术活动的教学建议。你可以依据孩子的实际创作能力，在此基础上进行适当的调整。记得将孩子的作品展示出来，让大家一起欣赏并赞美它们。

材料

家里的日用物品和材料中很多都可以运用到孩子喜欢的手工艺术活动之中，如下面插图中的这些。

涂色

基础：使用镂空模板，让孩子学习在一定的界线之内涂色。模板可以购买，也可以自制（在卡纸中央抠出一个简单的形状，再将这镂空的卡纸粘到纸上）。示范在模板内部涂色，让他看到，涂色完成后卡纸上会自动呈现一幅图画，这对孩子来说，是个惊喜和奖励。可以让其他孩子帮忙多制作些这样的模板。

高级：选择带粗黑边线、图案简单的涂色本（或自己用粗线条画出图案），鼓励孩子在线内涂色，及时表扬激励他。其他已经掌握了较高涂色技能的孩子，可以在一旁进行比较复杂的涂色练习或绘画。

更高级：让孩子自己临摹或创作人物、风景或静物画。可以以壁画的形式，让孩子合作完成，也可以在长幅的牛皮包装纸上给每个孩子分配独立的创作空间，还可以让其中的"绘画高手"负责勾勒图形，其他人负责涂色。

绘画

基础：开始时，宜采用大号的画笔，在较大的表面上作画。如果有三四个孩子，可以让他们在大纸箱上一起作画，每人负责一面。（画好的纸箱既可以当游戏桌用，也可以在镂刻后用来丢沙包，还可以当成木偶剧院、游戏屋等。）

高级：让孩子给比较小的物体，比如通心粉、木线轴等，涂上油彩。

更高级：鼓励孩子自己创作图案、人物或风景画。可以让他们自己选择绘画主题，比如，各种体育活动、动物、食物、最爱的游戏等。

玩黏土或彩泥

基础：给孩子介绍黏土，示范捏、压、戳、卷等不同玩法。

高级：协助孩子将黏土卷成热狗状，再用钝工具切成若干段。还可以将黏土用擀棍擀成平片，再用饼干模切成饼干形状。

更高级：几个人一起玩黏土，捏出各种动物（如蛇、猫、鸭子）或简单的玩具（如卡车、房子、汽车）造型。

其他玩法

当孩子掌握了涂色、剪切、粘贴、绘画等各种基础技能后，就可以让他和大家一起进行各种手工活动了。一个简单的活动，是让孩子将彩色纸剪成细条，再各自发挥创意，将细纸条在大纸上贴成各种有趣的花纹或图案。想提高难度的话，还可以让孩子就某个主题（不同种类的船、动物、体育运动等）去杂志上搜集图片，再利用搜集到的图片，一起进行美术创作。

戏剧性游戏

最后，我们说一下戏剧性游戏。与上面其他活动相比，戏剧性游戏的玩法更加高级。

材料

一个安静的角落加几分钟空闲的时间,就足以展开一场戏剧性游戏了。一些活动甚至在行车途中就可以进行(当然,需要有人为你们开车)。能与其他孩子一起玩这些游戏固然很好,但即便没有,也不妨碍你和孩子一起享受游戏的欢乐。

照镜子

与孩子面对面站着,一人"照镜子",一人当"镜子","镜子"要呈现对方的动作。你先当镜子,模仿孩子的动作,再让孩子当镜子,模仿你的动作。注意动作要慢,且需要多次重复,以便对方跟上并模仿出来。

打哑谜

哑谜中的动作应该是孩子熟悉的动作,如剥香蕉皮、洗脸、刷牙、开窗等。让孩子看着你,你慢慢做出动作,让他猜你在做什么。轮到他表演时,也让他放慢速度,提醒他回想动作的细节,问他"你是怎么剥香蕉的?""吃到柠檬的时候,你的嘴巴会有什么反应?"等问题。

情绪王国

选择喜、怒、哀、恐、惊等基本情绪。首先,示范各种情绪反应,让孩子模仿。然后,说出某种特定的情绪,让孩子将它表现出来。接着,在家中选择三处地点,如沙发、角落、椅子,分别以三种情绪为其命名,比如,沙发是"快乐王国",角落是"愤怒王国",椅子是"悲伤王国"。你说"快乐王国",他就去沙发,并且表现出快乐的样子,然后,你换一种情绪,他去另一个地方，表演另一种情绪。记得全程都要鼓励他。

我是雕像

你故作全身瘫软，头与双臂呈无力下垂状。让孩子当"雕像师"，移动你的胳膊、头、手、眼、嘴等，把你"整形"成任何他想要的样子，成为他的"雕像作品"。一旦达到他满意的效果，你就要如雕像一般保持不动。

想象性游戏

戏剧性游戏的最高级形式，当属想象游戏或假想游戏。其中有一种形式是把自己假装成另外一个人，如妈妈、超人、船长等。还有一种形式是将一种物体当作另一种物体，比如，把小石子当成钱币，洋娃娃当成小宝宝。虽说这样的游戏孩子一个人也能玩得很开心，但它也很适合与其他人一起玩。如下面几种方式。

1. 告诉孩子他是超人、爸爸、某位名人，或故事书里的人物。如果他能顺利接受这种程度的虚拟，那就让他扮演他心目中的某个人，让你猜猜他是谁。孩子们通常都喜欢玩这种"猜猜我是谁"的游戏。

2. 让儿童假装他在坐公交、乘飞机、扬帆起航等。鼓励他将各种日常用品当成表演道具。

3. 最后，当你觉得孩子具有一定的表演能力后，试着让他与其他孩子一起表演简单的小品或短剧，如"小红帽""三只小熊"，或他喜欢的任何故事。

最后的话

恭喜你，又阅读完了长长的一章！这么多关于游戏的建议，想必你已经认真琢磨过了，很可能也做了一些尝试。真心希望你能学以致用，并融入自己的心得和想法。

附录 E

实用性学业技能教学方案

常见词认读

常见词认读是教孩子认读在社会中生存所必备的常见词汇，如各种标识、简单的指示性文字、菜单等，掌握这些词汇可以大大提高其独立生活的能力。除了少数复合短语（如"禁止入内"），我们要教的大多是单个的字或词（如"停""男""入口"等）。我们不教孩子阅读连篇的语句，我们的方法也不太适用于那些已经有相当阅读能力的孩子。我们要教的是字词的整体认读，也就是说，孩子无须一笔一画、一字一顿地识别或辨认字词。

请在开始教学前完整阅读下面的教学建议，并做到了然于胸。

入门预备技能

孩子在练习常见词认读时需要的能力，有很多是可以边训练边提高的，但有一项却必须提前准备，那就是分辨不同图片的能力。

1. 孩子应该能在三张或三张以上的图片中找出与他手上那一张形状或图案相同的图片。

2. 孩子应该能在三个或三个以上的词语中找出与他手上那个相同的词语。

3. 孩子应该知道某些词语的大概意思，能说出或用动作表示出你说的某个词语的意思（如走、停、外等）。

如果孩子还没有掌握这些入门技能，那么暂时不要开始常见词认读的教学。前两项技能，可以从简单的图片配对游戏开始。桌上只有两张相同的卡片，对孩子说："找到相同的卡片。"教他将一张卡片放到另一张卡片之上，逐渐增加卡片的数量，让孩子从中找出相同的两张，完成这一教学意味着孩子已经能正确识别图片的内容了。记得不时打乱图片的排列顺序。

评估

你的第一个任务是决定教孩子哪些字词。如果孩子还不认识自己的姓名，那么就先教他认识姓名。在这之后，你可以根据下面的《常见词评估表》，选出你要教的其他常见字词。你还应该将孩子在生活中经常遇见的其他词汇列入教学计划，比如你们常坐的公交线路等。另一方面，你应该将评估表中孩子尚未理解的词语从教学计划中清除。比如，假如孩子还不太明白"危险"的意义，那就不妨晚点再教。总之，你要教给孩子的，是与他熟悉的物品、动作或属性相关的词汇，是经常以图文形式出现在他生活中的那些词汇。你还可以征询学校老师的意见，将孩子在学校经常遇到的常见字词纳入教学计划。此外，数字也是必教的内容之一，因为无论是认读时间，还是使用钱币，抑或是打电话、找地址或进行其他日常活动，都离不开数字。从以往大部分孩子的经验来看，在积累了一定的词汇后再学习数字，会相对容易。

材料准备

将第一批要教的词汇打印在 8×13 厘米的索引卡上，制成词卡。字体加粗加黑，不同卡片之间，大小粗细尽量保持一致。如果是英文，要大写，因为英文标识往往会大写。制作词卡时，应尽量使用大写字母（如 STOP），而不是小写字母（如 stop），哪怕小写字母更容易识别。因为我们日常生活中看到的标志通常使用的是大写形式。[①]

[①] 译注：中文不涉及大小写问题。

常见词评估表							
词语	认识		理解	词语	认识		理解
请通行				禁止吸烟			
禁止通行				禁止闯入			
停				闲人免进			
安全出口				请勿入内			
危险				洗手间			
易燃				男			
当心恶犬				男厕			
路口				女			
有毒				女厕			
注意				公安局			
不得进入				消防局			
开				医院			
关				邮局			
休息中				洗衣店			
请止步				公交车			
请通过				出租车			
开（电）				家人姓名：			
关（电）							
内							
外							
向上				数字：			
向下				0			
推				1			
拉				2			
左				3			
右				4			
下				5			
转弯				6			
前				7			
后				8			
入口				9			
出口				其他词语：			
电话							
禁止饮食							

零错误教学（Errorless Teaching）

你的教学应该是零错误的，也就是说，如果你的方法得当，孩子在教学中应该很少犯错。不要让他随意猜测答案，要鼓励他先思考，如果不会，要说"不知道"，鼓励他在需要的时候寻求帮助。在教学过程中，要逐渐减少对他的帮助，直到他至少连续5次独立地正确完成任务。要始终奖励正确的回答。如果孩子偶尔出现错误，不予奖励即可，继续进行下一轮的练习。关于如何避免孩子猜测答案，我们会在后面给出建议。

预备测试

以游戏的方式，和孩子一起完成这个测试。将词卡堆成一堆，每次拿出一张，让他"读出来"。将读对的词卡放回卡堆底部，没读对的另成一堆。读完整堆卡片，你也就知道孩子能够稳定而正确地读出哪些字词了。这一步不要省减，你可能会惊喜地发现，你的孩子居然已经知道那么多字词了！而他没能读出来的那些词，就是教学的起点。

第一环节：词语识别

在这一环节主要教孩子认字形，即识别词语的整体外形。你当然也要要求他发声，读出词语，但这样做也只是为了强化对字形的识别。

在最初的教学中，每次只拿出3张词卡，等他熟悉这一环节后，再增加到4张、5张，但若增加词卡后孩子的错误开始增多，就要暂时恢复到原来的卡片数量。如果孩子连3张词卡都无法识别，就减至2张，但之后要尽快增至3张，这样更有利于教学计划的顺利展开。

选择3张词卡，其中2张是孩子已经能够识别的，1张是还不能识别的。（如果孩子还完全不认识词卡中的任何字词，那就选择1张词卡和2张空白卡。）尽量选择字形差异较大的词。

1. 将3张卡片从左到右等距离排成一行，放在孩子面前。记得要按从左到右的顺序排放，因为这是我们的阅读习惯，希望孩子也能养成这样的习惯。

2. 放下卡片的同时，读出上面的字或词。确保孩子也按照从左往右的顺序看着卡片。

3. 手指着卡片，重新读一遍每张卡片上的字或词，请孩子跟读。让他快速跟读，不要犹豫，以养成整体认读的习惯。一旦孩子明白了他的任务，且不再猜测答案（这一过程可能需要几天甚至几周），就可以逐渐减少对词语的指读了。

4. 选择你要孩子识读的第一个词语，说："找出×××！"让他指出正确的卡片，或将正确的卡片挑出来递给你。依然不要让他猜测答案，必要时及时给予帮助。

5. 当他选出正确的卡片时，无论他是自己完成的，还是在你的帮助下完成的，都要表扬他："很好！你找到了×××！还记得这是什么吗？"给予必要的提示，并及时确认，对他说："对了，×××！"

6. 打乱词卡顺序，再来一次。一旦孩子能比较稳定地找到并读出第一个词语，你再摆放词卡时就无须读出这张卡上的内容了（也可以逐渐减少这种提示，不是突然不读，而是每次都读得轻一些）。将卡片从左往右摆在孩子面前，要求他"找出×××"，并在找到时读出来。

7. 当孩子能再次比较稳定地找到并读出第一个词语之后，用同样的方法教他第二个词、第三个词（还是原来那3张卡片）。现在，打乱卡片顺序，随机变换词语让他指认。记住，想让他稳定地识别最初的这三个词语可能需要好几堂课。请保持耐心，保持零错误教学，反复练习，直到孩子每次都能自己选出正确的卡片。

我们来总结一下教授新词的基本程序。首先，将一张生词卡和几张他已经认识的词卡放在一起。

1. 然后，进行几次尝试性的练习。你一边摆放词卡，一边读出上面的字词。反复练习生词，直到孩子能按照你的要求，稳定地找出生词卡并读出上面的内容。

2. 接着，你在摆放词卡时不再读出上面的内容，而是直接要求孩子找出生词卡。反复练习，直到他能再次脱离你的帮助，正确完成任务。

3. 最后，随机切换任务，有时让他找生词卡，有时让他找"熟词"卡，直到他能顺利地完成所有任务。

记住：生词要逐个增添，掌握一个，添加一个。

确保每次都打乱词卡顺序。当孩子找出正确的词卡后，让他读出上面的内容。等孩子积累一定的词语之后，可以将这些已经掌握的"熟词"卡堆成一堆，经常"洗牌"，在认识生词时随机加入，做到温故知新，防止遗忘。

第二环节：词语认读

经过第一个基础环节的训练，孩子已经完成了词语的识别。现在，我们要稍微加大难度，让他学着自己读出这些词语了。这一环节的基本步骤与上一环节相同，最大的区别在于，在摆放卡片的时候，你要直接指着其中的生词问他："这是什么？"让孩子说出卡片上的词语，也就是说，你不再读给他听，而是让他自己大声地读出词语。至于生词引入的方法则与第一环节相同，也是每次只增加一个。

同样地，这个环节仍然不允许孩子在读词时胡乱猜测。让他认真想，即使不会，也不要乱猜，要说"我不知道"。可以要求他思考数秒后再给出答复（无论知不知道正确答案）。比如，你指着一排卡片中的生词问："这是什么？"然后让他想3～4秒后再给出答案。片刻的延迟可以避免草率的猜测，让孩子要么给出正确的答案，要么老实承认"我不知道"。

特殊情况

如果孩子在读词时吐字发音不太清晰，用来表现词义的动作手势也比较混乱，让人无法理解，那么你可以指着某个词语，让他在一堆图片中找出与该词相对应的某个图片，这样你就能知道他是不是真的理解了该词的意思。

第三环节：词卡抽读

在孩子能轻松读出3～5张词卡后，就可以开始进行强化性的词卡抽读了。

将词卡堆成一堆，一次拿出一张，对他说："读出文字。"从第一张开始，读完放到卡堆底部，接着读第二张，注意抽卡速度要与孩子的读卡速度相匹配。将没有读对的词卡堆成一堆，以备复习之用。记住，应该让孩子将词语当成整体来读，避免一字一顿。

如果之前孩子只要读对就可以得到奖励，那么现在，他只有在连续读对多个词语后才能得到奖励。渐渐地，连续读对的词语越来越多、持续读词时间越来越久，他才能得到奖励。孩子读错时，不要当场纠正，将卡片放到错词堆里，之后再慢慢认真复习。复习时，只要孩子正确读出一个词，就可以得到奖励。如果有些词似乎已经被遗忘，可回到第一、二环节重新教学，之后再次将这些词加入抽读卡堆。

题外话

通过以上方法，孩子是可以学会相当数量的常见词的。今后的日子，你也可以不定时地和他进行词卡抽读，保持他的认读水平。如果孩子掌握了100个以上的词汇，还热情不减，那就可以试着让他正式学习阅读连贯的文字。最后，还是那句话，多跟孩子的老师沟通，跟他/她聊聊你的常见词教学，希望你们之间能相互切磋、合作互补。

第四环节：社区常见词认读

在孩子通过词卡抽读，能正确读出某个词语后，要开始提醒他该词语在现实中呈现的样子。无论是开车还是步行，你都可以将沿途各种标识指出来，让他识读。一开始，孩子可能会觉得很困难，因为这些词语在现实中的样子可能与词卡上的不太一样。

你可以教他通过颜色、形状、标识所在地等各种因素，缩小判断范围，最终说出它的正确名称。举例来说，道路转角处的红色八角形标识必定是"停"，红绿灯显示的无非是"请通行"或"禁止通行",而卫生间门上则非"男"即"女"。

你也可以试试另一种认读常见词的方法——制作社区词语笔记,这个方法就是将社区中的各种标识拍成照片或从杂志中搜集相应图片,做成专门的笔记。不过,与在社区实地教学一样,只有在孩子经过词卡抽读学习,掌握了某个词语之后,才能将其收进笔记之中。

时间认读

时间认读是教孩子在标准的表盘钟上认读时间。虽说现在很流行数字钟表,但我们仍建议你使用表盘钟进行教学。因为表盘不仅能帮助孩子准确认读时间,还能发展他们的时间感。很多使用数字钟的孩子对时、分、秒缺乏具体的感知,对时间的认识容易流于机械和刻板。而且,孩子一旦学会认读表盘钟的时间,适应起数字钟来应该也不会太难。

教孩子认读时间需要付出特别的耐心,点滴进步都来之不易。但一分耕耘,一分收获,学会认读时间能让孩子向独立迈出一大步。

入门准备技能

在开始认读时间之前,要先评估孩子是否具备了相关的能力基础。当然,如果孩子在这些方面已然没有问题了,可以跳过这一步。但如果孩子尚未掌握必备的入门技能,就需要先学会这些技能。否则,如果一边认读时间,一边还要学数数,无论是孩子还是你,最后都难逃失败。与时间认读相关的入门准备技能包括以下几种:

- 从 1 数到 12
- 认读数字 1—12
- 将 1—12 正确排序
- 将 1—12 正确排到钟面上
- 识别长针、短针
- 指出指针行进方向(顺时针)

- 数到 30 [1]
- 以 5 为单位数到 30

评估

按下文《时间认读技能评估表》的顺序带孩子完成教学前评估。《时间认读技能评估表》的各个部分在难度上是逐渐提升的，在内容上则与后文的教学内容一一对应。看看孩子在评估中的第一个错误出现在哪里，那个错误所在的部分即为教学的起点。

材料准备

准备一个大钟当教具，要求指针可移动。可以自制，方法如下：取一个纸盘当钟面，用卡纸剪出时针、分针并固定到纸盘中央（时针、分针的长度对比要明显，也可以给分针涂上特别的颜色）。在钟面上标出 1—12 点，在 11 到 12 及 12 到 1 之间标出分钟刻度。考虑到教学的长期性，你也可以去专门的教具店或玩具店购买教学用钟，相比自制的纸板钟，这样的钟更结实耐用。

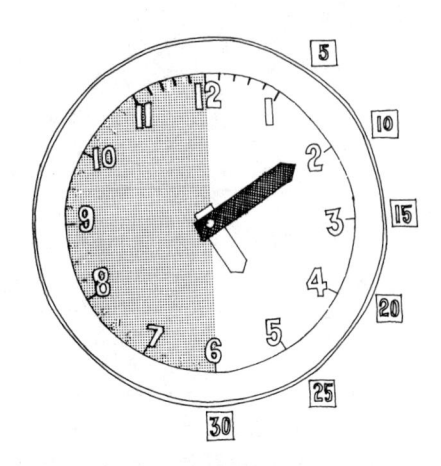

---

[1] 译注：英文中，表达时间的方式是前半小时用 past，后半小时用 to，所以数到 30 就够了。中文表达习惯可能需要数到 60，下一条同理。下文中还有好几处涉及中英习惯差异的地方，这些表达习惯上的差异造成了国内时间认读教学的具体步骤与国外不尽相同。为保证翻译的准确性，译文保留了原著所写教学步骤。请读者在理解原理和方法的基础上，在教学中视情况自行调整。

时间认读技能评估表

将钟调到下面各个时间点，问孩子："这是几点？"

除非特别注明，否则所有时间的时针均在整点数字上。

只有孩子独立给出了正确答案才算过关。（但如果他只需一点点帮助就能给出正确的答案，可以备注在旁边。）

按顺序往下评估，直到孩子在某处连续出错。

1. 整点
   ____2:00
   ____7:00
   ____6:00
   ____11:00
   ____12:00

2. 整点到半点（整点过几分）
   （1）整点过 5 分
   ____8:05
   ____4:05
   （2）整点过 10、15、20、25 分
   ____9:10
   ____6:20
   ____11:25
   ____5:15
   （3）加大难度：
   时针在先
   ____2:15
   ____1:20
   ____3:25
   时针、分针重叠
   ____3:15
   ____1:05

3. 半点（将时针调到两个整点间四分之一处）
   ____10:30
   ____9:30
   ____7:30
   ____1:30
   ____4:30
   ____5:30
   ____6:30
   ____12:30

4. 半点到整点（整点前几分）
   （1）整点前 5 分
   ____3:55 或 4 点前 5 分（时针在 4）
   ____8:55 或 9 点前 5 分（时针在 9）
   （2）整点前 10、15、20、25 分
   ____6:50
   ____2:40
   ____7:45
   ____2:35
   （3）加大难度
   时针在先
   ____10:45
   ____9:35
   ____11:40
   时针、分针重叠
   ____10:50
   ____7:35

5. "大约"几点
   ____8:14（大约 8:15）
   ____3:42（大约 3:40）
   ____6:26（大约 6:25）
   ____11:58（大约 12:00）

零错误教学

在学会正确认读整点之后，很多孩子会开始随意猜测其他的时间，还往往会猜错。时间认读教学的一个主要原则，是不允许猜测。下面介绍的教学过程是一个零错误的教学过程。如果你的方法得当，孩子几乎是不会出错的。鼓励孩子在认真思考后给出答案、在需要时寻求帮助。必要的话，可采用延迟法，让他思考数秒后再作答，而不是快速乱猜。

第一环节：认识整点

将钟上时间拨到整点，如 8 点整，要求孩子指出长针在哪里。"对了，在 12，这是'整'。"再要求孩子指出短针在哪里。"很好。那么，这是几点整？"必要的话，告诉他正确答案，然后再问一遍。"这是几点整？"（如果眼看他要猜答案，就让他等一下再回答。）"对了，这是 8 点整。很好！"

必要的话，可以指着时针的数字加以提示，以后再逐渐撤除这种提示。也可以将"整"字写成标签贴在数字 12 的上方，等孩子掌握后再移除。及时撤除你对长针、短针的提示，让孩子自己指出长针、短针。还可以将"这是几点整"逐渐改成"这是几点"。

- 变换钟点反复练习。先顺时针逐个练习，再跳着练习。
- 顺着时钟"过一天"，想象每个时间点你们都在做什么。
- 时间游戏，问："这是 5 点整吗？"让他回答"是"或"不是"。如果不是，那么请他说出正确的时间。

其他方法

说出一个整点时间，让孩子在钟上拨出来。帮他将分针固定在 12 的位置，这样他只需移动时针就好（以后再逐渐撤除这种辅助）。一开始，如果有必要，也可以给他指出时针的正确位置（这种引导在之后当然也应该逐渐撤除）。当孩子无须提示就能拨出 1—11 点整的正确位置后，再教他 12 点整。等他几乎不用提示就能准确认识全部 12 个整点后，进入教学第二环节。

第二环节：认识整点过 5、10、15、20、25 分

认识整点过 5 分

从整点开始，问："这是几点？""8 点整。"让孩子数出分针的 5 个小格，直到 1 点的位置，然后在 1 点外围贴上数字"5"的小标签，说："这是 8 点过 5 分。这是几点？"（可以和孩子一起数出分针的格数，然后指出时针所在的数字 8，提示答案。）

注意：想好是说"× 点过 × 分"还是说"× 点后 × 分"，在之后的教学中保持一致的说法。整个过程可分为三步[①]：

1. 从 12 的位置开始数出分针的小格数（以后以 5 分为单位数）。
2. 明确是几点"过"几分（以后再区分"过"和"前"）。
3. 读出时针所在钟点数。

作为练习，可给孩子提示部分答案。比如：

- 你可以从 10:00 开始，说："这是几点？"
- 调到 10:05，说："10 点几分？"
- 变换时针位置，反复练习。
- 你也可以直接调到 10:05，说："这是 5 分，几点 5 分？"（必要的话，可指出时针所在钟点数。）
- 变换时针位置，反复练习。

其他方法：让孩子在钟上调时间。比如：

- 要求他从 7:00 调到 7:05。
- 要求他从 7:05 调到 10:05。

无论哪一种情况，孩子都只需要移动时针或分针中的一个。必要的话，在他移动其中一针时，帮他固定另一针以免出错。

给孩子如下帮助，并随着教学的进展逐渐撤除。

- 给他指出正确的时间位置，或与他一起数出分钟数。

[①] 译注：此三步法对应的是英语常用时间表达"× 分过 × 点"的顺序。以这样的教学逻辑，结合中文"× 点 × 分"的表达习惯，我们的教学也许只需要 2 步：先读出几点，再数出分针的格数。后文提到的三步法也是同理。请读者酌情取舍调整。

- 在提问时间时，可给孩子部分提示。
- 如果孩子混淆了时针、分针，及时按住不让他挪动。

注意：1:05 最难，放到最后教（12:05 也比较难）。

认识整点过 10、15、20、25 分

当孩子认识了整点过 5 分之后，就可以从逐分细数过渡到五分一数了。在时钟外圈分别用小字标出 5、10、15、20、25、30。推荐用防护胶带，方便日后摘除。

教学方法同上述"整点过 5 分"，按时间顺序，以 5 为单位，逐一往下教，直到孩子达到相当的熟练程度（只需要一点点提醒，比如，偶尔提示他移动哪根针，或带他从 5、10 开始数）。每次孩子移动分针时，让他大声数出来（如"8 点 5 分、10 分、15 分、20 分"）。为了帮助孩子更好地区分时针、分针，还可以在分针尖端粘上彩色胶带（日后再移除）。

记得使用三步法。

1. 以 5 为单位数分针。
2. 明确是几点"过"几分（以后再区分"过"和"前"）。
3. 数出钟点数。

你教孩子读时间的方法要始终一致（即"× 分过 / 前 × 点"）。另外，即便他已经通过死记硬背知道了某些时刻，在教学时也应该采用 5 分间读法教他识读。

当你在钟上调时间让孩子认读时，

- 有时，可从整点开始（如 8:00），根据孩子的掌握程度，以 5 分为单位依次认读接下来的时间（8:05、8:10、8:15）。
- 有时，可保持分针不变（如 10 分），但变化时针的位置（8:10、3:10、6:10）。
- 等孩子熟悉以上变换之后，打乱顺序跳着认读（8:05、5:15）。当然，刚开始的时候，可能需要多给一些提示。

其他方法：可以让孩子调时间，你来读。让他选择他知道的时间，而你在作答时，则要遵循三步法，大声而清晰地做出示范。

当时针在前、分针在后时

在时间认读之初,分针从 12 开始,5 分一数。为避免混淆,在认读"× 分过 × 点"的最初阶段,应选择分针在前、时针在后的时间①。比如:

8:10   6:20

在学会认读这样的时间之后,再开始认读时针在前、分针在后的时间。这时,要带孩子格外仔细地读数在时针之后的分针所指示的时间。比如:

1:10   3:20

至于时针、分针重合的情况(2:10、5:25),则应该放在最后教。此时要将时针对准整点的位置,而不是如实地调到准确的位置(即在两个数字中间)。等孩子的熟练度提高之后,再慢慢移动到准确的位置。

记住:别让孩子随意猜测答案。让他慢慢想,细细数,避免出错。

第三环节:认识半点

开始时也是一样,5 分一数,直到 30,"8 点 30 分"。在孩子基本掌握 30 分的认读之后,告诉他:"也可以说 8 点半。"此后,每次都反复强调"8 点 30 分"即为"8 点半"。

在半点的训练中,孩子很可能不用数就直接说出"30 分"。不要惊讶,这不

---

① 译注:这是依据英文表达习惯得来的教学原则。在中文里,表达"× 点 × 分"时,我们习惯先说时再说分,所以时针在前、分针在后的情况对孩子来说更容易理解,应该先学。

过是死记硬背而已。你还是要带他 5 分、5 分地数过去，**让他明白某个时间是怎么来的**。

在刚开始教半点的时候，要将时针拨到整点后四分之一小时的位置，以后再调至两个时间的正中。

注意：教孩子将时间与日常作息联系起来。可以按照你们的作息时间，在钟面上走两圈，说一说你们的一天是怎么度过的。

第四环节：认识整点前 5、10、15、20、25 分

整点"前"几分或"差"几分，两者说法任选其一并始终保持不变。教学方法同上，即三步法。

1. 分针从 12 开始，逆时针 5 分一数。
2. 判断是整点"过"还是"前"。
3. 读出钟点数。

现在该教孩子判断整点"前""后"的问题[①]了。首先，在钟面左半边依次贴上写有"5""10""15""20""25"的小标签。可以给左半边钟面涂上阴影，也可以在左右两半边分别用大字标出"前"和"后"。一开始，可以以提问的形式提醒孩子："这是整点前还是整点后？"再让孩子说出具体几点几分。你甚至可以不要求孩子说出具体的时间，只进行"前"或"后"的判断，先建立这样的概念。也可以采用游戏的形式，你随机拨出"前"或"后"的不同时间，让孩子说出是"前"还是"后"。你会发现，孩子能相当迅速地学会这一点。

与之前认读整点后的时间一样，在开始认读整点前各个钟点的时候，要将时针放在整点的位置。同样地，在逆时针读数时，时针在前、分针在后的时间点，如 11 点前 15 分（10:45），也要放在后面认读。

在孩子较为熟练地掌握了整点"前"各个时间点后，就可以串联整点"前"和"后"，进行整小时的时间认读了（如从 8:00—9:00，依然 5 分一数）。等孩子能正确认读大部分时间后，开始摘除钟面上的分钟数提示标签，先摘除 10、20、30，一段时间后再摘除 5、15、25。

---

① 译注：国内的时间认读习惯不涉及这一问题。

然后，将钟表移到几尺开外，孩子伸手不可及的地方，让孩子认读时间。接着，正式利用家里的钟表进行练习，注意钟表要足够大，也方便走近细数。

等孩子基本掌握第一环节到第四环节的时间认读，并很少出错以后，再考虑给孩子佩戴手表。一块崭新的手表，对一个刚学会看时间的新手而言，是一个再好不过的奖励。

说　明

有些人习惯于教孩子"×点×分"，即后半小时顺势计为35、40、45、50、55分。这种方法独具优势。首先，所有时间一概表示为几点"过"几分，可以避免"前""后"之分。其次，这也符合我们书写时间的习惯，比如，我们通常会写8:50，而不是9点前10分。另外，数字钟表也是这样显示的。但这种方法有几个缺点。它需要从5数到55，这对很多孩子来说难度较大。此外，这也不符合我们通常考虑时间时或"前"或"后"的思维习惯。一般来说，孩子会比较容易理解9点前10分，而不是8:50。

我们认为"前-后"法适用于绝大多数的孩子。当孩子学会用这种方法认读时间之后，你再教他"×点×分"的数字显示法，如告诉他9点前10分也就是8:50。

第五环节：认识指针在两个数字之间的时间

关于时间认读，我们一直强调零错误教学。但我们不能忽视它的最后一步，那就是教孩子认读现实中钟表上各种真实的时间，即时针和分针往往居于两个数字之间的时间。

分针居于两个数字之间，认读时无须精确到每一分钟，只需大约估计即可。如果是这样的情况，可以按照下面的步骤教学。

- 将分针拨到两个数字之间。
- 让孩子分辨它在哪两个数字之间、更接近哪一个数字。
- 教孩子说"大约"几分（1～2分钟之差），如"10:14"就是"大约10:15"，"10:11"就是"大约10:10"。

时针居于两个数字之间时，要让孩子知道，在前半个小时（即×点过×分），时针从属于上一个数字。在教具上指给他看，当时间在2:15时，时针会微微越过数字2。教授这一过程需要时间，所以请放慢教学速度。然后，你要让孩子知道，在后半个小时（即×点前×分），时针是靠向下一个数字的。除了"×点前25分"比较有辨识难度，其他时间都比较容易看懂，因为它们对应的时针都比较明显地偏向下一个数字。

第六环节：学习使用其他各类钟表，学习其他时间概念

当孩子学会认读所有时间后，遮住教具上的大部分钟点数，留下3、6、9、12（现实中有些钟表就是这样显示的），继续练习。然后，利用家中各种钟表进行练习。还可以给孩子买一块手表，每天不时地找机会向他询问时间。

记得教孩子时间的各种等义说法。

1. 8点半即8:30或8点过30分。

2. "×点后×分"与"×点过×分"意义相同，"×点前×分"与"×点差×分""×点缺×分"意义相同。

3. 一刻即15分钟。

4. 8:10即8点过10分。

5. 之后，教孩子认读数字钟表显示的时间（见第四环节）。

接着，你可以教孩子认识其他各种时间概念，如上午、下午、中午、半夜等。还可以教孩子计算"现在过×分是几点"。

继续将时间与生活中的具体事件联系起来。每天多问问孩子"几点了"。

到此为止，**恭喜你！**将时间认读这一艰巨却实用的信息技能成功教给了孩子！

金钱的使用

这里我们要教孩子学习基础的金钱使用技能，包括：认识不同面值的硬币、进行不同面值硬币的换算、数出 1 美元以内的钱数、1 美元以内找零等。这些技能的教学将为孩子学习更高阶的金钱使用、金钱管理技能打下坚实的基础。

评估

和孩子一起完成以下《金钱使用技能评估表》。评估表各部分内容与我们下面的教学内容一一对应，难度也逐渐递增。完成评估表之后，你差不多就知道你的教学应该从哪里开始了。

材料准备

准备不同面值硬币若干（1 美分硬币适当多一些），装在信封或容器中，方便教学时随时取用。

你还需要用索引卡制作几张硬币匹配卡。

零错误教学

钱币教学也应该是零错误的。如果方法得当，孩子应该很少犯错。这里的主要规则依旧是不允许猜测。鼓励孩子先认真思考，再做回答。如果不会，不要随意猜测，要说"我不知道"。鼓励他在需要时寻求帮助。无论他是否得到了你的帮助，也不管你给了他多大的帮助，只要他给出正确答案，就应该得到奖励。

一开始的数钱环节比较费时间，孩子很容易数错金额。对此你要心里有数，眼看他要出错的时候，及时制止，并提供帮助，或者从头再来。而随着教学的进展，当他能比较自如地数出正确的金额后，再遇到他马上要出错的情形时，你则需要稍微忍耐，看他能否自己纠错。但在最初阶段，记得一定要及时出手相助，保证不出错。

金钱使用技能评估表

1. **硬币识别**
   能说出各种硬币的名称①：
   ____1 美分（penny）　　　　　　____25 美分（quarter）
   ____5 美分（nickel）　　　　　　____1 美元（dollar）
   ____10 美分（dime）

2. **硬币换算**
   能进行不同硬币的换算：
   ____1 个 1 美分（penny）等于几美分（cent）
   ____1 个 5 美分（nickel）等于几美分（cent）
   ____1 个 10 美分（dime）等于几美分（cent）
   ____1 个 25 美分（quarter）等于几美分（cent）
   ____1 个 1 美元（dollar）等于几美分（cent）
   ____1 个 10 美分（dime）等于几个 5 美分（nickel）
   ____1 个 25 美分（quarter）等于几个 5 美分（nickel）
   ____1 个 25 美分（quarter）等于几个 5 美分（nickel）/ 几个 10 美分（dime）
   ____1 个 1 美元（dollar）等于几个 10 美分（dime）
   ____1 个 1 美元（dollar）等于几个 25 美分（quarter）

3. **数出金额：10 美分以内**
   ____能用 1 美分硬币数出 1—5 美分
   ____能用 1 美分硬币数出 6—10 美分
   ____能用 1 个 5 美分硬币搭配 1 美分硬币数出 6—10 美分

4. **数出金额：11—25 美分**
   ____能用 1 个 10 美分硬币搭配 5 美分硬币和 1 美分硬币数出 11—15 美分
   ____能用 10 美分硬币、5 美分硬币和 1 美分硬币搭配数出 16—25 美分

5. **数出金额：26 美分—1 美元**
   ____能在不同面值的硬币中数出 50 美分
   ____能在不同面值的硬币中数出 1 美元
   ____能用硬币或纸币数出 1 美元以上

6. **相关技能**
   识别价格：能看懂
   ____1¢（美分）　____5¢　　____10¢　　____25¢　　____$1（美元）
   ____39¢　　　　____85¢　　____$10　　____$20　　____$69
   比较价值高低：
   ____5 美分（nickel）与 1 美分（penny）　　____39¢ 与 15¢
   ____10 美分（dime）与 5 美分（nickel）　　____75¢ 与 29¢
   ____25 美分（quarter）与 10 美分（dime）　____$25 与 $15
   　　　　　　　　　　　　　　　　　　　　　____$84 与 $79

7. **找零**
   能正确找零：
   ____用 1 个 5 美分硬币支付 3 美分　　　____用 1 个 25 美分硬币支付 15 美分
   ____用 1 个 10 美分硬币支付 7 美分　　 ____用 2 个 25 美分硬币支付 40 美分
   ____用 1 个 25 美分硬币支付 20 美分　　____用 1 个 1 美元硬币支付 75 美分
   　　　　　　　　　　　　　　　　　　　____用 1 个 1 美元硬币支付 89 美分

---

① 译注：penny（1 美分）、nickle（5 美分）、dime（10 美分）、quarter（25 美分）、dollar（1 美元）。国内的硬币是直接用金额指代的，没有独立的名称。国内的钱币在面值、表达和使用方面与国外存在较大差异，读者可基于对原理和方法的理解，在实际教学中对具体教学步骤做适当调整。

第一环节：硬币识别

这部分内容是教孩子认识各种不同的硬币：1 美分（penny）、5 美分（nickel）、10 美分（dime）、25 美分（quarter）。

认识硬币

你可以教孩子通过大小和颜色区分不同的硬币。开始时，只拿出两种硬币进行对比，建议先选 25 美分硬币和 1 美分硬币，因为它们的大小和颜色区别相对明显，比较容易区分。将两种硬币放在孩子面前，25 美分硬币近一些，1 美分硬币远一些。指着硬币说："这是 25 美分，这是 1 美分。告诉我，哪个是 25 美分？"当孩子指出正确的硬币后，让他复述出硬币的名称，"这是多少？（25 美分）对了，25 美分"。将 1 美分硬币悄悄移过来，逐渐靠近 25 美分。在这个过程中，继续重复刚才的问题，强化对 25 美分的认知（该硬币保持原位不动）。

当孩子能比较稳定地认出第一个硬币后，将两个硬币混在一起继续练习，直到他每次都能顺利指出第一个硬币。然后，将 1 美分硬币推到近前，反复识读，直到他每次都能正确指出来。最后，打乱顺序，对两个硬币随机反复询问，直到孩子每次都能准确指出来。

接着，区分以下几组硬币（从易到难）：

- 5 美分硬币和 1 美分硬币
- 10 美分硬币和 1 美分硬币
- 25 美分硬币和 10 美分硬币
- 25 美分硬币和 5 美分硬币
- 10 美分硬币和 5 美分硬币

硬币识别训练

"还想喝牛奶吗？请付给我 10 美分。"

勒罗伊认真研究着盘子边上的硬币，小心翼翼地从中挑出了一枚 10 美分硬币，递给哥哥。

"没错，就是 10 美分。给你牛奶。"

经过一段时间的课程训练，勒罗伊现在可以分辨不同的硬币了。于是，哥哥想出了这样一个主意，将训练拓展到了用餐时间。在用餐前，勒罗伊从妈妈那里得到了一把硬币，他想吃任何东西都必须用钱"买"。

"嘿，勒罗伊，想吃冰激凌吗？25 美分一份哦！"

说出硬币名称

在认识硬币之后，孩子就可以学着说出不同硬币的名称了。还是从简单的组合开始，如 25 美分硬币和 1 美分硬币，只不过这次不再要求他将某一种硬币指出来，而是你指着硬币问他："这是什么？"[①]

按照上面识别硬币时的组合顺序进行练习。记住，要放慢教学节奏，慢到孩子不出现或很少出现错误的程度。

当孩子能通过组合对比说出眼前两个或两个以上硬币的名称后，开始进行单个硬币的练习，每次拿出一个硬币问："这是什么？"但在此之前，最好有一个复习环节，先将几个硬币放在一起识读，至少每次上课的一开始要有这么一步。

第二环节：硬币换算

这部分内容是教孩子进行硬币间的等量换算。在教孩子数金额（详见后文第三、四、五环节）的时候教硬币换算也许是最好的，但如果孩子能事先进行一些基础的换算练习，后面的练习也许会事半功倍。目前可以教的换算包括以下几种。

初级

- 5 个 1 美分硬币 =1 个 5 美分硬币
- 2 个 5 美分硬币 =1 个 10 美分硬币

---

① 译注：中文的硬币没有专有名称，教学中可直接问："这是多少？"

进阶

- 2 个 10 美分硬币 +1 个 5 美分硬币 =1 个 25 美分硬币
- 5 个 5 美分硬币 =1 个 25 美分硬币
- 2 个 10 美分硬币 +5 个 1 美分硬币 =1 个 25 美分硬币
- 1 个 10 美分硬币 +3 个 5 美分硬币 =1 个 25 美分硬币

孩子会在后面数金额的环节渐渐理解并掌握这些换算关系。而此刻你的目标是让他先机械地记住这些关系。

在教初级的换算关系时，你可以拿出 5 个 1 美分硬币，慢慢地、一个个叠起来，边叠边数："1、2、3、4、5 美分。"再拿出 1 个 5 美分硬币放在旁边，告诉孩子："1 个 5 美分等于 5 个 1 美分。"让他拿起那个 5 美分硬币，你拿起全部 1 美分硬币与他交换。你再数一遍你的 1 美分硬币，口中重复："1 个 5 美分等于 5 个 1 美分。"反复进行这样的交换，每次都让孩子复述："1 个 5 美分等于 5 个 1 美分。"

这一基础的教学环节是为后面的其他换算做铺垫的。如果孩子能熟练数出 10 美分以内的硬币，后面 25 美分的换算就会相对容易。

第三环节：数出金额（10 美分以内）

孩子数硬币时要遵循以下基本规则。

- 按照面值区分不同硬币（如 1 美分归 1 美分、5 美分归 5 美分）
- 最高面值优先（但不超过需要的金额）
- 数金额时将硬币从左往右移
- 边移动硬币，边大声数出来

必要的话，你应该提供帮助，与孩子一起大声数出金额，给他指出硬币，后期再逐渐撤除这些帮助。

用 1 美分硬币数出 1—10 美分

孩子可能已经学会这一步骤了。如果他还不会，需要系统地反复练习（"给我 1 美分""给我 6 美分"等）。如果他连完成这一步都有困难，就要回头重新练习。拿出几个硬币，如 3 个 1 美分硬币，让他数出金额。

用 1 个 5 美分硬币和几个 1 美分硬币数出 6—10 美分

从这一步骤开始引入最高面值优先的原则（这里即 5 美分硬币）。这一步骤的教学，乃至后面更高金额的教学，均可采用三步法进行。

1. 摊开摆出一定金额的硬币，让孩子数出来。当他无须帮助就能熟练完成后，进行第 2 步。

2. 让孩子根据匹配卡的提示，从一组硬币中数出一定的金额。当他无须帮助就能熟练完成后，进行第 3 步。

3. 让孩子在没有匹配卡的情况下，从一组硬币中数出一定的金额。

比如，现在孩子要学习数出 6 美分。第 1 步，将 1 个 5 美分硬币和 1 个 1 美分硬币放在他面前，你指着硬币，和他一起大声数出金额："比尔，先数 5 美分硬币。这个硬币等于多少美分？（5 美分）很好，我们一起数。5 美分，6 美分。总共多少？6 美分。很好！"以这样的方法，依次数出 6 美分、7 美分、8 美分、9 美分，再进行第 2 步。给他一组 5 美分和 1 美分面值的硬币，让他先将两类硬币分成两堆，再提醒他将正确的硬币放到匹配卡对应的位置上，在他移动硬币时和他一起大声数出金额。记住，最先移动的永远是最高面值的硬币。

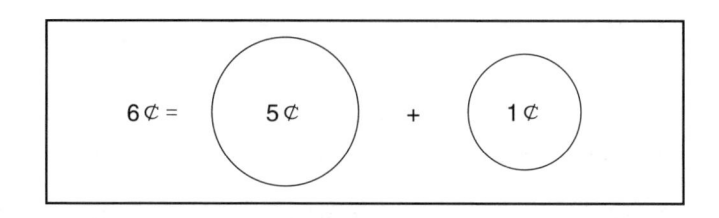

```
6¢ =    ( 5¢ )    +    ( 1¢ )
```

当孩子能按照匹配卡的提示数出 6 美分、7 美分、8 美分和 9 美分后，进行第 3 步，在没有卡片提示的情况下，照样数出正确的金额。

这里，你们还可以复习一下之前死记硬背过的换算关系，即 1 个 5 美分硬币 +5 个 1 美分硬币 =1 个 10 美分硬币。

注意：第 2 步对你的孩子来说可能不是必需的。如果他能从第 1 步直接进入第 3 步且很少出错，就可以跳过第 2 步。不过，第 2 步对很多孩子来说还是很有意思的，也是一个很好的复习机会。当孩子学会数更大的金额以后，你可以将它从你的教学环节中剔除。但现在，不妨多准备一些这样不同金额的匹配卡，让孩子将硬币一一放到该放的位置。记得把最高面值的硬币始终放在最前面。

第四环节：数出金额（11—25 美分）

先来数 11—15 美分。一开始，记得先按面值区分不同的硬币，等孩子熟练掌握以后再逐渐省去这个步骤。在 10 美分的基础上（1 个 10 美分硬币或 2 个 5 美分硬币，经常交替变换），加入 1 美分硬币，依次教孩子数出 11、12、13、14 美分。教学依然采用三步法。第 1 步，摊出一定金额的硬币让他数；第 2 步，让他将一定金额硬币放到匹配卡上；第 3 步，让他从一组硬币中直接数出一定的金额。

然后，教孩子学习 15 美分的等量换算（1 个 5 美分硬币加 1 个 10 美分硬币，或 3 个 5 美分硬币）。接着，在数出 15 美分的基础上（1 个 10 美分硬币加 1 个 5 美分硬币），加上不同数量的 1 美分硬币，依次数出 16—20 美分。最后，以同样的方法数出 21—25 美分。记得先复习一下 25 美分的换算关系。

注意：数硬币时，硬币应始终从左往右移，同时要大声数出来。给孩子必要的帮助（指出硬币或一起数）。教学进度要慢，一节课不宜太长（控制在 10～20 分钟），也不宜安排太多内容。

第五环节：数出金额（26 美分—1 美元）

记住数钱币的规则，尤其是最高面值优先原则。首先，用不同面值硬币组合数出 30、35、40、45、50 美分。同样采用三步法（首先拿出特定金额让孩子数，然后让孩子将该金额数放到匹配卡上，最后脱离卡片提示直接数出该金额）。接着，练习数比较零碎的金额，如 33 美分、47 美分。最后，以同样的流程练习 51 美分—1 美元之间的不同金额。

这些练习一开始都应该严格按照金额大小逐渐推进（如学完 30 美分，再学 35 美分），只有当孩子基本学会按顺序数出不同的金额之后，才能进行跳跃式的练习。

其他方法

还有一种数钱的方法，就是分别以 5、10、25 为单位数。在教数钱币的任何节点，你都可以利用硬币来穿插这样的练习。如果孩子已经能够书写，你还可以让他填写下面这样的表格。

5 美分	10 美分	____	____	25 美分	____
10 美分	____	30 美分	40 美分	50 美分	____
25 美分	50 美分		1 美元		

第六环节：相关技能

在孩子掌握基本数钱技能的过程中，你还可以教他两项相关的技能：认读价格和比较金额大小。

认读价格

在孩子开始学习数金额（第三环节）的时候，你就可以开始教他认读价格了（无论是写作 9¢，还是 $0.09）。对一些孩子来说，将金额写下来是很好的视觉提示，有助于对价格的认读。如果孩子已经认识了两位数，价格认读会比较容易；如果孩子还不认识，就要先评估一下他认识了哪些数字，在此基础上进行价格认读。价格认读和数金额练习可以相互穿插，同时进行。

之后，你还可以教孩子识读纸币的金额：$1、$2、$5、$10。

比较金额大小

孩子还需要学习比较两个金额的大小。类似地，他也要知道某个金额能否买到某个价格的物品（实际上也是大小比较）。

练习时，你可以给他不同金额的硬币，也可以直接写出金额（只要他看得懂）。比如，你可以给孩子出题，两个金额一组，让他圈出其中金额较大的一个。开始时，用于比较的金额应该差距悬殊，如 5 美分与 34 美分，等他能够进行这样简单的区分后，再逐渐缩小金额间的差距。

金额比较题：比一比，两个金额哪个更大，圈出来。				
	25¢	3¢	$25	$03
	20¢	5¢	$20	$05
	15¢	25¢	$15	$25
	15¢	19¢	$15	$19

第七环节：找零

比起数出特定的某个金额，找零的难度更高。当孩子能从一组硬币中数出 14—25 美分、懂得硬币间的换算以后，就可以开始学习找零了。作为基础练习，你可以给孩子一定的金额，让他把零钱找给你。如果孩子认识数字，你还可以将价格写成标签（这是一种很好的视觉提示）。

举例来说，你可以对孩子说："我想买一样东西，价格 5 美分。"你给他一个 10 美分硬币。他的任务是大声数出零头，找给你正确的金额。在这里，他需要接着 5 美分（物品的价格）往下数到 10 美分（你给他的金额）。因此，找零基本上也就是在数金额。只不过，孩子要数的是从应收金额到实收金额之间的差额。最初的练习可以从 5 的倍数开始，因为孩子通过之前的机械练习已经比较熟悉了相关的数数方法，比如：

- 物品价格 5 美分，你给他一个 10 美分硬币
- 物品价格 10 美分，你给他一个 25 美分硬币
- 物品价格 15 美分，你给他两个 10 美分硬币

在完成这样的任务以后，再引入其他非 5 倍数的找零。在给非 5 倍数的金额找零的时候，首先应该 1 美分、1 美分地数到最近的 5 或 10 美分，然后再 5 美分、10 美分地数。你们应该首先练习 25 美分以内的找零，掌握后再提高难度，练习更大金额的找零。

说 明

在数金额时，孩子要先数最高面值的硬币，但找零却相反。找零要从最低面值的硬币开始，先以 1 美分为单位数到最近的 5 或 10 美分，再以 5 美分、10 美分为单位数到最近的 25 美分，然后以 25 美分为单位数到 1 美元。比如，你要买 0.19 美元的东西，给了他 1 美元，孩子找零的过程应该是这样的：依次数出 1 个 1 美分，1 个 5 美分，3 个 25 美分。这样的数法在一开始应该会有相当的难度，但教孩子进行正确地找零本来就不是一日之功。

其他方法

让孩子从你手里买东西，你给他找零，让他检查找零金额是否正确。孩子熟练之后，你可以偶尔地故意找错金额，看他能否发现错误。

Originally published in the United States of America by Paul H. Brookes Publishing Co., Inc.
Copyright © 2004 by Paul H. Brookes Publishing Co., Inc.

©华夏出版社有限公司　未经许可，不得以任何方式使用本书全部及任何部分内容，违者必究。

北京市版权局著作权合同登记号：图字 01-2024-1266 号

图书在版编目（CIP）数据

学会自理：教会特殊需要儿童日常生活技能：第 4 版 ／(美)布鲁斯·L.贝克 (Bruce L. Baker), (美)艾伦·J. 布赖特曼(Alan J. Brightman) 著；张雪琴译. --北京：华夏出版社有限公司, 2024.5

书名原文：Steps to Independence：Teaching Everyday Skills to Children with Special Needs, Fourth Edition

ISBN 978-7-5222-0673-8

Ⅰ.①学…Ⅱ.①布…②艾…③张… Ⅲ.①儿童教育－特殊教育－生活教育 Ⅳ.①G76

中国国家版本馆 CIP 数据核字(2024)第 046559 号

学会自理：教会特殊需要儿童日常生活技能：第 4 版

作　　者	［美］布鲁斯·L.贝克　　［美］艾伦·J. 布赖特曼
译　　者	张雪琴
责任编辑	许　婷　李傲男
出版发行	华夏出版社有限公司
经　　销	新华书店
印　　装	三河市少明印务有限公司
版　　次	2024 年 5 月北京第 1 版　2024 年 5 月北京第 1 次印刷
开　　本	710×1000　1/16 开
印　　张	22
字　　数	347 千字
定　　价	88.00 元

华夏出版社有限公司　地址：北京市东直门外香河园北里 4 号　邮编：100028
网址：www.hxph.com.cn　电话：(010) 64663331（转）
若发现本版图书有印装质量问题，请与我社营销中心联系调换。